教育部新世纪优秀人才支持计划(NECT－11－0656)

现代新儒家直觉观考察

——以梁漱溟、冯友兰、熊十力、贺麟为中心

陈永杰　著

中国出版集团
東方出版中心

序

自从20世纪90年代现代新儒家迅速成为中国哲学史研究中的显学以来，已有二十余年的时光。学术界提供的研究成果颇为丰硕，以专著形式出现的，既有人物研究（尤其是对梁漱溟、冯友兰、熊十力、牟宗三、唐君毅等人的专论），也有专题研究（譬如现代新儒家的文化观、心学传统、道德理想主义、政治哲学等问题）。陈永杰副教授当初在华东师范大学攻读博士学位时，选择以梁漱溟、冯友兰、贺麟、熊十力等人为中心，研究这一哲学派别在直觉问题上的理论探寻及其意义。在完成博士论文数年并作了必要的修改以后，日前交出版社出版的同时，向我索序。我既了解直觉问题研究之困难，深入研究直觉问题有其必要性；也深知当初陈永杰在选择此题撰写博士论文时的执著：他尝试通过对上述四位儒家所持之直觉观的考察，力图呈现出直觉的多重复杂性表现及其意蕴，着力厘清直觉与理智之间的边界和各自的有效范围，并考察直觉与理智的融通是否可能。

具体说来，作者考察了现代新儒诸家直觉观的内在理路，认为呈现出这样一种趋势，即新儒诸家在逐渐拆解直觉与理智之间的藩篱，且越来越关注两者之间的相关性：从梁漱溟的直觉与理智的对峙，到冯友兰的理智为主、直觉为辅，再到熊十力的性智见体、量智呈用，然后再到贺麟尝试将直觉与理智进行融通而成后理智直觉。对于每位新儒家的致思理路作了较为深入的辨析，揭橥各自之所见与所蔽。透过历史的描述，对于现代新儒家的直觉观作了总体反思。作者认为，在此基础上，可以逐渐揭开笼罩在直觉上面的神秘面纱。直觉的本质规定性与理智这种人的认知的逻辑化表达不同：理智是对必然法则的揭示，呈现出的是确定性；而直觉以理智为前提，还涵盖了情感、意志、信仰等因素，是人的自由意志的呈现，呈现出某种不确定性、偶然性。直觉是非形式逻辑的，从本体论维度来说，直觉不应被理知方式所建构，因而直觉同时是对形式逻辑的突破；其所得——"体"，依然由人建构而成。因此，直觉更多地依赖人之"诚"，而与人真实的存在相通。

作者的上述思考，无疑都是颇有意义的。当然，部分地囿于作者专门讨论的范围，现代新儒家的直觉观念及其历史的复杂面相似乎还可以进一步勘明。我们都知道，在人类的精神生活中，直觉是一种广泛存在的现象，但是与智慧相关联的直觉有两个向度：我们把那些具有特别强健明锐的直觉的科学家、政治家、军事家、艺术家等人物称为"天才"，因为他们通常会具备常人缺乏的某些"灵感"；这种直觉更多地属于实践智慧。哲学家讨论的"直觉"，则更多地存在于形上智慧如何可能的论域，存在于解决"说不得的东西如何说"（首先当然是"说不得的东西如何得"），即如何证成这个世界的第一义，或者如何"转识成智"。所以，在日常生活中属于心理学的范畴"直觉"，在哲学家的眼里自然是哲学的范畴。从先秦开始，中国哲学家就比较强调直觉的作用。宋明理学家同样强调直觉，无论是主张"先立乎其大"的陆王心学，还是认为需要通过不断"格物"，才能到达"一旦豁然贯通焉，则众物之表里精粗无不到，而吾心之全体大用无不明"境界的朱熹，都是如此。只是其学理用"尊德性"还是"道问学"作主旨则有所不同。但是现代新儒家重视直觉，有着与先贤不同的语境：从梁漱溟开始，他们之所以强调直觉，很大程度上是在"古今中西"之争中，为了批评工具理性的过度扩张，在与西方哲学的比较中证明中国哲学不仅有其独特性，而且可以超胜西学。其实，西人也未必不讲直觉，梁漱溟、熊十力和贺麟都了解柏格森的直觉论——当初柏格森的直觉主义正是十分流行的学问。新儒诸家认为,对于中国哲学包括传统信仰具有最大威胁的,是西方哲学的重逻辑分析的传统。换言之,新儒诸家的直觉论的一个侧重点是在直觉与理智的关系中展开的。他们并不认为没有任何知性训练的人,可以直接成为圣人,只是由于儒家"仁智统一"的强大传统,他们对如何为客观知识奠定基础的西方哲学所关注的知识论问题缺乏更多兴趣。换言之,新儒诸家是在某种偏至的理论形式中发展其直觉论的,而且就对直觉观念作概念分析的向度而言,也有一个未臻完善的过程。它后面隐蔽着新儒诸家需要证成的信仰,而信仰是无法完全诉诸理智的。这一点,港台新儒家唐君毅、徐复观和牟宗三表现得更为明显,正如同样属于文化保守主义的余英时先生曾经非常明确地指出过的那样。唐、徐、牟的后学并不讳言这一点,而以"儒学的精神性"来指代其宗教向度,或者用一个更为流行的说法:"内在而超越。"

在当代中国哲学史上,存在着与现代新儒诸家不同的另一种直觉论。冯契先生在讨论如何"转识成智"的时候,也提示我们需要依靠直觉,不过他会强调"理性直觉"。更重要的,直觉不是单独成就"转识成智"的功夫,而是"辩证的综合"、"德性的亲证"和"理性直觉"三者一起,共同促成我们获得形上智慧。从这个意义上说,智慧虽然非知识所能限定,但却非非知识;智慧虽非逻辑分析所能达成,但亦可以说非非逻辑。当然,我们对冯契先生的直觉论同样研究不够。也许永杰将来在继续自己对直觉观念的研究中,把现代哲学家对直觉的讨论综合起来探索,会获得更多的进展。

高瑞泉

乙未年新正于上海

目　录

第一章　绪　　论

一、关于“现代新儒学”与“现代新儒家”的界定

在对相关问题进行实质性的讨论之前，有必要对“现代新儒学”与“现代新儒家”予以界定，这不仅是由于这种界定应当被看作是讨论问题的逻辑前提，而且也是因为目前学术界对于这一问题一直以来存在着不少争论。“现代新儒学”与传统儒学之间究竟是一种什么样的关系？“现代新儒学”和“现代新儒家”的概念能否成立？哪些人是现代新儒家？有港台学者认为现代新儒家主要是指民国以来的熊十力、张君劢、梁漱溟诸先生及50年代后活跃于港台的唐君毅、牟宗三、徐复观等人。① 大陆学界较为通行的说法是认为现代新儒家的主要代表人物是20世纪20年代至40年代的梁漱溟、张君劢、熊十力、冯友兰、贺麟、马一浮，50年代至70年代的唐君毅、牟宗三、徐复观、方东美、钱穆和80年代以来活跃于国际学术舞台上的刘述先、杜维明等人，他们分别属于现代新儒家的第一代、第二代和第三代。② 李泽厚先生认为“真正具有代表性，并恰好构成相连接的层面或阶段的，是熊十力、梁漱溟、冯友兰、牟宗三四人”。③ 余英时先生有仅以熊十力及其嫡传弟子为“现代新

---

① 林安梧：《现代儒家论衡》，台北：台北业强出版社1987年版，第4页。
② 方克立：《要重视对现代新儒家的研究》，《天津社会科学》1986年第5期。
③ 李泽厚：《中国现代思想史论》，北京：东方出版社1987年，第267页。

儒家”之说。①

笔者赞成在较为宽泛的意义上来界定和运用“现代新儒学”和“现代新儒家”的概念，因为唯有如此才能对新儒家直觉理论的现代走向有一个全面而准确的把握，也使得关于本论题的讨论具有了一个更为宏阔的视野。因此，笔者采用了方克立教授的说法②，而非余英时先生狭义的限定，“只是熊十力一系的专称，其两代传人主要包括熊十力及其弟子唐君毅、牟宗三、徐复观四人”。③ 选取早期现代新儒家梁漱溟、冯友兰、熊十力、贺麟四位先生的直觉理论进行讨论，主要是考虑到他们四位与其他几位相比，对直觉问题的关注更多，而且各自都有独特的心得与体会。正如大家所看到的，我们的工作采取的是个案式的研究方法。之所以如此，是因为个案研究有其鲜明的优点：可以避免大而无当、空疏的结论，通过对早期几位新儒家的细致分析以达到对直觉思想的整体把握。当然，我们也尽量避免个案研究的弱点：陷于只见树木，不见森林。

---

① 余英时：《钱穆与新儒家》，《犹记风吹水上鳞》，台北：台北三民书局 1991 年版。

② 关于“现代新儒学”，方克立教授界定为：所谓现代新儒学，是指“五四”以来，在强烈的民族文化危机意识刺激下，一部分以承续中国文化之慧命自任的知识分子，力图恢复儒家传统的本体和主导地位，重建宋明理学的“伦理精神象征”，并以此为基础来吸纳、融合、会通西学，建构起一种“继往开来”、“中体西用”式的思想体系，以谋求中国文化和中国社会的现实出路。它主要是一种哲学和文化思潮，同时也包含着社会政治的内容。参见方克立：《现代新儒学与中国现代化》，天津：天津人民出版社 1997 年版，第 448 页。

③ 余英时先生曾不止一次表示，自己只是一个历史学者、思想史研究者，而不是新儒家。在他看来，“新儒家”具有特殊含义，“只是熊十力一系的专称”，这种界定可以说是海外学界流行的“本义”。根据余先生的观察，“新儒家”一词在目前至少有三种不同的用法：“第一种主要在大陆流行，其涵义也最宽广，几乎任何 20 世纪中国学人，凡是对儒学不存偏见，并认真加以研究者，都可以被看成‘新儒家’。这样的用法似乎扩大到没什么意义的地步了。第二种比较具体，即以哲学为取舍的标准，只有在哲学上对儒学有新的阐释和发展的人，才有资格取得‘新儒家’的称号。在这个标准之下，熊十力、张君劢、冯友兰、贺麟诸人大概都可算是‘新儒家’。……第三种是海外流行的本义，即熊十力学派中人才是真正的‘新儒家’。”参见余英时：《钱穆与中国文化》，上海：上海远东出版社 1994 年版，第 55 页。对于大陆学界有将其师钱穆先生以及他本人列入新儒家的阵营之中，余英时明言“出乎意料之外”。

现代新儒家生活在东西文化冲突剧烈的20世纪初叶，面临的是西学东渐，传统文化日趋瓦解，因“道德迷失”、“存在迷失”和“形上迷失”引起的“意义危机”十分严重等问题，其代表人物梁漱溟、冯友兰、熊十力、张君劢、贺麟等人围绕如何处理中学与西学、传统与现代、西化与现代化的关系和西化派、马克思主义者展开过激烈的争论。早期现代新儒家思想产生的直接原因是为了应对“五四”以来在中国大地上兴起的科学实证主义思潮的挑战。二者针锋相对，旨趣大相径庭。实证主义认为，“科学就是哲学”，任何形而上学的研究都没有意义，经验证实和逻辑分析是最好的哲学方法。而现代新儒家们则认为：哲学不同于科学，科学只是求真，哲学不仅仅在于求真，尤其在于求善，在于使人达到天人合一、真善统一的理想境界，哲学就是本体论，离开了本体论这形而上学的立场就等于离开了哲学的立场，直觉是与科学方法相区别的根本的、真正的“玄学”（哲学）方法。

从历史上看，儒学作为中华民族精神的重要组成部分，从来就不是儒学内部某个宗派的专属品。同样，今天也不能把儒学的未来命运简单地维系于某个学术团体或流派的盛衰兴亡之上。相对于以往的儒学而言，现时代的儒学必然是“新”儒学，这不仅在于人们将儒学的现代重建认为是继第一期（先秦儒学）和第二期（宋明儒学）之后的第三期发展，而且更在于现代新儒学必然要体现出不同于传统的时代特点。现代新儒家之所以为“新”儒家，①归根结底在于它体现了自己独特的时代特征：为了重塑民族精神之魂，以肯认儒学在中华民族文化传统中的主流地位为前提，视儒家

① 首先应该明确，现代新儒家没有一致的社会政治立场，也不是一个统一的哲学派别，而是在文化人生问题上具有共同倾向，即倾心于传统儒学价值的思想流派。参见陈少明：《儒学的现代转折》，沈阳：辽宁大学出版社1992年版，第15页。同时还应注意到的是，由于各位现代新儒家现代意识形态立场的不同，对儒学发挥的程度与角度便不同，故各自“体”的内涵便有所不同，分配直觉的角度和浓度亦有所不同。

的道德理想为人类最高的文化成果，具有放之四海而皆准的普遍标准；主张“援西学入儒”，通过引入西学来重建以中国儒家文化为主体、为本位的民族文化新传统，反思科学价值，以具有“现代哲学”的面貌和品格；具有“为往圣继绝学，为万世开太平”的强烈使命感和道德忧患意识，将儒学复兴与当代精神危机、生存危机的解决联系在一起，在努力摆脱传统儒学困境、使其现代化的同时，还尝试为现代人走出生存困境找到一条出路；在人类社会面对现代性复杂问题的条件下，为人类寻找自我安顿的精神家园，也为民族复兴开出深厚的价值之源。① 此亦为后期现代新儒家的基本共性。

二、关于“直觉”的界定

尽管许多哲学家、科学家、心理学家都论及和使用过“直觉”这个概念，但关于“何为直觉”以及“直觉何为”等问题却没有形成一个统一的认识。鉴于论题主旨所限，对“直觉”的讨论限定在哲学领域，暂不讨论其在其他领域的意蕴，当然不可避免会论及其他学科研究直觉的成果。我们发现，即便在哲学家那里，也常常在形似的概念下暗渡着各自不同的哲思。正是基于此，对直觉概念进行界定、对每位哲学家的直觉理论进行探讨以窥其哲学要义自然成为一种理论必需。众所周知，“直觉”这个概念由西方引入我国，然而，这并不意味着关于直觉的思维方式、理念、方法论也是由西方传入的，我国很早就有了直觉的传统，这一点已成为共识。应该说，中西各有自己独特的直觉传统。为了研究和论说的方便，我们借用西方的“直觉”这个概念来概括与逻辑思维相对的这种特殊的思维方式。

① 关于现代新儒家的特征，还可参见方克立：《关于现代新儒家研究的几个问题》，方克立、李锦全主编《现代新儒学研究论集》(一)，北京：中国社会科学出版社 1989 年版，第 1—5 页。

直觉，[1]其拉丁文为 intueri，原意是凝视、聚精会神地观看；英文为 intuition、[2]德文为 anschauung，含义有观察、观看的意思，主要是指直接察觉或把握真理。古希腊柏拉图所理解的直觉接近于天赋的直接知识，“理念”要靠直觉去洞察和领悟；亚里士多德认为了解原始前提的将是直觉，直觉就是科学知识的创始性根源。在古希腊那里，开启和注重的是直觉的认识论维度，这直接影响了其后直觉的发展线路。近代笛卡儿、洛克、莱布尼茨比较着重对直觉与推理作相对的理解，提出感性直觉与理智直觉。笛卡儿站在理性主义的立场设定了理性直觉知识的先天自明性；洛克为了兼顾感性和理性，而使理性直觉知识的先天自明性根基松动起来。斯宾诺莎提出直觉知识，并把它与理性知识放在一起称为真知识，即具有确定性与必然性的知识，把直觉与推理结合起来以说明真理的认识来源。康德赋予了直觉三层含义：一是我们人所不可能具有的一种撇开感官直接直观自在之物的能力，二是作为一种自发的能动性和创造性直接给出对象的能力，三是作为人的感性直观和知性思维所模仿的原型的能力。[3] 但康德分割了本体与现象，认为人类的知性无法解决对本体的认识问题，只有上帝才有理性[4]

---

① 根据许全兴教授的考察，中国古代并无“直觉”一词，将 intuition 译为“直觉”的是日本学者。参见《中国哲学直觉论思想的形成与发展》，载《河北学刊》2008 年第4 期。

② 直观还有一种英文译法为 sensuous contemplation，指人的感受器官不经过中间环节，在与客观事物直接接触中产生的直接的、生动的反映。这个意义上的直观是心理学上的反映形式，不是一个哲学的概念，与中国哲学的“直觉”的意蕴也相去甚远，因此，不在本书讨论的范围之列。

③ 参见邓晓芒：《康德的“智性直观”探微》，《文史哲》2006 年第 1 期。

④ 在康德以前，人们对理性与知性混沌不分，很多人讲的理性实为知性，康德第一次对理性和知性进行了划界。在康德那里，狭义的理性专指对知性起综合作用的思维能力，它不满足于知性所产生的经验科学知识而追求关于宇宙人生的终极绝对真理，是人的心灵要求超越有限的经验世界而认识无限宇宙的形上冲动；而广义的理性则包含感性、知性和狭义的理性，以及实践理性和审美判断力。知性也分广义和狭义两种，广义的知性包含理性和判断力在内；狭义的知性是自我意识的统觉，包含十二个范畴。知性是构成知识的东西，理性起范导性作用，在知性能力把握不够的时候，知性只是把握具体规律，理性引导知性把握全部规律，把全部规律看作一个大系统，理性激励人的知性不断向前发展，理性提供完整性的目标、理 （转下页）

直觉。至于谢林，更是明确指出：对自我意识和世界的绝对同一性都必须靠直觉去认识。其直觉观没有关涉德性领域，也过于执著于直觉，而忘记了理智。进入现代，柏格森提出世界的本原是生生不息的“绵延”，是永动的生命之流，只有直觉才能把握本体性的“绵延”，因为直觉与生命之流方向相同，能使人置身于对象之内，不用语言直接体认。柏格森的观点广为现代新儒家认可与采用。胡塞尔也认为要把握世界的“绝对真理”不能依赖于逻辑思维方法，最根本的东西是无法论证或推演的，只有直觉才能将之把握。在胡塞尔那里，把握到了纯粹现象就是把握到了本质，即把握到了意向所指的“意义”，但如何处理直觉中的感性成分，胡塞尔的回答不很明确。由上述关于直觉的简要回顾，我们可以大致了解直觉在西方的演变史，直觉固然是他们共同关注的问题，但由于各自特殊的存在遭际使他们对直觉问题的着眼点和切入方式各有不同，这些对直觉问题不同层面的思考构成了直觉的丰富意义。因为直觉本身的复杂性，致使直觉到目前还没有最后确定的结论，在不同的论域中还是一个不确定的指称。

需要注意的是，从翻译学的角度来看，我们可以用“直觉”这个词去翻译“intuition”，但千万不能用西方思想文化的含义来直接图解中国传统文化中的直觉思维和直觉语词；②同样，也不要用中国哲学中的含义来诠解西方哲学中的直觉；更不能以本质主义的态度认为哲学概念像自然科学概念一样具有确定的指称，是客观中立的固定的东西。然而，从翻译的角度看，只要不与“intuition”

(接上页) 念引导知性追求完整的知识。哲学史上，理性是个极为复杂的概念，不同的时代有不同的关于理性的概念，即使是同一时代，也因为人类心灵的无比丰富性和精神追求的多样性而呈现出不同的样态和风貌，不同的哲学流派也有各自不同意蕴的理性概念。需要说明的是，本书中的理性所采用的是康德狭义的理性以及广义理性中的实际理性和审美判断力，而笔者的理智大体相当于康德意义上的狭义知性。

② 参见周春生：《直觉与东西方文化》，上海：上海人民出版社 2001 年版，第 53 页。

这个词的内涵相混淆，用“直觉”来指涉中国哲学的种种内涵确实也有其他词语所无法取代之处。就哲学概念而言，其所指在不同的哲学家那里是不同的，即便是同一哲学家，语境不同、时代不同，概念的含义也不同，没有固定不变的所指。如果我们不加区分和澄清地使用，则只能带来理论上的混乱。从直觉的概念中我们能察觉出直觉自身的复杂性。在中西方哲学的各自传统中，直觉的理论也是多层次、多意蕴，极为复杂的。粗略地分疏，西方哲学中的直觉大多指向外在，目的是取得某种客观知识；当然也有用直觉把握善的德性论传统。而中国哲学家的直觉更多的是反躬内向、反己体认的，这种思维方式体现的是真善统一，目的在于把握某种价值真理，即德性之知；当然，这并不排除直觉作为一种思维方式具有一般的认识论意义。

宽泛而言，中西两个直觉，名同，实相异。在中国哲学中，直觉作为一个统称涵盖了几类概念，有的概念强调不经过逻辑推理过程、非理智、非分析的途径而达到形上境界，如“默识”、“冥悟证会”、“静观”等；有的概念强调通过个体亲身体验而自明自了自证，如“体认”、“反求自识”、“亲证”、“证解”等；还有的概念强调没有推论、突如其来瞬间的“当下把握”，如“顿悟”、“彻悟”、“豁然贯通”等。关于梁漱溟、冯友兰、熊十力、贺麟四位先生所用直觉概念的具体内涵将在下文中具体阐述。

为达到对直觉的准确理解，直觉的多重维度的意蕴有待于进一步精细地加以分疏。直觉可以分为这样几种，有一般经验现象中的直觉、科学直觉、艺术直觉和达到形上真理的途径的直觉。目前，人们往往对不同维度的直觉的认识混杂在一起，没有厘清不同直觉之间的前提、边界以及不同视域中直觉不同的规定性。这也是我们关注直觉问题的初衷。在科学史上比较多的是从认识论维度研究直觉，我们通常称之为科学直觉，其目的是获取关于对象的客观性质、规定性的知识，这种直觉是一种理智范围内的活动。与之不同，艺术直觉主要不是理智性的认知态度，而是情感性的审美态度。艺术直觉所把握的并不是关于对象自身的客观属性和规定性的科学知识，而是艺术家某种主观情感与对象某些感性特征相融合而成的东西。一般经验现象中的直觉与科学直觉在形式上有相似性，都是对外在物非逻辑性、直接性、综合性的认知，但在内容上科学直觉的获得更为艰难，而一般经验现象中的直觉只建立在人们对日常生活的观察和体验上，没有经历科学直觉前期艰苦的理智准备阶段，因此，具有较为浓厚的非理性色彩，只是一种经验，而不成其为方法。

我们所讨论的直觉是在达到形上学真理的哲学方法论这个意义上的，与一般经验现象中的直觉、科学直觉、艺术直觉相异。与一般经验现象中的直觉相比，作为方法的直觉既是经验也是方法，虽然二者都有经验性，但作为哲学方法的直觉更强调与理智的融合与渗透，具有理性色彩；相比科学直觉而言，作为哲学方法的直觉与其在形式上有相似性，都注重理智的活动，相异之处在于消解了科学直觉的主客能所的二分，注重知情意合一，身心合一，以超越逻辑的方式把握世界以及人之为人之道；相比艺术直觉而言，作为哲学方法的直觉虽然也注重情感、美的体验，但视域更为宽广，指向艺术直觉视域之外的世界本原，以及人的安身立命之道。

进而言之，作为哲学方法的直觉与哲学史上的非理性主义的直觉也有区别。非理性主义①者将直觉与理性绝对地对立起来，他们夸大了理性的局限和缺陷而诉诸直觉，强调直觉的偶然性、情

---

① 非理性主义是由不同的哲学体系、流派组成的，与理性主义相对的一种思潮，对于定义何为非理性主义以及厘清其与理性主义、非理性与理性关系都是十分困难的事情，一直都是哲学史上争论的焦点问题之一，这些显然已超出了本书的讨论范围。宽泛而言，非理性主义者认为把理性提高到无所不能的高度，从而贬低、压制、扭曲非理性的东西是古典哲学的偏误，理性并不具有至高无上的权威，人并不能理性地控制自我。非理性主义者不但对个体理性对感性欲望的压抑作了难能可贵的反抗，而且对工具理性对人的异化也作了同样的反抗。

感性和神秘性,借此以贬低理性,并且否认理性具有认识世界的能力,断言存在本身具有非逻辑性或非理性,世界在他们眼里是一个无秩序的、偶然的、不可理喻的甚至荒诞的世界,因此,理性不能达到世界的本原,唯有借助直觉。与非理性主义相比而言,直觉主义(通常我们把直觉主义也视为非理性主义的一种,但二者对于直觉与理性关系的理解稍有差异)强调直觉的优先性,认为许多自明的公理只有直觉才能把握,但一般不把直觉与理性绝对地对立起来,而肯定直觉是比抽象的理智更根本、更重要、更可靠的认识世界的方式,带有反实证主义的倾向。在直觉主义而言,逻辑的知识只能通过理智获得一般概念(共相)的知识,这些知识大都是虚假的,或者至多只能抓住事物之间的关系,只有工具性的作用而无真理的意义;直觉则是关于特殊的个别的东西的知识,只有它才能达到事物的内容。概言之,直觉主义者主张直觉是认识的基础,也是整个精神活动的基础,因此,理智必须依赖直觉才有意义。需要注意的是,直觉论者并不一定是直觉主义者。此意繁复,恕不详述。

我们发现,科学中的直觉经过实验的验证得到了普遍认可,其中跨越逻辑的断裂了的环节得到了较为合理的说明。那么,哲学中的直觉呢?孟子的"孺子将入于井"而产生的直觉虽然得到了多数人的认可,但其逻辑必然性显然与科学直觉不同。当然,直觉内容的差异性并不能否认直觉本身的存在,更不能否认直觉是广泛地存在于哲学领域的一种现象,相同或近似的信仰所导致的类似的直觉甚至是共识已经充分说明了这一点。因此,可以说,虽然有不同的直觉的内容,有时甚至截然相反,但直觉人人都有。只是我们在考察不同主体的直觉时,要注意信仰、情感、意志等非理性因素所产生的影响。对新儒家亦然。

三、现代新儒家的直觉理路

现代新儒家们的直觉理论显然是从作为哲学方法这个维度来

展开的。其直觉理路是建构与消解同在。着力建构的是通过对儒学传统的创造性诠释，以深掘论证儒学传统中的内涵价值，使其与现代文明接榫。早期现代新儒家们认为中国传统哲学是天人合德的宇宙本体哲学，他们把天地生生之德与人性内在地统一起来，形成了内外合用的政治思想、开物成务的社会实践哲学、诚明能合的人生修养，真正达到了“体用一如”。中国哲学避免了西方哲学那种本体与现象对立、主客对立、人与自然对立的倾向，这些倾向都是向外追寻本体，而不了解万物本原与吾人真性本非有二。基于对“体用二分”有限性的揭示，新儒家们都强调本体论与方法论的统一，其所谓方法论，首先是体悟本体的方法，然后才是认识现象的方法，也只有如此才能达到即体即用。从体用论的角度来说，一切现象都不过是本体的显现和功用，因此哲学的要务是把握本体，其次才是正确认识现象。如果脱离了本体去追求现象，就会迷以逐物，不务反识本心。新儒家主要发挥了陆王“当下即是”的直觉方法，在“直觉为体，理智为用”的前提下，又尝试把程朱的“格物致知”也纳入其中。其中，冯友兰是个例外，他是接着程朱理学讲，与梁漱溟、熊十力、贺麟接着王学讲有所不同。

现代新儒家所要消解的是对工具理性的过度使用以及科学主义的有限性。在他们看来，西方的现代性问题就是因为过度重视工具理性、知性思维而忽视价值理性，导致出现了人文价值与科技成果不平衡的严重危机；伴随着人们享受科技的成果，是人的意义的失落、价值的空虚、精神支柱的虚无；而儒学所看重的价值理性、人文精神正是救治这一偏失的良药。从哲学方法论的维度来看，他们认为理智只是向外追求知识的实用工具，是解决人类生存繁衍问题的有效手段。理智对世界的把握无非以这两种方式进行：感性认知和概念分析，感性认知总是主体通过感觉器官把外在世界当作对象来认知，感觉器官会影响认知的结果，而且获得的只是表面现象的反映；概念分析总要进行分割、抽象，概念所得渗透着主体的选择性，是局部的、片面的，所以感性认知和概念思维都无法把握绝对、大全。因此，要把握绝对、大全，消解主客能所对待是必要前提，这是直觉的职分。就本体仁心来说，理智更是无可奈何，同样需要当下内在体认的直觉。新儒家认为仁与物浑然同体，仁体等同于天之体，大其心则能体天下之物，“天人之际，合而为一”，认识心性就认识了天道。应该说，这是对传统儒学由内在体验心性以证天道的进路的延续。

与其本体论和方法论思路一致，新儒家进一步把世界分为“本体世界”与“物理世界”，或“价值世界”与“事实世界”，认为本体世界和价值世界是真、善和道德形而上学的根据，是人生价值意义之所在，只有借助直觉才能达到，这才是哲学的首要任务，而科学只能用理智分析的方法去认识物理世界和事实世界。值得注意的是，早期现代新儒家对直觉的推崇其实与其信仰有关。我们发现，不同主体由相同的事件所引发的直觉各异，物理学家、数学家、生物学家的直觉都与自己所从事的研究领域、兴趣专长、学科背景有关。或许有些武断，但我们可以说数学家恐怕不会悟出万有引力，物理学家不会悟出反函数定律，生物学家也悟不出勾股定律。这种状况同样也出现在了哲学家那里。较之科学家更为复杂的是，科学家的思考有共同的范式作为先行基础，而哲学家在思考之前往往针对范式进行追问。不同流派的哲学家们更是没有共同认可的范式，即便是同一流派其共性恐怕也非常稀薄。因此，在每个哲学家那里，其哲思呈现出了与其他哲学家不可通约的多样性。

究其成因，我们发现，哲学家无对象的“悟”与其信仰（这种信仰既是一种宗教信仰，也可以是哲学家本人的情感、意志所认同的东西）也紧密联系在一起。中国哲学家悟的是人性善恶、人之道以及天之道，西方哲学家更多的是在天人相分的意义上思考自然以及人的规定性。这也许与我们至今依然无法解释其原因的“轴心时代"所产生的不同致思路向有关,也与哲学家本人的信仰有关。质言之,人的信仰是反分析的,无法给出清晰的来龙去脉,当人们要去说明所信仰的东西时,是难以与不同信仰者达成共识的。面对同一事件,不同信仰者难以通过理智分析达成一致,因为,信仰的导向性使人们对遭际的解读已被信仰所涵盖而导入了预定的轨道。现代新儒家亦如此。他们所谋求证成的本体仁心,对他们自身而言毋庸置疑,是一种确定无疑的呈现,但对别人而言却缺乏足够的逻辑必然性,通过理智分析难以得到。这意味着当你认同某个哲学家的价值信念时,就容易获得同样的感悟体会;反之,则不能。对于此,新儒家有清醒的方法论鉴别。因此,新儒家所认同的方法不是可公度的、普遍有效的理智方法,而是直觉。

四、直觉的其他进路

我们还需要深入考察哲学史上其他的进路,以便于从谱系学意义上准确把握现代新儒家的直觉理论特性,厘清其与其他直觉理论之间的界限。哲学史上对"直觉"的探讨还存在着以下几种进路:

其一,是在广义的认识过程中,从本体论、认识论与逻辑学的结合上进行的认识论意义上的探讨,其内在的理念是存在与方法的统一,视直觉为有别于逻辑思维和形象思维的另一种思维方式或认识能力。由这个思路进行的考察认为直觉是对认识对象的本质和意义的一种突发性、整体性的直接洞察。"洞察"一词集中反映了直觉的本性,因为它不仅包含有深入对象本质和规律的意思,而且包含有对本质和规律观照的意思。通过这种观照,把本质和规律化为图像、图形直接为人所领悟。在古希腊时代,亚里士多德就认为直觉就是对原始真理、原始前提的了解,科学知识就是从这些原始真理中推演出来的,二者都是真实的,但直觉比推论更可靠,"除了直觉外没有任何东西比科学知识更为真实,了解原始前提的将是直觉……证明不可能是证明的创造性根源，因而也不可能是科学知识。因此，如果它是科学知识以外真实思维的唯一种类，直觉就是科学知识的创造性根源”。① 现代学者们对这一概念的认识大体趋同，在以佛学研究见长的方立天看来，“直觉指人类的一种普遍心理现象，一种不需经过分析、推理，而对客体直接洞察、完整把握的认识能力和思维方式”。② 还有的学者认为，“直觉是人们一种突发性的对出现在人们面前的新事物或现象极为敏锐的、准确的判断和对其内在本质的理解”。③ 就作为把握对象的手段而言，直觉不是唯一的，可以与逻辑思维共在。哲学史上，绝大多数哲学派别无论是经验论的还是唯理论的，无论是理性主义的还是非理性主义的，都在一定程度上承认直觉在认识过程中的作用。

其二，是在对人自身存在意义的追求与实现中，从本体论、伦理学与价值论的结合上进行的本体论或价值论意义上的探讨，认为直觉是把握或体验“本体”的唯一途径。这一理路中的直觉主要表现为这种认识的获得过程并非借助经验的积累或逻辑的推理，它所关注的对象是社会伦理关系及其法则，追求的是人们的行为之“善”，是“应当如何”，“应当是什么”。以道德知识的逻辑形式为主要关注点的直觉理论（元伦理学的直觉理论），表明了道德知识无法以其他的命题加以证明。英国哲学家摩尔认为“善”或含有善性质的事物不能分析也不能定义，不能依靠理性也不能通过感性来把握，逻辑证据不能证明伦理判断的真假，直觉才是判断伦理命题真实或不真实的“唯一正当的理由”。④ 即是说，有关善的判断不可能根据逻辑从任何其他判断演绎出来，必须靠直觉直截了当

① ［希腊］亚里士多德：《工具论》，广州：广东人民出版社1984年版，第256页。
② 方立天：《中国佛教哲学要义》，北京：中国人民大学出版社2002年版，第1032页。
③ 刘元亮：《科学知识与方法论》，北京：清华大学出版社1987年版，第216页。
④ ［英］摩尔：《伦理学原理》，北京：商务印书馆1983年版，第153页。

地接受或否定,因为善是自明的;道德认识的基本概念是简单的,而不是复杂的、综合的构成,因此它们不能分割、分解成部分,也就不能理性地、科学地给它们下定义,而只能直觉地“掌握”它们。逻辑证据或逻辑分析也不能证明道德判断或伦理命题的正确与否,道德判断或伦理命题真实与否的依据是直觉。与此同时,摩尔也没有完全否定理性的作用,他认为正当的、有利的东西都是从善那里推导出来的,在这个推导过程中就有了理性的用武之地。英国伦理学家普里查德更进一步地把道德“义务”本体化,认为“义务”是客观的、独立自主的宇宙现象,是一种不能被分析的最终特性,比“善”更加单纯也更加具有神秘的特性。因此,他批评摩尔从“善”引出“义务”的做法,认为“义务”已经是绝对单纯、绝对自明的概念,不可定义、无需推理,只能直觉地认识。人们做某种道德行为的“义务”是不可推论的,如同 7×4=28 一样清晰明了,人们之所以在道德问题上会发生分歧,那是由于人们的道德直觉发达的程度不同所致。

在这种伦理学意义上的直觉中,主体总是基于自身的需要、价值观念而呈现出价值评价的意味,它不是像认识论意义上的直觉那样去直观对象的事实属性和客观规律,而是直观对象对于主体所具有的价值和意义。这个维度的直觉以类我为核心,直指他人,在情理交融中体验到他人的主体性和需要,从而作出抉择。这种抉择往往是不自觉的、无意识的,在进行道德决定和道德选择时通常是“不假思索”地在瞬间完成的,其中情感和意志自始至终都参与在内。在以实践理性的方式把握对象时,直觉撇开了某种中介环节和手段而以普遍性的原则为范导以及以主体自身内在尺度直接把握对象的价值和意义,确保其行为具有合法性。还应当注意到的是,这种道德的直觉是建立在现有的伦理关系之上的,它是一种应然思维,是从“应当”的意义上进行的对道德的认知与实践活动。当然,道德的直觉并非排斥对伦理对象的逻辑分析,抽象思维在道德认识中也是必不可少的,只是它们在科学认识和道德认识中所占的地位和侧重有所不同。

其三,是在对生命存在意义和价值的追寻中,从本体论、生命哲学的结合上进行的探讨,把直觉与对生命的体验联系在一起,认为直觉是理解生命与宇宙本体交融的唯一方法。法国哲学家柏格森就是这一理路的代表。他断言"真正的实在"是一种"生命之流"、"绵延",即一种非理性的、永不停歇的生命冲动。人类理性不能认识宇宙的本体,只能把握宇宙的表象,一切理性的认识形式,都是采用绝对僵固、静止不变的观点去认识事物,它们无法认识运动变化的生命冲动。对宇宙本体的把握,只能来自我们的自我反省。这种反省是用自我的生命体验对象的内在生命,以达到生命之流的交融,这个过程就是"直觉"。"绝对的东西只能在直觉中获得,而其他任何东西则属于分析的范围。所谓直觉,就是一种理智的交融,这种交融使人们自己置于对象之内,以便与其中独特的从而是无法表达的东西相符合",①"我们的绵延只有在直觉中才能直接显示给我们,它可以通过形象而间接地猜测到,但是它永远不会包含于一种概念的表象中"。② 在柏格森看来,直觉作为一种本能是超功利的,能摆脱一切束缚"静观万象";直觉是不用符号的直接认知方法,不像纯粹的分析那样使我们悬于空中,而会使我们接触到绵延的整个连续。同时,感觉与理智与我们内里的生命无关,它们不可能把内里生命与宇宙生命联系起来,而直觉则是联结内里生命与宇宙生命的唯一桥梁。很明显,在此,直觉已不仅仅是一种认识方法,而是被理解为个体生命与宇宙本体的"直接交融"或人的一种"生存体验"。在这个意义上,直觉的作用是唯一的,是理性能力所不能企及和取代的。

---

① [法]柏格森:《形而上学导言》,北京:商务印书馆1963年版,第4页。
② 同上,第10页。

其四，是从形上智慧如何表达的意义上进行的考察。任何事物的内在本性、内在关系都具有和谐的特征，因而真理也有和谐的特征。从这个意义上说，“美是真理的光芒”。直觉中的美感体验，也就是对真理的体验。对事物的直觉仅仅是认识绝对同一的第一步，要把绝对同一呈现出来，就不得不借助于——艺术直觉(美感直观)。虽然，美感直观产生的不是绝对同一本身，而是艺术形象，然而，美感直观的活动即艺术创造活动却惟妙惟肖地模拟了绝对同一创造自然和精神的活动。如果说，认识论意义上的直觉是以知统情，艺术直觉则是以情统知的审美性的直觉。艺术家创造艺术形象和“绝对”依靠想象力创造自然和精神世界的过程一样，是无意识和有意识的统一，是必然和自由的统一。在“绝对”那里，是无意识地创造自然界而有意识地创造精神世界；而在艺术家那里，则是有意识地创造着美感世界。时间、空间在艺术家意识同我们意识之间所筑的一道高墙被拆去了。艺术家把我们带到情感的领域，情感所引起的观念越丰富，情感越充满着感觉和情绪，那么，我们觉得所表现的美就越加深刻、越加高贵。可见，艺术创作(美感直观)是了解和表达绝对同一的重要方式，如同冯契先生所言：“艺术家通过外师造化，中得心源，能够既体现宇宙的意识，又表现自己内心的生命，这也就形象地体现了性和天道的统一。”①

当然，以上这几种路向尽管侧重不同，却并非彼此隔绝，在不同论域中的直觉概念使用中和直觉理论的铺陈中，总是彼此缠绕在一起，难分你我。然而，要达到对于相关问题的准确理解，必须通过铢分毫析来厘清边界，分清不同理路中的直觉意蕴。唯有如此，才能达到清晰的认识、准确的理解、完整的把握。目前不少学者虽然肯定了直觉是哲学中的一个重要范畴，但常常在使用时并

---

① 冯契：《人的自由和真善美》，上海：华东师范大学出版社1996年版，第288页。

没有指明是何种意义上的用法，在理论清晰度方面自然存在不足。事实上，相当一部分人仅从直觉多重向度中的认识论、方法论意义上去理解直觉，这就不能不影响到关涉直觉问题的哲学理论的准确理解。

第二章　站在理智的对岸

——梁漱溟的直觉观考察

梁漱溟先生是中国近现代思想史上颇有影响的人物，他既重视理论上的研究与创新，又非常重视社会实践活动。早年痴迷于佛学，后由佛转儒，但一生未放弃对佛学的信仰。其思想体系出入东西各家，西方的柏格森、罗素、克鲁泡特金、叔本华等哲学家，中国的孔子、孟子、王阳明等各家均在其思想体系的形成与发展过程中留有不同程度的痕迹，其中对其思想影响最大的当数佛教唯识宗、王阳明的心学和柏格森的直觉主义思想。就治学目标而言，有赋予儒学以更有力、更传统的社会意识形态功能的抱负。可以说，梁漱溟的个性、思维方式及行为方式在不同程度上都染有“直觉”的色彩，是知行合一的典范。

第一节　直觉研究的缘起及其与理智之辨

梁漱溟在东西方文化比较中提出了直觉概念，主张东西方文化的对立就是直觉与知性的对立，知性思维、工具理性的片面发展是造成西方文化危机的根源，因此需要直觉来救治。与其说梁漱溟提出直觉是理性分析的结果，不如说是一种情感的偏执，非理性主义色彩较浓。出于对科学主义的批评，他把直觉搁置在理智的对立面，彼此隔绝。然而，从整个认识过程来看，理智具有过渡与中介的性质，是把握具体真理的必经阶段。梁漱溟的哲学中关于直觉的所得与所失都十分鲜明。

一、直觉研究的开端：形而上学的重建

梁漱溟先生作为“五四”以后新儒家思潮的开山者，其地位很少受到质疑。在中国现代哲学史上，第一个倡导“直觉”最有力量的人，诚如贺麟先生所说，也当推梁漱溟先生无疑。应该说，梁漱溟的思想是在中国传统文化及其价值认同陷入危机，特别是儒家文化经历了西方文化暴风骤雨式的涤荡和国内科学主义思潮的冲击之后产生的，他的思想带有明显的与二者进行论争与批判的意味。在这个意义上，说梁漱溟是西方文化与科学主义双重思想压力的一种反动也未尝不可，其思想表现出了中国人在经受了武力裹挟下的“西学东渐”与文化危机之后，对中国文化与西方文化所进行的初步却并不肤浅的反思。

促成梁漱溟对西方文化的否定，缘于第一次世界大战后西方社会出现的种种危机。梁漱溟认为这是由于西方社会及文化弊端长期酝酿而成的，主因是西方文化重视物质而忽视精神的结果，是唯科学主义的破产。这种对西方文化的批判性否定，从形式逻辑意义上推导出了对中国文化的肯定。一开始梁漱溟就把中国文化的命运与形而上学的重建联系在了一起，为中国哲学做了不遗余力且意涵深奥的辩解，借此来彰显中国传统文化的独特价值。他认为中国文化能够存在于现代世界的唯一方法就是证明其对人类具有的普遍意义，出路不在于从中国的文化中找出与西方文化相同的东西，而在于找出与西方文化相异之处。梁漱溟对西方形而上学进行了批评，他以康德哲学作为一个转折点，考察了康德之前的经验论与唯理论和康德之后的西方现代哲学，认为西方传统的

认识论在解决形而上学问题的过程中，没有留意知识的方法和界限，“滥以科学中之观念适用到形而上学去，实自乖其根本，而且终究弄不成”，[1]因而最终放弃了对形而上学的追求。在梁漱溟看来，正是由于对西方认识论的自我反思，才导致了东方传统的形而上学方法的复兴。事实上，康德已经注意到了这个问题。就康德而言，以往的哲学家所以运用知性同时又没有对知性的界限加以明确，关键在于没有进入其先验领域进行分析。他们坚信知性及其逻辑能胜任对形上之境的彰显，而没有看到知性所固有的缺陷，因此，形而上学领域成了一个“纷争不息的战场”，但人们均未曾想到纷争源于知性及其逻辑之蔽。从康德对知性有限性的分析来看，单纯知性的形而上学的弊病在康德时代已经被揭露出来；针对这种弊端，梁漱溟在寻求一种新的途径来表征形上境界以使人在现世回归到自己的安身立命之所。应该说，现代新儒家们在这个问题上展开了独具特色的思考。

对西方文化的批判体现了梁漱溟对西方文化所代表的传统本体论的拒斥，[2]而他对儒学的解释则是重建儒学本体论的努力。他在论述了西方现代哲学的反形而上学的倾向后指出：“我们就此机会来看东方的宗教和形而上学是如何情况呢？他是不是同西方宗教、古代形而上学陷于一样的谬误？他能不能解免大家都批评？其形而上学倘能解免大家都批评，那么他所用的方法，是否可以较柏格森、罗素为能满意？东方文化，印度是以其宗教为中心的，中

---

① 梁漱溟：《梁漱溟全集》第一卷，济南：山东人民出版社 2005 年版，第 404 页。

② 西方哲学虽然在“五四”前后纷纷涌入中国，但当时很少有人专门从事西方哲学原典的筛选和翻译工作，而对一家一派思想观点的介绍、陈述较为普遍，所以，致使人们对西方哲学只是有一个粗线条的了解，较少有完整全面且精密到位的把握。梁漱溟不通西文，只借助译本难以对西方哲学理解入木三分，也不能从哲学概念的细致辨析和诠释入手去融通中西哲学，主观上又认为西方哲学的观念不足以完全表达本体的意蕴，西方哲学的方法不能提供一条达于真实本体的有效途径，并坚信唯有中国传统的形而上学才可以真正称为关于智慧的学问。因此，梁漱溟对西方哲学的批评有诸多可商榷之处。

国是以形而上学为中心的，所以这个问题非常重要、吃紧。傥然是求不出一条路来时，东方文化简直随着宗教、形而上学成了文化的化石了。”[①]就梁漱溟而言，贯穿于中国文化之中的是一种不同于西方实证方法的玄冥体悟的玄学方法，中国文化是“以形而上学为中心的”。他考察的结果是认为中国传统的形而上学不在西方反形而上学者的批评之列，因为它所探讨的问题和运用的方法都与西方传统的形而上学不同，所以，西方哲学中那种知性的形而上学的困境并不意味着中国哲学也将遭受同样的困境。

梁漱溟在论述中国的形而上学时，首先做的是将其与西方、印度哲学的性质区分开来，以探讨是否可以避免西方哲学的形而上学所遭受的厄运。他从本体论与方法论两个层面展开讨论，他说：“据我观察中国的形而上学与西洋和印度的根本不同，可分两点去说：

(一) 问题不同　中国形而上学的问题与西洋、印度全然不同，西洋古代和印度古代所问的问题在中国实是没有的。他们两方的问题原也不尽同，但如对于宇宙本体的追究，确乎一致。他们一致的地方，正是中国同他们截然不同的地方，你可曾听见中国哲学家一方主一元，一方主二元或多元；一方主唯心，一方主唯物的辩论吗？像这种呆板的静体的问题，中国人并不讨论。中国自极古的时候传下来的形而上学，作一切大小高低之学术根本思想的是一套完全讲变化的——绝非静体的。他们只讲些变化上抽象的道理，很没有去过问具体的问题。……你不要把中国的金、木、水、火、土五行，当作印度地、水、火、风四大一样看：一个是表抽象的意味，一个是指具体的物质，并不能牵混为一的。

(二) 方法不同　中国形而上学所讲，既为变化的问题，

① 梁漱溟：《梁漱溟全集》第一卷，济南：山东人民出版社2005年版，第407页。

则其所用之方法，也当然与西洋、印度不同。因为讲具体的问题所用的都是一些静的、呆板的概念，在讲变化时绝对不能适用，他所用的名词只是抽象的、虚的意味。不但阴阳乾坤只表示意味而非实物，就是具体的东西如‘潜龙’、‘牝马’之类，到他手里也都成了抽象的意味，若呆板的认为是一条龙，一匹马，那便大大错了。我们认识这种抽象的意味或倾向，是用什么作用呢？这就是直觉。我们要认识这种抽象的意味或倾向，完全要用直觉去体会玩味，才能得到所谓‘阴’、‘阳’、‘乾’、‘坤’。固为感觉所得不到，亦非理智作用之运施而后得的抽象概念。理智所制成之概念皆明确固定的，而此则活动浑融的也。

……上面所说的两点实在甚关重要，如果不能认清，我们没有法子说中国形而上学可以站得住。”①梁漱溟是想说明中国哲学的问题不同于西方和印度，西方哲学的主流是与自然世界相对应的哲学，而以道德、人生生命为对象的中国哲学则主要是解决生命意义问题的玄学，所以不能依靠理智得到其形上的意义，而只能依靠直觉。如此，梁漱溟实际上将东西哲学划分成两种完全不同的哲学。相应地，产生了后来的现代新儒家所谓的事实世界与意义世界。梁漱溟并依此界定东方文化与西方文化、道德与科学、直觉与理智的分疏，证明科学及其实证方法不能解决道德问题，不能越界对价值世界发生作用，因而科学绝不能代替哲学、道德以及宗教。人的理智适用于外在世界，这种认识方式是指当时冠以唯科学主义之名的实证主义哲学；在对生命的认识上，理智由于自身的局限不能充当此任，适用于人的生命本体的是直觉；而且，这两个世界和两种认识方式之间有一条不可逾越的鸿沟。在梁漱溟看来，静

① 梁漱溟：《梁漱溟全集》第一卷，济南：山东人民出版社 2005 年版，第 443 页。

的、呆板的、固定的知性概念在讲中国形而上学时“绝对不能适用”,认清知性的功用及其“蔽”并舍弃之,中国形而上学才可以避免陷于西方文化一样的谬误,才“可以站得住”。

那么,让我们先来看看知性活动的有效性与有限性都是如何展现的。知性活动及知性逻辑能否彰显形上之境?能否揭示存在之为存在之真理?能否为人提供精神家园和安身立命之所?显而易见,梁漱溟对这些问题给予了明确的否定,断言对形上之境进行知性的规定是对形上境界的分解和遮蔽。知性及其概念为何对形而上学无能为力?原因在于知性思维对对象持分离和抽象的态度,并固执于这种分离和抽象,因而它的规定必然是有限度的,知性概念只表示一种离析和限制,不能表达本体。不同于知性二分对立的世界模式,在中国哲学中,超越世界与现实世界是融而为一的。人通过向内在的精神世界的不断开拓,就可以提升自己的生命境界、成就理想人格,最终实现上达天宇、横括万物的一体贯通,使一己之生命融入无限、由短暂达于永恒,在以“为天地立心,为生民立命,为往圣继绝学,为万世开太平”的情怀中感受自我生命之永恒价值和意义。这就是梁漱溟着力阐发的中国文化不同于西方文化而对人类所具有的普遍意义。

进而言之,以唯科学主义为代表的知性思维及其概念体系之所以矛盾重重,关键就在于对知性作了“非法的”使用,把某种特定的知性方法看成万能钥匙。康德以为,知性的本性为分析性,知性的概念为有限概念,它们不属于形而上学。① 梁漱溟所要做的就

① 在《纯粹理性批判》的“一切纯粹知性原理的体系”中,康德集中而细致地论证了“一切分析判断的至上原理”为形式逻辑的矛盾律的观点。康德指出,形式逻辑的矛盾律可以作“消极的”和“积极的”两种使用。所谓“消极的”使用是不以它作为发现真理的工具,而是作为知识有效与否的标准,一切知识必须不自相矛盾,否则便无效。如果将形式逻辑的矛盾律作为认识真理的工具作“积极的”使用,则它仅能适用于分析的知识,而不能在综合的知识范围内使用,因为形式逻辑并未涉及直观及思维与直观的关系,而综合的知识得以形成是在思维和直观的关系中进行的。康德所谓“积极的”使用,实际上不是以其去发现真理,而只是对真理进行一种有(转下页)

是舍弃知性，以为如此即可通达无蔽的形而上学境界。然而，形而上学境界是在对知性的扬弃中才得以实现，但这种扬弃不能理解为绝对的否定，而毋宁是知性发展到了最高点后对自己的有限性的超越。通过这种超越，知性得以使主客二分状态得到消解与融通。但知性本身固有的属性会导致不断产生主客二分，又试图通过知性活动本身超越主客二分，这种自相矛盾使知性摆脱不了主客二分状态，无法成就自己的目的。此时，不仅需要对知性的扬弃和消解，还需要另一种途径来建构形上境界，否则，形上境界对人而言就成了“幻相”，[②]人们在世的价值导向始终缺失，没了安身立命之所。对这个问题的解决，梁漱溟坚信中国哲学中的“直觉”足以胜任。这种致思趋向在后来的现代新儒家冯友兰、熊十力、贺麟那里都得以延续，将直觉作为“见体”之路也成了现代新儒家哲学理论的基本特征之一。但应强调，知性思维依然有广泛的应用领域，有更切实的意义。哲学的诸多部门和问题都需要知性方法的探求与建构，即使是重建中国传统价值，也仍须通过知性的批评和检验，才有再生的可能。

毋庸置疑，梁漱溟注意到了知性思维之蔽，确有所见。然而对于知性思维的长处视若无物，却不足取。知性思维通过混沌的感性表象把握事物的内在本质的同时，又由于自身的抽象性而必然要为理性思维所扬弃。从整个认识过程来看，它具有过渡与中介

（接上页）效的分析论证而已。这与其“消极的”使用是一致的。因此，康德事实上已经承认了形式逻辑的矛盾律在任何使用中都不能合法充当发现真理的工具。如果把它作为发现真理、扩大我们知识的工具来使用，那就是误用了形式逻辑，把本来是形式的东西误用为内容。

② 康德认为如果将理性（前文已对理性做了分疏，文中理性是狭义的理性，专指对知性起综合作用的思维能力）作超出经验范围的运用，企图从纯粹概念的推论中获得原理、真理一类的东西，那么结果只能得到一些错误的假象，即幻相。参见俞宣孟：《本体论研究》，上海：上海人民出版社 2005 年版，第 422 页。

的性质，是把握具体真理的必经阶段。① 一般人们往往把西方哲学归结为知性思维，而把中国哲学归结为体悟性思维，粗略地看这是不错的。西方哲学的确在长期的发展过程中形成了精细的逻辑理论并以此指导和训练着自身的思维，从而使其显现为一系列逻辑体系的建构过程。中国哲学的致思方法与西方不同，它不是先把对象分解为不同的逻辑规定，然后再用逻辑规则将它们连成一个逻辑系统，而是在保持对象整体性的前提下体悟其总体精神内蕴，主张一物我、和天人。但我们不能对上述区别作简单化的理解，以为它们只有区别而没有联系。其实，任何思维活动都是逻辑与直觉的统一。一方面，思维是成知的逻辑活动，产生不同的概念逻辑规定并反思它们的关系，从而构造一个以逻辑关系联结起来的概念知识系统。但另一方面，思维活动又是一种直接的显现活动，在这显现中直接拥有其显现物。因此思维在进行成知之逻辑活动的同时，必伴随相应的直觉或体悟，它觉解着成知活动产生的概念逻辑规定的内在意义。宽泛而言，思维的成知活动与体悟活动总是相互缠绕和渗透着，悟为知中之悟，知亦为悟中之知；无悟之知，无直觉之逻辑活动，是不存在的；反之亦然。② 从这个角度看，中西哲学的思维方式都既离不开逻辑也离不开直觉，既离不开知也离不开悟，只不过中国哲学侧重于直觉而落脚于体悟，西方哲学侧重于逻辑而落脚于知识。

事实上，要回归作为人的安身立命之所和精神家园的形上境界，必然要扬弃知性思维，扬弃知识论的主客二分和传统意义上的

---

① 关于知性思维的定位问题，杨国荣教授有独到的见解。参见杨国荣：《理性与价值》，上海：上海三联书店 1998 年版，第 44 页。在他看来，知性思维在坚持自身同一的同时，确实有执著各规定的分别而撇开它们的联系的一面。如果停留于知性思维，否认其过渡性（亦即否认从知性向理性转化的必要性），把知性思维的成果视为完成了的、最终的认识形式，那就不可避免地滑向形而上学。为了避免从知性思维向形而上学的转化，就必须像黑格尔所说的那样，自觉地把知性思维作为辩证法（理性思维）的一个从属环节。

② 参见王天成：《中西哲学思维方式的区别与内在联系》，《江海学刊》1999 年第 2 期。

真理观，寻求一种形上境界的无蔽彰显和情感的通达。知性形而上学的问题不在于运用知性及其概念，而在于停留于知性，认为有限的概念为终极之物，没有看到它们恰恰是需要扬弃的环节。哲学并不是要取消知性，而是要扬弃知性思维方式。思辨理性作为概念辩证法的意义恰在于起于知性又舍弃知性之蔽的双重化过程。这个双重化过程是一种理念对自身各环节之全体的一览无余的观照，达到自在自为的展现，进入澄明之境。这种观照与体证并不游离于逻辑过程之外，而是与逻辑过程共在，处于一个张力系统之中。

二、"直觉"概念的提出

"直觉"作为哲学概念首先出现在梁漱溟所作的东西文化比较中。梁漱溟先明确说明了自己分析的工具。"我研究知识所用的方法就是根据与唯识学。所以我在讲明三方面的思想以前，不能不讲明我观察所用的工具——唯识学的知识论；然后我的观察乃能进行。"①梁漱溟所说的"唯识学的知识论"就是指"量论"，只取了在认识论上有合理意义的现量和比量，自己又创造出了"非量"这个概念，这三量大体对应着现代认识论意义上的感性认识、理性认识和直觉这三种认识形式。这里，我们能发现梁漱溟既有因袭唯识学的部分，也有自己独特的创见。梁漱溟所创获的"非量"，大致相当于直觉，目的是"对唯识家的修订"，为了体悟生命之本真。

在梁漱溟看来，文化不过是一个民族生活的"样法"，一个民族的文化，就是该民族社会生活的种种方面，如经济生活方面、政治生活方面和精神生活方面等。那么生活又是什么呢？他认为，生活就是一种"意欲"，从生活是意欲的满足与否着眼，作为人类生活——文化根源的意欲，具有向前逐求、持中调和与反身向后三种

---

① 梁漱溟：《梁漱溟全集》第一卷，济南：山东人民出版社 2005 年版，第 397 页。

活动方向。其中第一种西方走的是“以意欲向前要求为其根本精神”的文化路向，向外用力，征服自然，“着眼研究者在外界物质，其所用是理智”，“一切成了科学化，其结果有科学而无玄学”；第二种路向中国走的是“以意欲自为调和持中为其根本精神”的文化路向，中国文化向内用力，追求人际关系的和谐，努力使自身与环境相调和，“着眼者在内界生命，其所用的是直觉”，“一切都成了玄学化，有玄学而无科学”；第三种路向印度走的是“以意欲反身向后要求为其根本精神”的文化路向，印度文化“厌生活求出世”，“着眼研究者在无生本体，其所用的是现量”，一切都成为宗教化，有宗教而无科学。这样，科学、玄学和宗教以及它们的方法——理智、直觉和现量——就分别成了西方文化、中国文化和印度文化的代名词。理智又可称为比量，直觉又可称为非量，①现量就是感觉。显然，对于不同的研究对象或“问题”，人们相应地使用了不同的方法。

在借用了佛学的概念之后，梁漱溟对这些概念作了创造性的诠释。他认为所谓比量即现在通常意义上的理智，“依据因明（逻辑）而立宗”，②它是“心理方面去构成知识的一种作用”。具体说来，就是从具体对象抽象出其共同的意义借以形成清晰确定的概念的作用。所谓现量，“如镜照物，没有分别计度”，③就是感觉器官对事物个别属性的认识，它不涉及外物的本质，乃“为我眼识之所变现”。所谓非量，在唯识学中原来是介于比量现量之间的一种

① 因明学用语，三量之一，指错误的认知与推论。在因明学上，即指因明八门中的似现量与似比量。《因明入正理论》云：“有分别智，于义异转，名似现量。谓诸有智了瓶衣等分别而生，由彼于义不以自相为境界故，名似现量。若似因智为先所起诸似义智，名似比量。似因多种，如先已说，用彼为因，于似所比诸有智生，不能正解，名似比量。”其中，所谓似现量是于所缘境生分别惑乱智，不能正确量知其自相，例如不知瓶衣等以色香等四尘为体，别无自体，五俱意识所缘者，唯四尘上之假名共相，反而生起分别惑乱之智，执之以为实有。所谓似比量是依不成、不定、相违、似喻等似因生似义智，因而不能正确比知量度对境。例如见雾等，误以为烟，妄推有火。此似现量、似比量二者，非真现量、真比量，故称非量。

② 梁漱溟：《梁漱溟全集》第三卷，济南：山东人民出版社 2005 年版，第 720 页。

③ 同上。

作用，似现量又或似比量者，它附于感觉——心王——之“受”、“想”二心所。梁漱溟的非量与此不同，他认为，“受”、“想”二心所能得到一种不甚清楚并说不出来的意味，此二心对于意味的认识就是非量；凡非量所认识的只是一种意味精神、趋势或倾向，其对意味的认识并非对象本身，而是由人妄添上去的。梁漱溟的非量概念的内涵与因明学有明显差异，后来，他干脆放弃了“非量”这个概念而用“直觉”，因为在他看来，因明学的非量所包括的“似现量”和“似比量”是消极的否定的名词，表示不出现量比量之外这种特殊的认识途径，故而，弃“非量”，取“直觉”。

我们发现，梁漱溟用直觉、理智和现量这三个概念机械地概括了中西印三种文化各自的质的规定性，无形之中，用直觉、理智和现量的特性替代了东西方文化本身，中西印三种文化被梁漱溟归约为直觉、理智和现量。梁漱溟既承认人类的一切知识都是直觉、理智和现量所构成，又说西洋文化是直觉运用理智的，中国是理智运用直觉的，而印度是理智运用现量的，①似乎西洋和中国无需现量，印度无需非量。如此，导致其理论前后矛盾，难以自洽。不客气地说，这种公式化的归约遮蔽了三种文化自身的丰富性和多样性，把复杂的问题简单化了，缩小了哲学研究的问题域，限制了对哲学本身的开放性理解，在很大程度上导致曲解中国传统思想，对中国传统思想中真正独特和永恒的东西有所遮蔽。

三、直觉与理智

如前所述，梁漱溟在《东西文化及其哲学》中使用直觉概念，是相对于理智而言的，他认为孔家生活是纯认直觉，而排斥理智，在道德生活中如果运用直觉，就可以避免私心私欲，开物成务，成己成物。他还把仁与不仁归结为截然对立的直觉和理智。早期梁漱

---

① 梁漱溟：《梁漱溟全集》第一卷，济南：山东人民出版社 2005 年版，第 485 页。

溟的主要倾向是力辩二者之异，认为直觉与理智二者完全不同，带有明显的拒斥理智的倾向。

其一，质的规定性的不同。梁漱溟认为，理智易导致概念思维与感性经验的脱离，而直觉不同。理智的本质属佛学唯识家所谓"独影境"，"影与见分同种生无质为伴，所以纯由主观生"，主客体之间存在着分隔，"有影无境"，主体通过分析综合客体的感觉而形成概念则是纯主观的东西。既然有"隔"，那么理智自然不可能达到客体的本来面目。与理智不同，直觉的本质属"带质境"，"有影有质而影不如其质"，譬如我听见一种声音，当时即由直觉认识其妙的意味，这时为耳所不及闻之声音即是质，妙味即是影。直觉"所认识为带质境，其影乃一半出于主观，一半出于客观，有声音为其质，故曰出于客观，然此妙味者实客观所本无而主观之所增，不可曰全出客观，不可曰性境；只得曰带质境而已"。[①] 如此一来，在理智那里无法克服的主客体间"隔"的矛盾在直觉这里得到了消解。

其二，展开的具体方式不同。梁漱溟认为，理智要将主客体对立起来，主体立于客体之外进行客观的观察，借助于概念、判断、推理等手段进行思考和逻辑分析；理智只适用于对物的认识，不可能触及生命本体，因为生命是一个"活动的形势"。而"直觉只认识无有判断"，不需要逻辑的思维，遇事只要"当下随感而应"，全凭体悟。另外，理智需要一个积累的过程，由不知到知，有知之甚少到熟知、真知；直觉则"初度一次就得如此的意思，圆满具足无少无缺"，是主客体的融合，不需要借助经验积累、理性思维而产生的飞跃，是一种超越感性和理性认识的内心体验。

其三，各自展开之后，二者的所得不同。理智主要是通过分析与综合对客观存在的外在世界进行加工，最后所得是一种抽象的

---

① 梁漱溟：《梁漱溟全集》第一卷，济南：山东人民出版社 2005 年版，第 400 页。

概念——共相。理智是从对具体客观事物的认识展开，以茶为例，人们必须先看见或喝过多次茶，得到茶的感觉，并在感觉的基础上，将茶与其他非茶的东西区分开，又从各种具体的红茶、绿茶中抽出共同的意义（共相），如此形成了茶的明确概念。梁漱溟把这个过程称为“简、综——分、合——两种作用”，只有面对具体的、静止的事物，理智才能区别异类，综合同类，得到关于事物的概念。而直觉的展开所得并非事物的真，而是善与美。直觉是在感觉（现量）和理智（比量）之间，“‘受’、‘想’二心所对于意味的认识”，①此中的“心所”指主观的心所派生的事物；“受”亦称“受蕴”，指人心随感而生的苦、乐、忧、喜等情感；“想”亦为“想蕴”，指人心的想象作用或想象能力。直觉“所得只是一种意味精神、趋势或倾向”，如音乐之妙、绘画之美和美味的好吃，皆为人“妄添”的主观的东西，是“客观之所无、主观之所增”，并非直觉的对象本身所具有。

显然，在直觉与理智之间，梁漱溟划出了一条难以逾越和沟通的界限。当然，对二者进行分疏和对各自边界进行清理是必要的，但他将直觉置于理智之上，借此以评判中西文化，暗示东方的人生态度比西方人向前争逐的态度更深刻完善，这种做法就有诸多可商榷之处，并且，恐怕也直接导致了其理论的不自洽。理智，在梁漱溟那里，被视为以逻辑分析、概念思维为代表的对研究对象进行分解、剖析的科学研究方法；崇尚与个人功利相关联的理智，是西方文化的一贯传统，这一传统既推动了科学技术的发展，导致了人类物质文化日新月异的进步，也鼓舞着人们蔑视各种传统权威，促成了民主政治的建立。② 他说：“当西洋人力持这种态度以来，总是改造外面的环境以求满足，求诸外而不求诸内，求诸人而不求诸己，对着自然界就改造自然界，对着社会就改造社会，于是征服了

---

① 梁漱溟：《梁漱溟全集》第一卷，济南：山东人民出版社 2005 年版，第 400 页。
② 这个意义上的理智通常也被称为工具理性。

自然，战胜了权威，器物也日新，制度也日新，改造又改造，日新又日新。”①虽然如此，梁漱溟指出这种以理智计算为特征的西方文化，并不能代表人类社会及其文化发展的未来路向，他强调精神文化对物质文化的优越性，并着力提倡伦理精神。在他看来，人性修养与道德教化是社会存在与发展的基础，社会危机则是社会道德危机的体现。从而克制私欲，拯救道德，提升人性，可以成为挽救社会危机，振兴民族精神文化的基本方略。② 西方文化并不值得颂扬，因为理智计算、工具理性同时还引发了另外一个消极的后果，“人有了‘我’就要为‘我’而向前要求，向前要求都是为‘我’而来，一面又认识了他眼前的自然界。所谓向前要求，就是向着自然界要求种种东西以自奉享。这时候他心理方面又是理智的活动。在直觉中‘我’与其所处的宇宙自然是浑然不分的，而在这时节被他打成两截，再也合拢不来”。③ 基于这种理解，梁漱溟认为以理智、工具理性把握对象是将自然“从我这里划开，而且加以剖析，把他分得很碎很碎，而计算操纵之”；西方人面对物质世界，固然不得不以理智处理操纵对待，但他们“理智的活动太强太盛”，④以致把对物的理智方法同样也运用到他人上，人与人之间也是划界线而持算账的态度，成了利用、要求、征服的关系。因此，在梁漱溟而言，对理智的非法性、越界式的使用是西方现代社会危机的根源，他拒绝将工具理性运用到形上学和人生问题的解决之中，⑤西方所崇尚的理智的方法，恰恰是儒家所排斥的。

由上述可知，在梁漱溟那里，直觉与理智乃是不同质的两种认识，理智的方法只在科学的领域内有效，而直觉则是玄学的方法，

---

① 梁漱溟：《梁漱溟全集》第一卷，济南：山东人民出版社 2005 年版，第 494 页。
② 参见陈少明：《儒学的现代转折》，沈阳：辽宁大学出版社 1992 年版，第 9 页。
③ 梁漱溟：《梁漱溟全集》第一卷，济南：山东人民出版社 2005 年版，第 390 页。
④ 同上，第 391 页。
⑤ 高瑞泉：《直觉与智慧——略论第一代现代新儒家对直觉范畴的探讨》，方克立主编《中西会通与中国哲学的近现代转换》，北京：商务印书馆 2003 年版，第 478 页。

二者不能混淆，理智的方法运用于形上境界乃是一种僭越。此说论据有三：第一，梁漱溟认为："宇宙的本体不是静体，是'生命'，是'绵延'，要认识本体，非感觉理智所能办，必方生活的直觉才行。"①理智是通过感觉进行加工，形成概念，而概念只能认识外界具体事物的现象，无法取代直觉来把握宇宙本体。第二，理智是一种外在的手段，是解决人类生存繁衍问题的工具，它无法把握情感、意欲等内心生活，而唯有内省的直觉才有如此功能。第三，理智的对象是外在世界的具体事物，无法取代直觉对"我"或"内界生命"的体认，因为对这"我"之认识，是感觉和理智所不能为，所以"惟如认识'生活'及'我'是，才能见出第二直觉的重要来"。② 梁漱溟力辨直觉与理智之异，其目的是为了对主张以"科学取代哲学"，甚至"科学就是哲学"的唯科学主义思潮提出严厉的批评，如果人们"滥以科学中之观念适用到形而上学去，实自乖其根本，而且终究弄不成"。③ 显然，在梁漱溟的早期思想中，理智与本体是隔绝的。具体说来，梁漱溟认为，生命完全是不认定的、不计虑的，生命虽然时时处处表现出持中调和，但这并不是生命自身有意识的运作。同样，对本体、生命的把握只能靠直觉的玩味与自我真情的体验，而不能靠逻辑的认知与理智的思辨。简言之，生命本然与逻辑认知不仅仅是相异，而且根本上相互排斥。

在梁漱溟看来，直觉与理智不仅各有自己的特质和功用，无法相互替代，而且就世界未来文化的发展趋势来看，西方重直觉轻理智的柏格森哲学的兴起，表明"西方思想界已彰明的要求改变他们从来人生态度，而且他们要求趋向之所指就是中国的路，孔家的路"。④ 因此，他断言中西文化有着本质的差异，不能以西方文化

---

① 梁漱溟：《梁漱溟全集》第一卷，济南：山东人民出版社2005年版，第406页。
② 同上，第401页。
③ 同上，第404页。
④ 同上，第504页。

来衡量中国文化，更不能以西方文化取代中国文化，西方文化主张向外用力以宰制外物，发展机械工业，但发展到了极端导致了人的异化，人性的丧失。西方思想界出现了诸如圣西门、马克思、罗素辈的人士，就致力于改变他们从来的人生态度，“走孔家的路”。“要晓得从西洋那态度走下去，到现在他们精神上是怎样受伤，生活上是怎样吃苦……现在世界直觉将代理智而兴”，①梁漱溟通过对中西文化的比较得出结论：以理智为特征的西方文化已成过去，未来的世界文化是直觉的中国文化的复兴，“于是西方人两眼睛的视线渐渐与孔子两眼视线所集相接近到一处”。②

无疑，梁漱溟过于强调了直觉与理智之间的差异，主张二者完全不相容，直觉作为“仁”，是一切道德之源，“人类所有一切诸德，本无不出自此直觉，”③所以，对于直觉不加分辨地接受，而对理智则一味地遮拨。这种关于直觉与理智关系的偏狭理解，一方面是受其文化保守主义的立场所制约，另一方面也是在为其强调中西文化差异的文化观寻找哲学依据。由于梁漱溟认为中国的传统是强调反躬于自身生命，践行尽性，所务在深澈心体，率性之谓道，义理非外在。④ 因此他在社会实践领域投入了更多精力，而在形上学领域所造差强人意，重要的理论关节点被忽视。事实上，形上境界作为人之安身立命之所、精神家园，人只有不断地回归于和寓于此所，才能保证人的精神有所依归。因此，回归精神家园需要知性思维，又不能完全依赖它。由于知性思维的对象化的特点，总是把超越有限存在的宇宙大全、人之安身立命的形上境界外化为一个对象来观照，在对象上来理解本体，本体自然而然地被遮蔽了。知性用逻辑分析的方法把作为整体的事物分解成一个个部分、方面、

---

① 梁漱溟：《梁漱溟全集》第一卷，济南：山东人民出版社 2005 年版，第 505 页。
② 同上，第 498 页。
③ 同上，第 454 页。
④ 参见梁漱溟：《勉仁斋读书录》，《梁漱溟全集》第七卷，济南：山东人民出版社 2005 年版，第 847—848 页。

片段，然后逐个认识。这种认识把事物分解成片断、要素，只能记录一些静止固定的信息，停留在了事物的外部现象，无法把握到变动不居的真实存在。另外，知性用逻辑分析的利刃将事物分解之后，其结论往往通过语言来表达或交流，而语言或文字是一种僵死的符号，总是要把事物分割为空间中的东西来描述，经过语言文字处理的事物，其个性也将不存在，所以，语言文字也难以如实地表达活生生的精神或生命。

让我们来关注事物本身，我们发现任何存在都是体与用的合一，“体”为本体，西方的术语称存在之为“存在”或是称之为“是”，是事物全部多样性的内在统一的根据和源泉；“用”是这个事物的各种属性、与其他事物之间和其自身内部各个要素之间的关系、各种功能和样态，包括种种变化状态。这二者固然是相互联系的，“用”是本体的显现，本体总是作为“用”而存在，并必然通过以“用”来彰显自己。当然，本体与“用”是不同的，二者不能混淆，本体作为形而上学的对象，有其自身的涵义，不能仅仅归结为“用”的规定性。以“用”代替了本体是形而上学中常见的现象，人们总是在追求本体的时候代之以“用”，将“用”即本体之内容的规定性视为形上之物的意义本身。知识形态的形而上学就是把对本体的追寻归结为对“用”的追寻，自然要被归结为知识活动的产物。其实，本体在知性思维中是不可知的。如果仅停留于知性思维，必然以“用”替代本体，或者是把观照到的“用”当作本体，总之，知性对本体所持的态度表明，它是在对本体自身的遮蔽中去把握本体之为“用”。关于体用二者的辩证关系，熊十力有精到的阐发，后文详述。

然而，形而上学的建构必然要通过知性将人的存在凝练为某些概念或概念系统，只是有限的知性概念却被绝对化地越界使用，因此，这些被误用了的知性概念需要消解，回到属于自己的领地，消解遮蔽而达到澄明。应该说，知性概念的建构与消解都为了保证形上境界的完满，这也是形上境界自身的彰显所必需。同时，我们对知性思维形成的知性思维方式进行消解，以开启理智与直觉并用的思维方式。这种新的思维方式的开启，不能理解为对知性思维的彻底舍弃，我们只能在知性思维的主客二分的前提下达到形上境界，在天人相对待的前提下回归天人一体，这是一种具有多样性的有差异的统一体。应该说，建构与消解都在彰显着形上境界，都是在不断地追求着人的本真存在。人无论进行形而上学的建构还是消解，都在澄明自己的形上境界并回归于这精神家园，一个自由独立的人总是在建构与消解的张力系统中存在。

第二节　直觉理论的铺陈

先对知性思维之蔽进行了充分的揭示，然后，梁漱溟展开了他的直觉理论，其中既有对佛家唯识宗、宋明理学的借鉴，也有他自己对直觉的新诠。应该说，梁漱溟对直觉的阐发有很多富有创见的想法，诠解出了前人没有关注到的直觉作为玄学方法的意义、德性之知的意义和作为“情意之知”的意义。只可惜由于梁漱溟对知性思维、工具理性的视域所限，从根本上对直觉统得过死，将直觉放置在理智的对立面，其结果是他的直觉只能是本能或思想的灵光一闪，而无法进一步揭示直觉的本质，也无法深入挖掘直觉丰富的哲学内涵，建构出完整的形而上学方法体系。最终，他意识到了问题所在，弃“直觉”而取“理性”。

一、唯识学影响下的宇宙本体论

梁漱溟早年痴迷于佛学，后由佛转儒，但一生都未放弃对佛学的信仰。晚年在回首人生时声言，心里所有只是一点佛家的意思，只是本着一点佛家的意思裁量一切，这观察文化的方法，也别无所本，完全是出于佛家思想。总的来说，自己的心愿是一生持佛家的精神，过佛家的生活，只是总做不够。梁漱溟一生倾心佛法，笃信自修，甚至茹素不婚，曾一度想出家为僧，其思想动机和出发点是“救国救世”，探求人生苦乐的根源、寻觅脱离苦海的途径。经过多年的潜心苦读，执著于佛学义理的探寻，对唯识宗、因明学、密宗、大乘、小乘逐渐有所领悟，结合亲身的人生体悟，以一个信仰者的立场写出了一篇题为《究元决疑论》的佛学研究长文，刊载于1916年的《东方杂志》。此文被当时的学术界推为印度学的代表作，同时也得到了蔡元培的高度认可，遂聘请梁漱溟到北京大学讲授印度哲学。在北京大学期间梁漱溟依然著书不辍，写成《印度哲学概论》和《唯识述义》两部至今依然颇有影响的佛学著作。

在梁漱溟而言，只有佛学唯识宗的哲学才可以算得上是真正的宇宙本体论，他说：“质言之，我看形而上学是有个方法的，有他惟一的方法的，这个方法便是唯识学用的方法。”[1]（着重号为原著者本人所加）这是针对机械论的宇宙观和科学认识论而提出的。他认为，建立在实证科学基础上的宇宙观必然导致机械论，即把宇宙视为外在于人的静态实体。在梁漱溟看来，我们所理解的宇宙与我们的思想和行为是分不开的，我们置身于其中的生活过程本身就是宇宙的内容，而不是此外还有别的宇宙，所以，“尽宇宙是一生活，只是生活，初无宇宙。由生活相续，故尔宇宙似乎恒在，其实宇宙是多的相续，不似一的宛在。宇宙实成于生活之上，托乎生活而存者也”。[2] 这是一个活泼的、动态的、生生不息的创造过程，是生命的发用流行。梁漱溟认为，科学的、理智的认识方法只适用于认识具体的、静态的事物，而无力认识动态的宇宙（生活）过程，更不能窥见“内里的生命”，要在流行不息的宇宙过程中体悟生活的形上意义，就必须在科学的方法之外另寻“玄学的方法”。这里所

① 梁漱溟：《梁漱溟全集》第三卷，济南：山东人民出版社2005年版，第278页。
② 梁漱溟：《梁漱溟全集》第一卷，济南：山东人民出版社2005年版，第376页。

谓的玄学的方法在梁漱溟而言就是直觉。在对生命的真实意义的理解上，所有东西方哲学、心理学、德行学家言，以未曾证觉本原故，种种言说无非戏论。唯有佛学能拨云见日，生命的意义的呈现只能在佛学教义中寻找。各种机缘所致，他从佛学中寻求到了方法论上的支撑，将唯识学作为建构其理论体系的方法论依据。其思辨模式、概念推论，很多都是来自佛学名相，其成名作《东西文化及其哲学》中的研究方法就与唯识学密切相关。

就本体论的维度上，梁漱溟认同和论证了佛教的出世间法、存在的不真实、人生的虚幻、价值的无从安放以及世间道德准则的无意义。佛理在根本上是不可思议的，即不可致诘、不能以世俗的理解方式来解释。出世间法是信仰而非知识，靠的是"觉解"而非逻辑推理，除非信仰，否则不能"得解"。① 修道之人体证的佛性即是"宇宙本体"，而此佛性以"无我"为本。"无我"的目的在于体认清静本然的"真性"，达到的是一种在般若智慧洞察下的主客消融、能所俱泯的一体境界。

根据梁漱溟所理解的唯识学，宇宙是由生活构成的，生活具体的一个又一个片段相续形成了一个似乎是完整的东西。相续的生活构成宇宙，而生活本身又是由相续的"事"所构成。这个"事"是什么呢？"照我们的意思，一问一答即唯识家所谓一'见分'，一'相分'——是为一'事'。一'事'，一'事'，又一'事'……如果涌出不已，是为'相续'。一问即有一答——自己所为的答。问不已答不已，所以'事'之涌出不已。"②在唯识宗看来，外在的世界不是客观地存在着的，而是由"识"起作用而产生的，能认识的部分为"见分"，被认识的部分为"相分"，二者皆为"识"所现起。"八识"中的前六识各有"见"、"相"二分，认识时，变现出被认识的对象"相分"，

---

① 参见徐嘉：《现代新儒家与佛学》，北京：宗教文化出版社 2007 年版，第 31 页。
② 梁漱溟：《梁漱溟全集》第三卷，济南：山东人民出版社 2005 年版，第 377 页。

再用“见分”去认识，这就是“识”对世界的了别作用。如此一问一答形成“事”，进而形成生活，最终形成宇宙。这样一来，“事”由“识”变现而来，其宇宙观最终归结到唯识宗的八识说上，外部世界本无自性，非实在。“识”被提高到了本体论的高度，赋予了本体的意义，是个超越的、普遍的存在，是宇宙万物存在的形上依据。顺着“静观无私”，将认识中的主观因素完全排除，就会发现实际上什么也不存在，存在的只有“识”，即唯识学所谓“三界唯心，万法唯识”，是由阿赖耶识产生的“唯识无境”。

那么，继续刨根问底地追问，“识”的性质又是什么呢？唯识宗八识说中把第八识阿赖耶识当作最根本的共同的依据，又称“根本依”，它是一种精神性的实体，发号施令，主持一切的作用，不会随着人的个体生命的结束而消失，永恒存在，具有精神性的客观本体的性质。梁漱溟将阿赖耶识作为现象界的本源，由它产生一切外在的现象，形成人们所谓的物质世界；不论客观世界，还是认识主体，都是由虚幻的影像所构成，“唯一的物件只此阿赖耶识，东看西看，上看下看，内看外看，所碰到的都是他。不过不单影像是随时变现，非恒在的东西，就是这内外的本质，你看他死呆呆的物质世界，实在也是迁流不息，相续而转。……就是本质也非客观存在而是随人不同的，你的宇宙是你所现，我的宇宙是我所现”。①

梁漱溟在佛学的影响下论证了现象界的虚幻之后，又进一步证明了所谓宇宙本体即是空，宇宙本体的形而上学方法为现量。在梁漱溟看来，所谓现量就是感觉器官所得的色、声、味等感觉，现量有两种，一种是普通的现量，也叫世间现量；另一种是特殊现量，也叫佛位现量。普通现量的作用，即在于将混入感觉之中的概念知觉等其他成分清除掉，“把这牵混入比非量之甚暂甚微的现量分离独立，暂者久之，微者著之”。做到了这一步的普通现量，可以将

---

① 梁漱溟：《梁漱溟全集》第一卷，济南：山东人民出版社 2005 年版，第 412 页。

运动与物体之现象分离，认识到存在的只是静止的现象，也就是主观的幻象。佛位现量是第二步的认识，即达到空无本体的方法，其认识的对象为宇宙的本体。他这么描绘这种认识的过程："次一步现量，傥能做到头一步时就会慢慢到了这一步，这还是顺着那个来，不过比前更进一步的无私，更进一步的静观；然而无私静观亦至此不能再进了。这何以为验呢？就是眼前面的人和山河大地都没有了！空无所见！这空无所见就是本体。在唯识家叫作'根本智证真如'。"①顺着"静观无私"，将认识中的主观因素完全排除，就会发现实际上什么也不存在，存在的只有感觉。

梁漱溟入于佛学旨在出世，解脱人生之苦；入于儒学则旨在经世致用，关注社会现实，面对社会矛盾，用其所学解决社会问题，以求达到国治民安的实效，体现的是"以天下为己任"的情怀。在解脱人产生的过多欲望层面，梁漱溟所做的工作是，从"宇宙一大生命"入手论述佛学，称佛学为"超脱乎生灭"之学，世界万有（一切事物和思维概念）都是生灭变化无常的，很多苦难都因无常而重新燃起无限的贪欲。梁漱溟认为，奔流不息的宇宙生命之流令人产生烦恼，是贪嗔痴得以形成的根源。而宇宙是没有自性、虚幻不实的，人烦恼焦虑的万象也是虚幻不实的，人只有将生命从各种贪欲中解救出来，即修得圆成实性。圆成实性是主客消融、能所俱泯、洞悉一切皆空的大智慧，讲究的是除欲念，排除一切执著。到了最高境界，也不能执著于"除欲念"和"修"的观念，要达"无修无念"，顺其自然的平常心，如此就能引导世人"超越尘世"。一旦拥有了这样的智慧，世间的一切烦恼皆可灭尽，从而获得无欲无我的本然清净之心。

面对科学主义的迅速蔓延，梁漱溟认为，近现代西方哲学只是认可科学的合理性，而拒斥形而上学，因此导致其人生呈现浮游无

---

① 梁漱溟：《梁漱溟全集》第一卷，济南：山东人民出版社 2005 年版，第 411 页。

根之状。破解这个困境需要唯识学的智慧，因为唯识学能对治科学的非实体性问题，也是"佛学的生命"系于唯识学的原因。由于梁漱溟对佛教的笃信，在批评科学主义、工具理性时表现出了浓厚的宗教色彩的使命感，这也是现代新儒家的一大特色。可以说，梁漱溟立足儒学，内心持佛家精神，亦儒亦佛，儒佛交融，始终是其精神面貌的主要特质。当儒家的思想提升到"一体平铺，通达无碍"时，儒家所追求的"天人合一"与佛家的"般若关照下的转识成智"境界就自然融通合二为一了。

二、作为玄学方法的直觉

依照梁漱溟，东西方文化的对立实为直觉与知性的对峙，知性思维、工具理性的片面发展是造成西方文化危机的根源，唯有直觉的生活才符合生命本性，因此需要直觉来救治。所以，其哲学方法论是以显扬传统文化的现代意义为旨归，表现出了对传统的依恋和对现代性的质疑。在追求人类自身存在意义时，在梁漱溟那里，直觉既是其本体又是方法。直觉是本体与方法的一体化，直觉既是通达形上本体的方法，又是本体即价值之源自身。他说："要认识本体非感觉理智所能办，必方生活的直觉才行，直觉时即生活时，浑融为一个，没有主客观的，可以称绝对。"①显然，直觉被梁漱溟提高到了本体论的高度，赋予了本体的意义，成了超越的普遍的存在，也是人的行为的形上依据。他还提到，"要晓得感觉与我们内里的生命是无干的，相干的是附于感觉的直觉；理智与我们内里的生命是无干的，相干的是附于理智的直觉。我们内里的生命与外面通气的，只是这直觉的窗户"。②

所谓"浑融一体"、"没有主客的绝对"，就是梁漱溟即本体即方

---

① 梁漱溟：《梁漱溟全集》第一卷，济南：山东人民出版社 2005 年版，第 406 页。
② 同上，第 468 页。

法的直觉。本体论意义上的直觉，梁漱溟将其等同于儒家的道德本体——仁或良知良能，他说，“孟子所说的不虑而知的良知，不学而能的良能，在今日我们谓之直觉……此敏锐的直觉，就是孔子所谓仁。……人类所有一切诸德，本无不出自此直觉，即无不出自孔子所谓‘仁’，所以一个‘仁’就将种种美德都代表了”。[①] 梁漱溟还将儒家所谓“天命之谓性，率性之谓道”解释为“任直觉”、“随感而应”，“人自然会走对的路，原不须你操心打量的。遇事他便当下随感而应，这随感而应，通是对的……我们人的生活便是流行之体，他自然走他那最对，最妥帖最适当的路”。[②] 在梁漱溟看来，人们的生活应该是率性顺着本性去走，人只要听任直觉，从心所欲，就自然通达，流畅活泼。追问其思想出处，我们发现梁漱溟沿袭了“本能冲动即道德”的泰州学派思想，因此，经过他的现代转化，直觉成了不经逻辑思维的一种先天本能。梁漱溟也注重直觉是“情志方面的活动”，是知、情、意的统一，而理智是静止的、机械的，割裂了知与行、情与理、内省与外求的关系。生活就是一个“活形势”，是永不停息的向前之流，如果用理智的方法加以肢解分割、静态地分析，那么得来的只是静态的、支离破碎的、毫无生趣的东西。可以肯定的是，梁漱溟虽然没有直接参加 1923 年的“科玄论战”，但他显然站在了玄学派一边。后人常把他列为玄学派的主要代表人物加以讨论，应该说这种做法有充足的理据。

梁漱溟视直觉为“玄学的方法”，认为“我们内里生命与外面通气的只是直觉的窗口”，唯有直觉才“可以体认出宇宙的生命来”。从直觉自身的规定性上来说，直觉不同于现量（感觉）是对事物纯客观的反映，也不同于比量（理智）是对感觉所得进行分析综合而后得到关于客观对象的必然性的认识，直觉中必然包含着主体的

---

① 梁漱溟：《梁漱溟全集》第一卷，济南：山东人民出版社 2005 年版，第 454 页。
② 同上，第 452 页。

意味、感受、情趣、价值判断等非理智的因素,"譬如我们听见声音觉得甚妙,看见绘画觉得甚好,吃糖觉得好吃。其实在声音自身无所谓妙,绘画自身无所谓美,糖的自身无所谓好吃;所有美、妙、好吃等等意味都由人的直觉所妄添的。……直觉可分为两种:一是附于感觉的,一是附于理智的。如听见声音而得到妙味等,为附于感觉上的直觉。若如读诗文所得妙味,其妙味初不附于墨字之上,而附于理解命意之上,于是必藉附于理智之直觉而后能得之"。① 所以,相对于运用科学的、理智的方法得到的纯客观的认识而言,直觉不是隔绝于经验的感性规定,避免了存在成为缺乏现实品格的抽象存在。"唯直觉横增于其实则本性即妄,故为非量。"②直觉不仅是一种玄学方法,唯有直觉能将人理解为包含多方面规定的具体存在。因此,梁漱溟认为仅有直觉才是真正的玄学方法,一任理智分析的西方哲学乃是误入了唯科学主义③的路径,"宇宙的本体不是固定的静体,是'生命'、是'绵延',宇宙现象则在生活中之所现,为感觉与理智所认取而有似静体的,要认识本体非感觉理智所能办,必方生活的直觉才行,直觉时即生活时,浑融为一个,没有主客观的,可以称绝对。直觉所得自不能不用语音文字表出来,然一纳入理智的形式即全不对,所以讲形而上学要用流动的观念,不要用明晰固定的概念"。④ 如果用理智的方法加以肢解分割、静态

① 梁漱溟:《梁漱溟全集》第一卷,济南:山东人民出版社 2005 年版,第 401 页。
② 同上。
③ 根据郭颖颐的分析,唯科学主义的特征主要有:对科学的力量有一种特殊的理解,认为科学的进步可以保证人类社会的进步,科学是现代文明的同义语;对传统的价值持有批判的态度,坚持一种实证的思考模式,反对任何不能证实的东西;以科学崇拜代替宗教崇拜,认为科学是达到"全然真实"的唯一有效途径,可以解决精神、价值、自由等所有问题。参见郭颖颐:《中国现代思想中的唯科学主义》,南京:江苏人民出版社 1989 年版。唯科学主义的兴起客观上适应了近代以来中国社会发展科学的要求,其重分析、重实证的特点的确切中了中国传统哲学师心自用、玄想盲从的弊病,因而具有启蒙意义。但它把社会、历史和文化的一些问题过于简单化了,科学不能代替哲学与宗教,人类的进步也需要道德等其他意识形态的支持。
④ 梁漱溟:《梁漱溟全集》第一卷,济南:山东人民出版社 2005 年版,第 406 页。

地分析生命，那么所得只能是僵硬的、支离破碎的、了无生趣的东西。

从方法论的维度来看，梁漱溟具有明确的方法论上的自觉，他指出哲学形而上学的方法只能是直觉。梁漱溟视直觉为一种体悟形上本体的方法，形上本体体现的是道德理想与宇宙之真的一致，直觉当然不违背宇宙之真，但人们通过直觉所得超越了一般性的对象性知识，体悟了形上境界。就梁漱溟而言，建立在实证科学基础上的宇宙观必然导致把宇宙看作外在于人的静态实体，而实际上我们置身于其中的生活过程就是宇宙的内容，而不是此外还有别的宇宙，所以说"宇宙实成于生活之上，托乎生活而在者"，"只是生活，初无宇宙"。这是一个活泼泼的、动态的、生生不息的创造性过程，是生命的发用流行。因此，直觉作为"玄学的方法"可以体悟生命的形上意义，是我们认识"内里生命"的唯一通路。只是"可惜他始终只限于描写直觉生活如何美满快乐，未曾指出直觉如何是认识'生活'及'我'的方法"。①

在人类社会走向现代化的过程中，随着"合理化"进程的不断推进，工具理性日益呈现独大之势，价值理性则日渐萎缩，在马克斯·韦伯看来，在一定意义上，"现代性"就意味着工具理性"杀死"了价值理性。梁漱溟有见于夸大工具理性所带来的负面价值，对工具理性进行了矫枉过正的批评，而忽视了其正面意义。著名的"科玄论战"表明当时中国的学术精英对科学能否解决人生问题的回答，处于"是"与"否"的两极。② 回顾中国哲学史，荀子对这个问题的解答值得我们注意，荀子认为工具理性是必要的，但不能妨害见"道"，人没有别的渠道可以得道，获得知识的渠道与见"道"的渠道是同一的，把暂时对客观知识、过去的印象通通悬置才会见

---

① 贺麟：《哲学与哲学史论文集》，北京：商务印书馆1990年版，第178页。
② 参见高瑞泉：《柏格森与中国哲学》，载《杭州师范学院学报》2005年第4期。

“道”,“虚壹而静谓之大清明”,[①]此所谓“大清明”即无蔽,心能去蔽(心不只是认识心,也是见道心),不为非道之物所扰,人在见道时,必须是透过物见道,所以,见道时物也同来,这是无法避免的。荀子认为事关道时,要静、一以贯之、守道不迁、不以已有的知识损害将得到的道,也要将现实的利益关在门外,否则就不能见道,“不以夫一(客观知识)害此一(道)谓之壹”。[②] 可见,荀子已经区分了见闻之知与德性之知、“术知”与“道知”,但并没有对这两种知的本质进行深入探究,二者的界限比较模糊。应该说,荀子的思路给了我们启发。当然还有一些重要的理论关节点留给了我们去探究:“静”是否可以是一个增值的概念;见道时如何“虚”,会不会将道与物一起悬搁,如能准确地“虚”,实际上是已明道,才不会将道与客观知识混淆,这里恐怕有一个循环论证的互为前提的逻辑悖论;还有道是不是在物中,如“虚”物,将如何体道;此“虚”与老庄堕肢体黜聪明的“静观”、“玄览”有何差异等诸多问题需要我们进一步澄清。

三、作为德性本体与德性之知的直觉

梁漱溟将直觉当作一种与人的生命共同健动不息、活泼灵动的东西,在他看来,直觉是原初的善的源头,“人类所有的一切诸德,本无不出自此直觉”,[③]这里直觉就具有了本体论意义。直觉还是认识道德本体的方法,直觉所得异于抽象静态的概念,是一种“活形势”。直觉能呈现宇宙生命,乃是因为直觉在存在意义上体现了生命的本性。显然,梁漱溟对直觉抱有一定程度的理想化色彩,他注重的不只是直觉的认知功能,还有其实践功能。他的立场是一种道德本位的立场,体现的是真与善的统一,目的是把握价值

---

① 《荀子·解蔽》。
② 同上。
③ 梁漱溟:《梁漱溟全集》第一卷,济南:山东人民出版社 2005 年版,第 454 页。

真理，即德性之知，而不是客观世界之真，这样，直觉也就不仅是一个关涉认识论和道德哲学的问题，而且还是关涉形上学、关乎生命存在的意义和境界的问题。

事实上，儒学原本就不是一个纯知识论系统，也不是一种思辨哲学。它所要告诉人们的，与其说是如何思考，不如说是如何行动、如何生活。在儒家那里，行动永远比思考重要，实践高于知识，为人重于为学。儒家的目标是去体悟（直觉）生活世界无限丰富的伦理道德意义，实现人生的理想追求，最终达到知行合一、天人合一的终极境界。梁漱溟关注更多的也是直觉的实践品格，认为直觉首先是一种生活态度，一种具有实践力的本能。应该说，就儒学的实践性而言，梁漱溟的把握还是比较到位的。贺麟先生指出："漱溟先生所谓直觉，不是超苦乐善恶的境界，而是计虑苦乐善恶最酣熟最锐敏的境界；是分辨善恶的敏感或道德的直觉，而不是超道德的，艺术的，科学的，或宗教的直觉。"①贺麟先生的这一评价是有所见的。然而，梁漱溟只注意到具备善本能的直觉锐敏的"随感而应"，而没有注意到人的德性在实践中的提升和完善，也没有注意到直觉实际上还需要经过理智的思辨以及具体情景下的修身。

梁漱溟认为直觉是既成的仁，人之为人的规定性，先天具足的本能，"欲念兴，直觉则钝，无欲非以枯寂为事，还是求感通，要感通就先须平静。平静是体，感通是用，用在体上，欲念多动一分，直觉就多钝一分；乱动的时候，直觉就钝到了极点，这个人就要不得了"。② 直觉的这种作用是普遍有效的，人只要回到敏锐明利的直觉，人就能毫无例外地成己成物。同时，直觉是与思虑计较即其所谓"算账的生活"相对立的，"一任直觉、随感而应"就是仁，与仁相

---

① 贺麟：《哲学与哲学史论文集》，北京：商务印书馆 1990 年版，第 177 页。
② 梁漱溟：《梁漱溟全集》第一卷，济南：山东人民出版社 2005 年版，第 457 页。

违的生活就是“算账的生活”,“所谓不仁,不是别的,就是算账的人。仁只是生趣盎然,才一算账则生趣丧矣。即此生趣,是爱人敬人种种美行所油然而发者;生趣丧,情绪恶,则贪诈、暴戾种种劣行由此而兴”。[①] 只要直觉敏锐明利就不会堕入西方人理智的“打量计算”方式去对待事物,但凭人的自然本性率性而为就行了,一切的恶都只是由于直觉的麻痹迟钝所致,“美德要真自内发的直觉而来才算。非完全自由活动则直觉不能敏锐而强有力,故一入习惯就呆定麻疲。而根本把道德摧残了”。[②] 梁漱溟在把西方的理智态度狭隘化为“私心人欲”加以批判之时,对儒家道德生活之美好的情感向往便跃然纸上。

然而,进一步的问题是,梁漱溟只注意到具备善本能的直觉锐敏的“随感而应”,忽视了德性在实践中的提升和进阶,也遮蔽了理智的思辨以及各种具体情景下的修身功夫,那么,儒家的仁是先天具足的吗?依梁漱溟之见,直觉与理智相对峙而存在,直觉是本能的、已然完成的、既成的东西,凭人的自然本性率性而为美德就能实现,一切的恶都出于直觉的麻痹迟钝。若如此,儒家的知就变得可有可无,修身的功夫将如何安放?

如此一来,我们发现,梁漱溟的直觉作为其他几位现代新儒家直觉理论的起点,一开始就将反对唯科学主义与批判“害仁”的“私心人欲”的理智当作同一回事来处理。这种做法本身还有讨论的余地。因为按照梁漱溟的逻辑,可以推出“无私欲”与“仁”是等同的,但将二者等同,其理论过失在于将问题简单化,原因有三:其一,无私欲只是成“仁”的条件,而不是“仁”自身;其二,“仁”是一种理想目标,人欲能否去尽,是不是人能将欲望去尽和是不是都应该去除掉,这些问题的复杂性说明不应把“去人的欲念”简单地等价

① 梁漱溟:《梁漱溟全集》第一卷,济南:山东人民出版社2005年版,第461页。
② 同上,第458页。

为“仁”;其三,梁漱溟强调了“人欲”与“仁”不共戴天,去了人欲之后的所谓“平静”也只是条件,道德良知不会自动变成人的行为,中间还需要很多环节,才能达到“仁”。在儒家那里,把为“仁”的责任放在自己身上,用功夫从根本上消除恶之源,并不排斥理智,依靠内在领悟即“直觉”以及性情气质的修养,通过日常践履中的综合,这才是儒家的通过功夫向善之路。

应该说,梁漱溟对儒学的这种理解存在着诸多相互扞格甚至是自相矛盾之处,他将儒学的人性论理解为性善是既成的、绝对的,道德先天地存在于个体中,只要祛除“算计”的生活,不计较利害,回到本能,“纯任直觉”就能达到“仁”。这是梁漱溟对孔子的“仁远乎哉？我欲仁,斯仁至矣”①的理解。“儒家完全要听凭直觉,所以唯一重要的就在直觉敏锐明利;而唯一怕的就在直觉迟钝麻痹。所有的恶,都由于直觉麻痹,更无别的原故,所以孔子教人就是‘求仁’。人类所有的一切诸德,本无不出自此直觉,即无不出自孔子所谓‘仁’,所以一个‘仁’就将种种美德都可代表了。”②其实,在孔子看来,“仁”作为内心世界的道德情感和精神境界,绝非一般意义上的对象性知识和认知活动,本质上是对“道”的体验和感受。孔子的确有“默而识之”、“予欲无言”之说,把类似于道家的“无言”、“不言”作为实现主体与天道合一的基本手段,然而,孔子并没有将“仁”与“知”隔离开来,在孔子而言,知识是仁的前提。梁漱溟显然对于孔子在《论语》中多次提到“未知,焉得仁”,③没有给予足够的重视;也没有关注孔子说过,“若圣与仁,则吾岂敢”;更没有理会孔子对自己一生“学而不厌”的学习过程的叙述,“吾十有五而志于学,三十而立,四十而不惑,五十而知天命,六十而耳顺,七

---

① 《论语·述而》。
② 梁漱溟:《梁漱溟全集》第一卷,济南:山东人民出版社 2005 年版,第 454 页。
③ 《论语·公冶长》。

十而从心所欲不逾矩”。[①] 孔子还这么描述自己的学习态度，“发愤忘食，乐以忘忧，不知老之将至”，[②]“十室之邑，必有忠信如丘者焉，不如丘之好学也”。[③] 有一点可以肯定，孔子的认识过程同时是德性培养的过程，“知”是“仁”的必要条件，对伦理关系没有正确的认识，就不可能有自觉的仁德。所以，“仁”与“智”是统一的，也正由于此，后来，儒家学派都用“仁且智”来称道孔子的人格。[④] 同时，孔子对达到“仁”的难度也有足够清醒的认识，达到仁与圣不只是依赖意志的作用，并不是“欲仁”，就能“成仁”。而其过程的艰辛被梁漱溟忽略了，对人性抱有天真的幻想。事实上，孔子对人的惰性有足够清醒的认识，孔子承认人有善的因子，但不修不学的话，恰恰是善的因子反而会导致恶。孔子不相信人有克服自己私欲的道德自觉，回复到善良天性，因此，提出要学，离开了学，德性将不成其为德性。孔子认为自己也不是圣人，要改变气质以后明理得道，才能自化化人。孟子也承认人有善端，但善端不是自然导致善的完成，必须要扩而充之，“苟能充之，足以保四海。苟不充之，不足以事父母”，“苟得其养，无物不长，苟失其养，无物不消”。[⑤] 孔子、孟子都强调了自我修养的重要性，应该说他们的性善论是后天经过修养的性善论，而不是梁漱溟所理解的先天的人的自然属性与道德属性的合一。显然，在这种天然合一的基础上，道德修养就成了一件多余的事情，因此，在《东西文化及其哲学》中，道德修养就在梁漱溟的视野之外。

事实上，人的德性自我只是一种潜在的可能性，只有通过一定的转化功夫，才能将其实现。其中起关键作用的转化功夫是修身。

---

① 《论语·为政》。

② 《论语·述而》。

③ 《论语·公冶长》。

④ 参见冯契：《中国古代哲学的逻辑发展》(上册)，上海：上海人民出版社 1983 年版，第 85—96 页。

⑤ 《孟子·告子上》。

儒家很清楚地认识到了，承认一个义务与履行一个义务并非一事，所以，把相当多的功夫放在如何改变自己上，认为修己的功夫非常缓慢艰苦，是个非常细致的过程，有时甚至还要经历生死关头的考验，“如切如磋，如琢如磨”。[①] 如此才能恢复人性的光芒，成为完善的君子。学习德行的过程同时就是提升德性修养的过程，美德是目标，而不是成就，即便是孔子都曾言，“若圣与仁，则吾岂敢”。[②] 我们很容易可以发现，孔子充分注意到了成圣过程的艰辛并把成圣的过程作为人存在的方式。孟子的“养心寡欲”、“养气集义”、“反身而诚”的方法到宋明理学中程颐“涵养用静，进学致知”、陆王发明本心等，朱熹更有明晰的阐释，“镜犹磨而后明。若人之明德，则未尝不明。虽其昏蔽之极，而其善端之发，终不可绝。但当于其所发之端，而接续光明之，令其不昧，则其全体大用可以尽明。且如人知己德之不明而欲明之。只这知其不明而欲明之者，便是明德，就这里便明将去”。[③] 这些原典中的文本材料充分说明道德修养功夫的艰辛及其过程的漫长坎坷历来为儒家所注重，而并非梁漱溟所谓“完全听凭直觉，活动自如，他自能不失规矩，就谓之‘合天理’”。[④]

我们发现，在梁漱溟那里，将事理混入了天理，以为作为当然之则的天理不是计算出来的，这一点是有其合理性的。然而，梁漱溟为了突显中西文化的差异，将是否运用理智作为二者的区别。在他而言，中国哲学是排斥理智的，也就是不能用“术”来回答“道”的问题，“术”只能解“术”，那种用知性思维的方式解决所有问题，以为掌握了“术”就掌握了“道”的做法是梁漱溟所反对的。如此，具体事物的理自然就在梁漱溟视野之外。事实上，天理的落实又

① 《论语·学而》。
② 《论语·述而》。
③ 《朱子语类》卷十四。
④ 梁漱溟：《梁漱溟全集》第一卷，济南：山东人民出版社 2005 年版，第 454 页。

是需要人们根据具体的当下境遇进行综合的考量，这一过程又需要理智的参与，即“道”不离“术”。应该说，一方面我们要把握根本的统一的天理，另一方面又要看到具体事物的理，二者不能混为一谈，不同的理之间不能通约，物理学、经济学、心理学等各自用自己的理论解释世界，以为用统一的理就能解释世界的想法是不明智的；当然也不能在承认事物各有其理的同时，忽视了统一的大理。

四、作为情意之知的直觉

梁漱溟使用直觉这个概念以区别于理智，旨在证成儒家所理解的“知”与西方有所不同，乃是一种情意之知，或者是以情意活动为主要内容的体证。他说：“此敏锐的直觉，就是孔子所谓仁。”又说，“‘仁’就是本能、情感、直觉……在直觉、情感作用盛的时候，理智就退伏；理智起了的时候，总是直觉、情感平下去；所以二者很有相违的倾向。孔子说：‘刚毅木讷近仁，’又说‘巧言令色鲜矣仁’。我们都可以看出这‘仁’与‘不仁’的分别：一个是通身充满了真实情感，而理智少畅达的样子；一个是脸上嘴头露出了理智的慧巧伶俐，而情感不真实的样子。大约理智是给人作一个计算的工具，而计算实始于为我，所以理智虽然是无私的，静观的，并非坏的，却每随占有冲动而来，因这妨碍情感和连带自私之两点，所以孔家很排斥理智”。①

就中西文化在情感方面的差异而言，梁漱溟认为，孔子全力关注人类情志，此为中西文化不同的根本所在，“西洋人是要用理智的，中国人是要用直觉的——情感的；西洋人是有我的，中国人是不要我的。在母亲之于儿子，则其情若有儿子而无自己；在儿子之于母亲，则其情若有母亲而无自己；兄之于弟，弟之于兄，朋友之相与，都是为人可以不计自己的，屈己以从人的。他不分什么人我界

① 梁漱溟：《梁漱溟全集》第一卷，济南：山东人民出版社2005年版，第455页。

限，不讲什么权利义务，所谓孝弟礼让之训，处处尚情而无我”。[①]从某种程度上说，梁漱溟的目的是要以一种近乎独断的方式说明：直觉为善，理智为恶。梁漱溟基本上是把“恶”的起源归结为理智，由于理智的分别作用而产生了物我、人我的种种计较，私心人欲随之而起，由此得出“人之不免于错误，由理智”的结论。

在梁漱溟看来，儒家的“仁”作为直觉，是一种情感表现，这种表现是人排除理智分别和思虑计较之后，对其所面对的周遭世界之纯任自然的随感而应、敏锐感通。他说：“我们再来看孔子从那形而上学所得的另一道理。……人自然会走对的路，原不须你操心打量的。遇事他便当下随感而应，这随感而应，通是对的。我们人的生活便是流行之体，他自然走他那最对，最妥帖最适当的路。”[②]显然，梁漱溟所谓“最对，最妥帖最适当的路”即为直觉的路，也就是孔子所谓“仁”。而“仁”这个感通流行的形上之体，亦即孟子所谓“良知”、“良能”。情感作用盛之时，是“良知”、“良能”的发用流行，仁或良知由体而发用，亦即为“情”的流行与感通。梁漱溟说，孔家“相信恰好的生活中最自然，最合宇宙自己的变化——他谓之‘天理流行’”。[③] 人的情感流行感通，方能体证“天理”。梁漱溟称此为“心安”。他认为“宰我问三年之丧”一事中就说明了这个问题，“这个‘仁’就完全要在那‘安’字上求之。宰我他于这桩事心安，孔子就说他不仁，那么，不安就是仁喽。……为什么对于一桩事情，有人就恻隐，有人就不恻隐，有人就羞恶，有人就不羞恶？不过都是一个安然不觉，一个就觉得不安的分别罢了”。[④] 所谓“安”与“不安”，即是道德情感的一种表现。梁漱溟在这里强调的是以“天理”面目出现的本能情感，在他看来，儒家所谓性善，实际

---

① 梁漱溟：《梁漱溟全集》第一卷，济南：山东人民出版社 2005 年版，第 479 页。
② 同上，第 452 页。
③ 同上，第 456 页。
④ 同上，第 453 页。

上是情善，只要顺着自然流行，情与理皆善。

众所周知，“仁”是儒家道德哲学的基本范畴，而直觉则是认知领域的范畴，二者分属于不同领域，但梁漱溟将二者视为一体，以直觉诠释“仁”，使认知与道德沟通，不能说没有意义。“仁”是不是直觉，梁漱溟的论证是否周延和周密我们暂且不论，但通过其对“仁”与直觉的关系的论述，我们可以发现他以不安、情感、不计较、不算账、生意盎然等释“仁”，应该说，体现了孔子的“仁”的精义，是对“仁”的一种推进。通过阅读原典，我们可以发现孔子本人的确对“仁”的追求也渗透着情感的因素，在樊迟问“仁”中，孔子把“仁”解释为“爱人”，这显然是情感性的东西，而且还是“仁”的核心内容。“仁”以血亲之爱为依据，所谓“孝悌也者，其为仁之本也”。[①]以“孝悌”之爱为本，推己及人，即可达到“仁”之境。这一推己及人的情感活动过程，同时也就是对“仁”的认识过程和意志控制过程。事实上，孔子知、情、意一体化的这种模式，规定了其后儒家形上学的理路。

梁漱溟对于直觉的情理维度的揭示也经历了一个转变的历程。梁漱溟在《人心与人生》中对现代心理学的几种观点作了考察，同时叙述了自己在对人类心理的认识的前后转变。他指出自己早年（写作《东西文化及其哲学》之前）同西方文化中的理性主义一样只注意到了人们欲望的自觉的层面，即功利主义思想。后来却发现人也有不自觉的一面，认为“研究人类心理正应当向人们不自觉，不自禁，不容己……的那些地方注意。于是我乃大大看重了本能及其相应不离的感情冲动”。[②] 这可以看作是《东西文化及其哲学》中非理性主义倾向的由来。梁漱溟将儒家的善视为人的生理本能，这一点从他叙述见到克鲁泡特金的“互助论”时，其兴奋心

---

① 《论语·学而》。

② 梁漱溟：《梁漱溟全集》第三卷，济南：山东人民出版社 2005 年版，第 603 页。

情的表露就可以看出，但几年后他对自己将人的道德本性与自然本能混在一起又产生了怀疑。在《人心与人生》一书中，梁漱溟简明地指出以往的错误，笼统地说本能是人类的本性，道德出于本能，则混淆了三种本能的区别：一是动物式的本能（如麦孤独、弗洛伊德等思想中的）；二是显见于某些动物和人类的社会本能（如克鲁泡特金及其他学者思想中的）；三是人类特有的本能（如孟子所云“不学而能，不虑而知”的）。[①] 于此，他在《东西文化及其哲学》一书中将人性的论证划归为社会本能，归属“自然我”的范畴，另立了与理智相对的“理性”概念，最终确立了人类生命体中“自然我”（本能）、“功利我”（理智）与“道德自我”（理性）三分的模式，强调了“人之所以为人在于理性”的道德本体论。他认为这样就既能坚持他原有理论对良知本心的那种“情意之知”的理解，同时又能够清除自己早期“直觉”观念中混入“本能”的思想因素。[②] 这种理论上的变化可以视为梁漱溟对受欧洲大陆哲学中非理性主义及深层心理学影响之后的一种转向，转向其实就是一种回归，回归到了先秦儒家成就理想人格的仁智勇并举的进路上。

在《中国文化要义》和《人心与人生》中，梁漱溟都以“无私的情感”来界定理性，理性作为情意表现是一种“不失于清明自觉的情感”，理性包含有“知”、有“理”，但理性之知与理智之知不同，是一种以情的观照所体现出来的知，是自觉的澄明状态。理性之情感表现是无限向上的“通”，与生命相通而无隔。理性虽为人心所本具，为人先天所有，但却必须经由修为功夫才能实现出来。就梁漱溟对理性的界定来看，显而易见与西方所谓的理性迥异，在他那里，理有两种：物理和情理。他认为，物理是科学之理，是静态的

---

① 梁漱溟：《梁漱溟全集》第三卷，济南：山东人民出版社 2005 年版，第 610 页。

② 在《东西文化及其哲学》中，梁漱溟作了修正，承认自己滥以时下盛谈本能一派的心理学为依据，去解释孔学上的观念和道理，却大半都错了。参见梁漱溟：《梁漱溟全集》第一卷，济南：山东人民出版社 2005 年版，第 324 页。这可以视为梁漱溟对受欧洲大陆哲学中非理性主义及深层心理学影响之后的一个回拨。

知识,没有发动行为的力量;情理却有这种力量,指示着人们行为的方向,例如"人而无信,不知其可也!""临财毋苟得,临难毋苟免!"这些尽管是抽象的,没有特指当前某人某事,却是动的,有着驱人向善的力量。中国人的"读书明理",明的多是这种理,"中国书所讲总偏乎人世间许多情理,如父慈、子孝、知耻、爱人、公平、信实之类"。① 显然,梁漱溟将"情理"的内容注入理性,使得理性概念具有明显的人文色彩。他说:"理性主义有两种,一种是法国人的理性主义,是一个冷静分析的理智;一个是中国人的理性主义,是不教通晓而有情的。"②法国人的理性主义的"理"是事理,是知识论意义上的静态的"理",虽与行为有关,但却不能发动行为;而中国人的理性主义的"理",恰好是有力量的动的"理",能够发动行为的"情理"。由于它具有指导行为的力量,当然渗透着情感,人的思考、言行乃至于价值取向亦如此,所以,梁漱溟认为,"情理,离却主观好恶即无所认识;物理,则不离开主观好恶即无从认识……总起来两种不同的理,分别出自两种不同的认识:必须屏除感情而后其认识乃锐入者,是之谓理智;其不欺好恶而判别自然明切者,是之谓理性"。③ 中国人的这种"不教通晓而有情"的理性主义,实际上就是儒家传统的道德智慧或"内圣"的心性之学。就两种理性主义的"同"来说,存在着共性,"两种理性,实实在在都是靠一种推理作用,靠思索,靠推论,靠判断,所以都应当称为一种'理性主义',没有比这个字(英文为 rationalism)更合适的了"。④ 西方哲学家看人的理性常与非理性相对,理性就是"知",具有可重复性、稳定性、可公度性,而"情"只是内在的感受性、盲目的冲动,情中无理,理中无情。梁漱溟所谓的"中国人的理性"作为一种因情而发

① 梁漱溟:《梁漱溟全集》第三卷,济南:山东人民出版社 2005 年版,第 127 页。
② 梁漱溟:《梁漱溟全集》第二卷,济南:山东人民出版社 2005 年版,第 314 页。
③ 梁漱溟:《梁漱溟全集》第三卷,济南:山东人民出版社 2005 年版,第 128 页。
④ 梁漱溟:《梁漱溟全集》第二卷,济南:山东人民出版社 2005 年版,第 268 页。

用的自觉方式，既与西方哲学所谓理性有关，又与有些哲学家所谓非理性的“情”相关，但与二者的内涵都有重要的区别。

在这里，我们发现，梁漱溟的“理性”概念有自己独特的含义，与认识论意义上的理性大相径庭。应该说，梁漱溟所谓的中国人的理性主义远比西方认识论意义上的理性主义复杂，从“理”字的理解上一看便知，中国人的“理”倾向于任何事物都秉有的天理，是天地万物之所以然者、全体大用之理，为一、为整体，而具体事物的分理“万殊”则是由此“一理”化分出来，是天理之流行，为其所规定。在天理和万殊之间、各“殊”之间，均“不害不悖”，和谐统一。①梁漱溟的理性是“藉好恶之情以为判别者”，②是实践理性的愿望和能力，以及对真理的无条件服从，故梁漱溟说：“中国人精神之所在，即是‘人类的理性’。”③在中国思想传统中，大都是在实践理性而非理论理性、工具理性的意义上使用“理”字。④ 管子以为理是礼的内在根据和理路，“礼者，因人之情，缘义之理而为之节文者也，故礼者谓有理也。理也者，明分以谕义之意也。故礼出乎义，义出乎理，理因乎道者也”。⑤ 理也是事情应当如此这般的正当性和合理性，贾谊说：“秦国失理，天下大败。”⑥王弼说：“物无妄然，必有其理，统之有宗，会之有元，故繁而不乱，众而不惑。”⑦朱熹以为万物各有其理，人作为万物之灵，认识那些理是分内事，通过格物穷理的功夫认识事物之理，才能应事接物而无差，开物成务，成

---

① 参见潘德荣：《论朱熹的诠释思想》，方克立主编《中国传统哲学的现代诠释》，北京：商务印书馆 2003 年版，第 634 页。

② 梁漱溟：《梁漱溟全集》第六卷，济南：山东人民出版社 2005 年版，第 405 页。

③ 梁漱溟：《梁漱溟全集》第五卷，济南：山东人民出版社 2005 年版，第 503 页。

④ 中国思想史上，本无“理性”一词，这个中文词最早是日本人用来翻译英文的 rationality 或 reason 的，直到 20 世纪初才在中国广泛使用。参见[美] 艾恺：《最后的儒家：梁漱溟与中国现代化的两难》，王宗昱、翼建中译，江苏人民出版社 2003 年版，第 190 页。

⑤ 《管子·心术》。

⑥ 《新书·时变》。

⑦ 《周易略例·明象》。

己成物。“穷理者,欲知事物之所以然与其所当然者而已。知其所以然,故志不惑;知其所当然,故行不谬。”①

此时(写作《人心与人生》时期)的梁漱溟主张,理智是相对物理而言的,指认识客观之理,而理性是指情理,偏于主观。理性与理智是体与用的关系,从本能到理性的历程中,必然要经过理智这一阶段。“从生物进化史上看,原不过要走通理智这条路者,然积量变而为质变,其结果竟于此开出了理性这一美德。人类之所贵于物类者在此焉。世俗但见人类理智之优越,辄认以为人类特征之所在。而不知理性为体,理智为用,体者本也,用者末也;固未若以理性为人类特征之得当。”②也就是说,一方面,没有理性的产生,人类永远不能算是真正脱离了动物界,同时,人类的理智也无以得到正常地使用。另一方面,没有理智,就不会产生理性,理智为理性进行选择和判断提供了抽象思维的基础和能力。如果没有理智将本能松开,人类便不能开出所谓“无私的感情”,也不可能从动物式的本能生活中解放出来,“本能突出而理性若失者,则近于禽兽矣”。③ 虽然,梁漱溟提到了理智的功用,但依然认为理智是为“算计”之用,只有他所谓的“理性”的生活才符合生命本性。理性的含义非常复杂,在梁漱溟而言,儒家的理性是一种道德理性,与西方的思辨理性、科技理性不同,儒家的理性核心是“仁”和“良知”,是人之为人的本质规定性,人内在精神的完善和充实,须臾不可疏离。要把握“理性”,向外寻觅是无济于事的,深切真实地向内用力才是正途。因为,人从来都不是一架逻辑严密的机器,而是有血肉、有意志的、既有理又有情的复杂系统。

在梁漱溟看来,理智是静以观物,其所得为物理,不夹杂感情(主观好恶)。理性则反之,要以无私的情感为中心,即从不自欺其

---

① 《朱文公文集》卷六十四。
② 梁漱溟:《梁漱溟全集》第三卷,济南:山东人民出版社 2005 年版,第 618 页。
③ 同上,第 615 页。

好恶而判断，其所得为情理。例如正义感，就是对于正义欣然接受之情，而对于非正义则嫌恶拒绝。离开此感情，能得到所谓正义吗？一切情理虽然一定在情感上表现，却不是冲动，而是一种不失于清明自觉的感情。无私的感情一发动，此即一体相通、一体平铺、无所隔碍的伟大生命表现。无所隔碍的感情虽禀赋自天，为人所同具，然而往往此人此时具有活泼性，而其他人却不尽然；甚至同一个人也是时而发动，时而不发动，情感的状态是杂多不一的。这与动物本能显然不是一事，而恰好是由本能解放出来的自由活动，这种争取自由、争取主动，不断向上奋进的本性，只有人类身上才出现。在梁漱溟看来，既然本能、理智的二分法失之于简单，不足以说明问题，于是就在理智之外增加理性这个词代表从动物式本能解放出来的人心之情意。理性与理智双举，岂可少乎？

第三节 对直觉有限性的揭示

由于梁漱溟的视域所限，直觉在他那里被视为本能，直觉作为一个概念的解释力就非常有限。后来，他发现了这个问题，对直觉作出了一些限定和修订。但是，当他用理智来对直觉进行纠偏时，又与他前期遮拨理智的立场相抵牾。我们细读梁漱溟的文本后会发现，梁漱溟对直觉的这种诠释，建立于他对儒学的理解之上，其理解与原典有偏差，导致他理论上的诸多疏漏。但由于其所理解的直觉倾向于本能，德性成了先天具足、已然完成的东西，导致儒家仁智勇并举的修身进路中的智与勇付之阙如。其后，梁漱溟自己也发现了问题所在，主动进行了理论转向。转向后的梁漱溟扬弃了柏格森生命哲学和泰州学派中强调本能冲动的方面，融入了儒家的理性的内容，这是梁漱溟哲学方法论转向的关键。这种转向客观上也推进了中国近代哲学。然而，从学理上来考察，其方法论依然存在较多弊病和缺憾。与其说梁漱溟的这种方法论转向是理性分析的结果，不如说是一种信仰、情感的偏执和对传统文化的眷恋。当然，我们不应过于苛责梁漱溟，毕竟直觉问题是如此复杂，他也不是一心专注于理论探索，而是在实践领域投入了更多的精力。

一、从性善论到性修论

在梁漱溟早期思想中，作为善本性的直觉与天理完全合一，在内涵与过程上都不存在任何问题，在《东西文化及其哲学》中用以描述儒家真精神的主要概念“不认定的态度”、“任直觉”、“不计较利害”等，倾向于认为人之自然本性即为天理，人只要顺从自己的本能去做，无不发而中节。此时的梁漱溟的直觉概念是以陆王心学去附会柏格森的直觉，结果直觉成了非理性的生命体验、道德本能，与科学理性相对立。其直觉与本能常常并举，“直觉所得到底意思是一种‘本能的得到’，初度一次就得如此的意思，圆满具足无少无缺”。① 而人之所以违背“仁”是因为后天的杂染习惯，清除这些杂染习惯，自然就是“仁”的生活了。杂染习惯的产生缘自“心乱”，“心乱则直觉钝，而敏锐直觉都生于心静时也”。② 那么，心静则无欲，欲念兴，直觉则钝；欲念多动一分，直觉就钝一分；乱动的时候直觉就钝到了极点。因而，梁漱溟认为，心静无欲是直觉敏锐明利的前提。到了心静无欲，“顺自然，把力量松开，使其自然的自己去流行。……这自然流行日用不知的法则就是‘天理’，完全听凭直觉，活动自如，他自能不失规矩，就谓之‘合天理’；于这个之外自己要打量计算，就通通谓之‘私心’、‘私欲’”。③ 我们可以发现，梁漱溟的道德修养就是恢复直觉的自然流行、原初状态，于生活本

---

① 梁漱溟：《梁漱溟全集》第四卷，济南：山东人民出版社 2005 年版，第 645 页。
② 梁漱溟：《梁漱溟全集》第一卷，济南：山东人民出版社 2005 年版，第 455 页。
③ 同上，第 454 页。

身去体会“生活的恰好”。然而，其道德修养理论常遭人批评，他自己也意识到把伦理道德仅归结为本能弊处颇多。冯契先生就认为梁漱溟推崇本能，贬低理智，是和孔孟的理性主义传统相违背的。①

在受佛学唯识学的影响之后，梁漱溟渐渐发现了本能欲望的不自觉的一面，即其天然的盲目性、机械性和被动性。当人的欲望强烈之时，生死非所顾，更何谈利害得失？也就是说，人生所有种种之苦皆从欲望来，必须去除本能欲望才消除了苦，达于彻底无欲之境。显然，此时的梁漱溟对本能中蕴含着先天的善的观念产生了动摇。当下的“随感而应”却导致人生的苦，是他始料未及的。这对鲜明的矛盾使梁漱溟意识到了过度强调直觉的先天本能这一度的缺陷所在，诚恳地进行了自我反省，“单明孔家走一任直觉随感而应的路还未是，而实于此一路外更有一理智拣择的路，如所谓‘极高明而道中庸’便是要从过与不及里拣择着走。……前后这许多话我现在都愿意取消。现在更郑重声明，所有这一段话我今愿意一概取消”。② 所谓的拣择其实就是一种理智的分析和判断功夫，这样，原本就包含在儒家思想里的智的因素，在被梁漱溟简单化地剔除之后又重新纳入了其理论视野之中。

后来在《中国文化要义》中，道德理性的实现由几乎没有过程的顿悟转变成了一个长期的、艰难的历程。理性被梁漱溟定义为“人可以不断地实践他所看到的理”。这样，作为道德本源的东西并不就是天理，而是可以克服艰难险阻、抑恶扬善的一种发动力。梁漱溟不断提到“天子以至庶人一皆以修身为本”，将之作为中国文化的一个特点，他郑重提出，朱熹、王阳明之失在于忽略了修身一事，因此在成仁之路上缺少了重要的一个环节或阶段。在此时

① 冯契：《中国近代哲学的革命进程》，上海：华东师范大学出版社 1997 年版，第 404 页。

② 梁漱溟：《梁漱溟全集》第三卷，济南：山东人民出版社 2005 年版，第 321 页。

的梁漱溟看来，实践儒家之仁的人，是在“自然界和社会息息生活”之中的具体的人。人有“形气”，难免支离，甚至退堕，要做到“仁”是很不容易的(孔子的学生中也唯有颜回能做到三月不违仁)。即使做到了，也难以保持长久。我们可以发现为仁、近道过程的长期性、复杂性被梁漱溟所注意，他扭转了“完全要听凭直觉”、“随感而应”就能达到“仁”的看法。

应该说，这种理解更接近于儒家的理性主义精神。孔子承认人有善的先天禀赋、成圣的可能性，但不学、不修的话恰恰是善的先天禀赋会导致罪恶，“好仁不好学，其弊也愚；好知不好学，其弊也荡；好信不好学，其弊也贼；好直不好学，其弊也绞；好勇不好学，其弊也乱；好刚不好学，其弊也狂”。[①] 在孔子看来，美德的培养离不开学，否则，美德将不成其为美德。而且孔子所谓的学超出了德性的论域，也掺入了知识的意味，他说：“小子何莫学夫诗？诗，可以兴，可以观，可以群，可以怨。迩之事父，远之事君；多识于鸟兽草木之名。”[②]从孔子认为学习《诗经》可以“多识于鸟兽草木之名”来看，显然其所谓的学习具有了知识的意义。孔子所主张的“下学而上达”就是一个由形下到形上的超越，超越形下的经验知识而上达天德的过程。孔子说：“天生德于予”，[③]天德内在于主体，即人内在的美德。与天德的超越性相比，个体性的美德，是知、情、意的合一，具有实践性的品格，美德是目标，不是成就，学习德行的过程也是实践的过程。这个过程也是意志活动过程，所谓“苟志于仁，无恶也，”“仁以为己任，不亦重乎？”[④]表现了一个对道德原则坚持不懈地追求和实践的意志过程。与孔子不同，尽管孟子的性善论将人的道德属性建立在人自身的感情基础之上，形成了“人皆可以

---

① 《论语·阳货》。
② 同上。
③ 《论语·述而》。
④ 《论语·泰伯》。

为尧舜”的道德理想，但在现实中，孟子如同孔子般冷静、头脑清醒，对人的惰性有足够的重视，相当的功夫放在如何改变自己上，要通过尽心、知性、知天的修养功夫，才能保证达到人的道德目标，“从其大体为大人”，否则“从其小体为小人”。[①] 荀子以为，“学者非必学为仕，而仕者必如学”。[②]《礼记》中有记载：“德者，得也。”[③]朱熹云：“但要识得这明德是甚物事，便切身做工夫，去其气禀物欲之蔽。”[④]“如切如磋者，道学也；如琢如磨者，自修也。既学而犹虑其未至，则复讲习讨论以求之，犹治骨角者，既切而复磋之。切得一个朴在这里，似亦可矣，又磋之使至于滑泽，这是治骨角者之至善也。既修而犹虑其未至，则又省察克治以终之，犹治玉石者，既琢而复磨之。琢，是琢得一个朴在这里，似亦得矣，又磨之使至于精细，这是治玉石之至善也。取此而喻君子之于至善，既格物以求知所止矣，又且用力以求得其所止焉。正心、诚意，便是道学、自修。”[⑤]朱熹以为我们的气禀物欲蒙蔽了本善之心性，所以产生种种邪恶，学就是通过次第有序的修养功夫去蔽存心、迁恶从善、推己及人、化成天下。为善当然不是纯粹理性的问题，而是实践的问题，善必须在每个人当中具体地实现。然而，苏格拉底认为理性能解决一切问题，他提出“美德即知识”，这一学说依赖这个假设：一个有理性的人必然欲求善待事物，明知故犯的人是没有的，不行善的人也是没有的，一切恶行都是知识方面有蒙蔽有缺陷所致，所以要用启发的方式促使其反省，以恢复其道德良知。这种看法恐怕不如儒家深刻，在儒家看来，知道善恶容易，困难的是事实上你不去做。儒家也同意德性可教，但更强调德性是实践后的结果，学习德性的过程是实践的过程，美德是目标而不是成就。孔子说过，

---

① 《孟子·离娄下》。
② 《荀子·大略》。
③ 《礼记·乐记》。
④ 《朱子语类》卷十四。
⑤ 《朱子语类》卷十七。

“若圣与仁则吾岂敢”，人应该活到老学到老，把主要的精力放在“知”如何转变为“行”上，把知识转变成行动。在宋儒看来，恶的病灶不在理性，而在物欲，如果恶之源在物欲的话，所有恶的产生的原因在自身。儒家的“为仁由己”把为仁的责任放在自己身上，明确我的责任在哪儿，在生活世界中具体地实现，在特殊的生存环境中特殊地实现出来，用功夫从根本上消除恶之源。

而在康德那里，德性取决于人内心的动机，不能从客观效果去看，人必须为正确的理由而行动，唯一无条件的善是善良意志，人明知是对的而不去做，是人性不够纯粹；做好事不做坏事是无条件的，惩恶扬善只能诱使人与外在的道德一致，并不能产生真正的德性，最高的善是德性与幸福的结合。宋儒比康德更相信人性的善，对性善有足够的信心，也认识到了道德的实现不是一次性完成的过程，修己功夫非常艰苦缓慢，要下非常细致的功夫，“如切如磋，如琢如磨”，方能恢复人性的光芒。当然，这种功夫并不排除理性，还要依靠超理性的内在领悟以及性情气质禀性的修养，再加上日常行为的综合。这就是通过功夫向善近德之路。由上述可知，儒家对人的天然的人性有足够清醒的认识，不相信人会一下子克服自己的私欲，成为完善的君子，因此，做人第一件事——学习，就成为人基本的生活方式。

更进一步看，儒家的理论建构中有“志于学”与“志于道”之分，前者是对知识的追求，后者是对宇宙人生之根本大道的证悟和体验，成就圣贤人格。从思想倾向来看，二者大都把“学”看作是把握天道在知识方面的积累和准备功夫。孔子主张“学而不思则罔，思而不学则殆”；①孟子认为“心之官则思”，“思则得之，不思则不得也”，②都肯定了“思”在认识过程中的作用。《中庸》进而把学与思

---

① 《论语·为政》。
② 《孟子·告子上》。

的观念系统化为“博学之，审问之，慎思之，明辨之”四个环节。儒家的这些观念属于“学”的内容，从认识论、价值论的不同层面看，“学”旨在获得具体知识，因而也就内在地含有逻辑思维的成分，尤其是“明辨”功夫，具备客观普遍性的意义。然而，学并不是最终目的，儒家的目标也不限于此，而在于对“道”的证悟。体悟到形上本体，也就达到了人的真实存在、达到了至善的形上境界。问题在于这不是一个纯粹知性的、逻辑的过程，它只能在人的理智、情感和意欲共在的整体中、在知行统一的动态过程中实现。所以，对智慧与精神境界的追求并不能单靠“学”的活动，这不是一个分析的过程，是一个整体的、综合的、动态的过程，需要依靠“学”的基础上的直觉。正因为如此，儒家强调的不是“以学得知”，而重在“以学证道”。“以学得知”可以借助于概念性的逻辑思维，但证道只能靠“悟”，即依赖在日常学习修养基础上的直觉。

二、对直觉的限定

对于直觉问题的复杂性，早期的梁漱溟显然认识得不够深入透彻，虽然他对直觉做过一个“非常重要”的补订，“纯任直觉则一一所得俱是表示，初无无表示之义；无表示之义，盖离开当下之表示，有一回省而后得之者；此离开当下而回省者，是有意识的，理智的活动。孔子差不多常常如此，不直接任一个直觉，而为一往一返的两个直觉；此一返为回省时附于理智的直觉。又如好恶皆为一个直觉，若直接任这一个直觉而走下去，很容易偏，有时且非常危险，于是最好自己有一个回省，回省时仍不外诉之直觉，这样便有个救济”。[①] 用理智对直觉纠偏，应该说是梁漱溟对其直觉观中的非理性主义倾向的一种抑制，但这一“非常重要”的补订显然与他对于直觉的一贯态度是不自洽的，这也反映出了其理论上的不

① 梁漱溟：《梁漱溟全集》第一卷，济南：山东人民出版社 2005 年版，第 471 页。

圆融。

在梁漱溟的理论中，直觉时常受到一种限制。在他看来，直觉只限于人的主观感觉经验之内，这种主观感觉经验表现为人的道德情感和审美情感，直觉永远不能逾越自己的本分，去把握超越的宇宙本体。在《东西文化及其哲学》中，梁漱溟就已表示出了对西方逻辑分析方法的向往，他说："我们一定可以知道这个方法（指逻辑分析的方法）如果弄不出来，则中国一切学术之得失利弊，就看不分明而终于无法讲求。我们又相信除非中国文明无一丝一毫之价值则已，苟犹能于西洋印度之外自成一派，多少有其价值，则为此一派文明之命根的方法必然是有的，只待有心人去弄出来罢了。此非常之大业，国人不可不勉！"[①]此时，梁漱溟认为，中国学术的不足在于过分依赖直觉，而缺乏西方逻辑分析的方法，"必有其特殊逻辑，才能讲明以前所成的玄学而可以继续研究"。[②] 只有具备了逻辑分析的方法，中国学术才有前途，因此，他鼓励国人共同致力于逻辑分析方法的研究。这也充分说明了至少在《东西文化及其哲学》时期，梁漱溟非但不否定逻辑分析方法的作用，而且还提倡。细心的读者可以发现，虽然梁漱溟为了在中国开出科学与民主，在一定程度上肯定了西方科学方法的价值，只是未在自己的生命中真正认同这一点，也未能在哲学上将直觉与理智进行融通。为了论证传统文化的价值，他认为未来中国文化的复兴意味着儒家直觉态度对西方理智态度的代替，西方不断向前的态度已"走到了尽头处"，一味地向外追求，"完全抛荒了自己，丧失了精神，内里生活贫乏至于零！"[③]很显然，他对西方知性思维的态度是遮拨，虽然已经发现了直觉需要理智的救治，但在理论上还是没有将直觉与理智圆融起来，这主要是源于其理论视域狭隘性与保守性。就

---

① 梁漱溟：《梁漱溟全集》第一卷，济南：山东人民出版社2005年版，第444页。
② 同上。
③ 同上，第505页。

此而言，熊十力与梁漱溟不同。虽然对于传统文化的认同，熊十力与梁漱溟都表现出了强烈的保守性，但熊十力却以其深刻的理论建构，从生命与理论上实现了中西文化的融贯。在熊十力那里，对西方文化的肯认不再仅仅是现实的需要，更是一个完善的哲学理论体系与一个实践其理论的完满生命形态之必需。令人遗憾的是，由于新儒家们并没有致力于与西方哲学进行对等的沟通与往返，因此，都未能做到陶冶浸润于西方哲学，更谈不上与西方哲学自身所产生的问题会面对话和参与问题解决的过程。他们引进西方哲学更主要的目的是在于反显中国传统思想的价值，展示中国哲学所蕴涵的深邃意蕴，证成道德伦理相对于工具理性的优先性。

概而言之，直觉这一概念，在梁漱溟思想早期，兼有本体论与认识论的双重含义，既是人的道德本性，又是认识这种道德本性的方法。后来，他对于直觉概念赋予的这种含义被“理性”所取代，直觉作为认识方法的含义逐渐消失，只留下些许道德本体的意义。“理性”的雏形就是《东西文化及其哲学》中的直觉，二者含义侧重点虽有差别，但都强调非功利、非自私、非理智的人生态度。理性与直觉之异在于直觉更多指能觉进入所觉的方式，而理性不仅是一种认知的方式，而且是行为的方向。当梁漱溟发现“直觉”概念自身极为复杂，人们由直觉而行并非都趋向于善，因此，直觉难以承当引导人们生活的方向的职责时，理性自然取而代之，①理性作为概括中国人特殊的认知方式与价值观念比直觉要准确完备得多。我们大致可以说，从“直觉”到“理性”的过渡和延展，昭示了梁

① 梁漱溟视理性为一种认知的方式、道德情感、生活的真理，他说，“不欺好恶而判别自然明切者，是之谓理性。”见《梁漱溟全集》第二卷，济南：山东人民出版社 2005 年版，第 314 页。理性也是儒家所谓的“良知良能”、“仁”，儒家思想从根本上来说就是叫人去寻找内心的“理性”，诉诸理性为自己行为的最后准则，因为“道德的根本在理性”。见《梁漱溟全集》第五卷，济南：山东人民出版社 2005 年版，第 701 页。回顾梁漱溟的直觉理论，我们很容易可以发现理性的职能都曾属于直觉，梁漱溟在用理性取代本能式的直觉，因为，他认为只有理性才能担当生活的“合理”、是非善恶的标准以及作为未来人类文化根本精神的基本意蕴。

漱溟思想走向成熟的进程。当然，梁漱溟对“理性”概念的分疏和清理还不令人十分满意。

在这里，其实梁漱溟已经触及了这个问题，那就是他已经意识到了直觉作为达到形上之境方法的有限性，仅仅通过直觉“见体”，“很容易偏，有时且非常危险”，因此，需要逻辑思维的“救济”。但逻辑思维在其中起什么样的作用以及发挥作用的限度，直觉与逻辑思维的关系如何，在“见体”过程中二者如何互补，对于这些问题梁漱溟都没有展开深入思考。

现代思维科学的研究成果表明，从表现形式上看，逻辑思维是渐进式的、按部就班的、通过特定程序而加以充分证明的；而直觉是非逻辑的、跃进式的、快速的、直接捕捉而未加证明的。逻辑思维严格遵循思维的逻辑规则，从前提通过推理程序逐步得出结论，逻辑思维的过程是线性的，可以分解为一连串严谨连续的和用语言能够清晰表达的步骤，逻辑思维表现出的是缓慢进行、逐渐积累的进程，没有情感上的波动起伏，得出的结论往往是局部的、明确的、可靠的结论，具有可公度性。而直觉的结果大多是整体的、综合的、模糊的、或然性的，它比逻辑思维更多地渗透着个人的因素，思维过程与思维方向随时受主体的知识背景、情感因素和非理性因素的影响而改变。因此，直觉具有很大的自发性和偶然性，其思维过程常常也没有被主体明确地意识到，也就难以用语言将过程清晰地表达，思维的结果和过程具有模糊性和不确定性。当然，梁漱溟所谓的直觉主要是道德直觉，他并没有澄清道德直觉和人的日常生活、科学研究、艺术欣赏等过程中所存在的直觉的分别，在一定意义上这个问题也不是他关注的焦点，他的焦点就在于证成中国文化之特质及其与西方之异。

三、柏格森的影响

自近代以来，传统儒学的地位不断受到削弱、冲击，最终边缘化，这是社会变革所带来的必然结果。中国一旦开启了现代化进程，就势必不断触及儒学，以至用新的意识形态取而代之。从根本上说，儒学的未来命运不在于是否吸收和借用历史上传统儒学的各种资源，而在于当下的儒学是否深入到了社会现实这一度中。那么，对于社会现实中的西方哲学，自然不能视若无物。作为现代新儒学的开山者的梁漱溟也认真对待西方哲学，从柏格森的生命哲学中就吸取了很多理论营养来充实其直觉理论。同时，梁漱溟也有着足够的理论自觉，在借鉴柏格森生命哲学的同时也不无批评和扬弃。

柏格森继承的是叔本华、尼采贬抑理性、颂扬直觉，认为理性只能认识凝固的物质概念，而万物和人都是生生不息的“生命之流”的表现。柏格森的理论在东西方都产生了极为深远的影响：一方面，他的生命哲学受到了理性主义的责难，视其生命哲学为理智、知性的对立面，即从反理性的立场来进行批判；另一方面，存在主义与现象学又从柏格森的理论得到了方法论的支撑，获得了理论原动力。大致可以说，人们对柏格森生命哲学的态度始终停留在一种对立的状态之中，而这种对立也恰好说明了理解生命的复杂性以及选择切近真实生命的路径在方法论层面的困难。

作为“科玄论战”中玄学一派领军人物的梁漱溟，直接参与到了西方哲学与中国哲学的对话，并在其成名作《东西文化及其哲学》中，鲜明表达了对于生命本身而言，拒绝用理智的方法进行外在的解读和诠释，而凭借生命自身鲜活的直觉来达到对生命的体悟。由于理论倾向性的近似性，梁漱溟对柏格森的生命哲学的高度热情也就容易理解了。梁漱溟对柏格森产生浓厚兴趣是由于柏格森划定了科学的边界，对唯科学主义进行了强烈批评，这其中的背景蕴含着对当代人价值迷失和虚无主义盛行的深切关注。梁漱溟十分认可柏格森对理智贬抑的这种态度，柏格森的生命哲学显然为梁漱溟拒斥唯科学主义在方法论层面开启了全新的理论方向。

现代新儒家之所以对柏格森的生命哲学产生共鸣，很大程度上是因为柏格森以限制科学的权限为旨趣，反对唯科学主义的理性原则，同时也包含着对现代人精神迷失、价值危机、存在困惑的忧虑。梁漱溟遥契于柏格森对理智的批评，柏格森的生命哲学能够为梁漱溟拒斥唯科学主义提供某种启发，在于这一哲学是较早传入的、强调知性与内省的分野，并高扬直觉进路而对科学实证主义进行批评的哲学。据梁漱溟自己的说法，他由佛入儒是由于接受了柏格森的生命哲学。① 显而易见，柏格森的生命哲学与梁漱溟所归宗的儒学尤其是陆王心学有某些相通之处，因此梁漱溟将其视为同道。

任何一种方法论的兴起都与其所面对和要解决的问题密切相关，柏格森生命哲学的声名鹊起恐怕也与当时盛行的唯科学主义是分不开的。柏格森将概念思维、逻辑推论的方法称为知性或理智，在一一分析了这些形式和方法后，断言知性不能通"内在生命的真实"，"因为知性总是力图重构事物，并且用既定的东西来重构，所以它抓不住在历史的每一瞬间出现的新事物。知性不承认有什么东西是不可预测的，它反对任何创造，而仅仅满足于以一定的前提引出像前提函数一样可计算的一定的结论。……我们发现，对非生物处理自如的知性，一旦触及生物，就会一筹莫展。无论是处理肉体的生命，还是精神的生命，知性都用完全不适用的工具，以严肃、呆板和粗暴的方式来对待。……知性的特征是不理解生命的本质"。② 柏格森并不认为生命的本质是不可认识的，相反，他坚信可以做到这一点，靠的是与理智完全不同的方式——直觉，因为直觉是超乎理智的，"能够朝向事物的内在生命的真实的

① 参见梁漱溟：《梁漱溟全集》第二卷，济南：山东人民出版社 2005 年版，第 126 页。
② ［法］柏格森：《创造进化论》，王珍丽、余习广等译，长沙：湖南人民出版社 1989 年版，第 128—130 页。

运动”。[1]“一方面直觉利用知性的结构来揭示知性的模式不再严格使用；另一方面，直觉又以自身的作用，使我们涌起一些模糊的情感，至少提醒我们用什么取代知性模式。于是，直觉终于促使知性认识到生命不会完全进入一或多的范畴。无论是机械的因果性还是目的性却不能充分解释生命过程。直觉则通过它在我们和其他生命之间建立的共感传递，通过扩展由它引起的意识，把我们引入互相渗透、创造不息的生命领域。”[2]显然，柏格森并没有将直觉与理智截然对立起来，反而强调了理智的不可替代性，这一点与梁漱溟迥异。在柏格森而言，虽然直觉超越了理智，但使得直觉上升到达这一点的动力仍然来自知性，没有知性，直觉只能停留在本能形式上，因此，直觉实质上是一种“理智的交融”。直觉也是超功利的，能摆脱一切束缚而“静观万象”；直觉是不用符号的直接认知方法，不像纯粹的分析那样使我们悬于空中，而是使我们接触到绵延的整个连续。在柏格森而言，生命的本质不是不可认识的，揭示生命的本质依赖的是与理智完全不同的另一种方式——直觉，由于直觉超乎了理智，能够朝向内在生命的真实的运动。

在《时间与自由意志》中，柏格森还没有在方法论意义上使用直觉，而到了《创造进化论》中，直觉才逐渐被构造成具有方法论意义的哲学概念。显而易见，在柏格森那里，直觉与理智并不是截然不同的，十分关注理智的不可或缺性，在这个方面，是和梁漱溟不同的。柏格森认为，如果说直觉超越了理智，其根本动力依然是来自知性的；如果缺少了知性，直觉便不得不停留在本能的层面，所以，“理智的交融”是直觉的真实本质。换言之，直觉超越了理智，是一种不用符号的直接性方法，使我们接触到了绵延的生命的自然本性。

---

① ［法］柏格森：《形而上学导言》，刘放桐译，北京：商务印书馆1963年版，第31页。
② ［法］柏格森：《创造进化论》，王珍丽、余习广等译，长沙：湖南人民出版社1989年版，第139页。

无论在柏格森的著作中，还是在对直觉的理解中，直觉首先是作为一种认识论意义上的方法被提了出来。并且，在对直觉进行方法论建构的时候已经在其中预设了推理的意味，也就是说，柏格森是在推理的基础上将直觉方法建构为一种精确和严格的方法，是一种充分发展了理智的方法。柏格森也多次表示直觉乃是一种理智的同情，这种理智的同情不仅能够在人对事物的认识过程中成为某种进入的路径，而且，更重要的是，这种同情也天然地对“自我”本身进行反思。这也就是为什么，后来柏格森一再强调理智与直觉必然会再度和谐的理论基础。

梁漱溟借助柏格森生命哲学对知性思维负面效应作了充分的揭示，深刻地批驳了中国的唯科学主义在各个领域的无限渗透。他在对中国传统文化价值的弘扬和对世界未来文化出路的选择上受柏格森的助力甚多。柏格森对科学方法的批评目的在于反省欧洲 18 世纪以来的理性主义传统，而梁漱溟的目的则在于评判中西文化，并且证明中国思想界中唯科学主义观点的谬误。梁漱溟既吸取了柏格森超越理智整体地把握对象的直觉思想，又保留了“本能冲动即道德”的泰州学派思想。在柏格森那里，直觉是超越理智的、整体地把握生命本体的方法，理智是柏格森用来概括西方哲学中以概念、逻辑推理来认知客体的方法，因此，作为理智对立面的直觉还是被限定在认识论领域。柏格森的直觉是基于理智分析不能把握生命本体这一认识之上的，其所谓生命与中国哲学的生命不同，不具有道德属性。

在柏格森的影响之下，梁漱溟强调了语言概念的静止特性，认为运用凝滞的概念只能认识具体的事物，而无法把握活生生的、永不停息流变的生命，对生命的认识只能依靠直觉。接受了直觉作为整体性综合性认识手段，梁漱溟还将直觉理解为“害仁”的理智的对立面，即将直觉等同于道德生活来加以肯定。他把西方近代以来以及中国民国初期所出现的“精神迷失”、“存在困惑”、“意义危机”通通归咎于理智的生活态度，并试图让人们相信，只有复活儒家的直觉性的人生，使人生生趣盎然、生命深厚富有，才能克服近代人面临的“精神迷失”。他所谓“以直觉的情趣解救理智的严酷”，[①]正是此意。梁漱溟接受了柏格森哲学中有关直觉的认识方法和人类生命本体的思想，还将柏格森的直觉方法和中国传统哲学中的“仁(天理)”、“人欲”叠加起来，使直觉获得了在柏格森那里所没有的伦理道德意义以及本体论意义，建立起了以道德情感为本体的形而上学。后来，直觉顺理成章地不仅仅只是单纯抽象理智的对立面，并且成了“良知良能”。[②] 虽然梁漱溟也认可理智的价值，但主张理智本质上不是人的本质规定性，而是反本能的，并不能承当生命的意义与价值，不过是利用厚生之工具而已。梁漱溟不遗余力地揭示理智方法的有限性，与他对科学主义的批评立场是一致的。

也就是说，在柏格森那里，作为方法的直觉到了梁漱溟这里，演变成为融本体、方法、道德为一体的多元复合体。可见，柏格森对梁漱溟的影响不仅仅是文化比较上的影响，而且还影响了梁漱溟对未来文化发展趋势的判断以及对儒家文化世界化的信心。易言之，梁漱溟在儒家立场上汲取柏格森的生命哲学，形成了自己独具特色的文化哲学。从一定意义上可以说，梁漱溟为弘扬儒学的真精神，站在儒家立场上汲取了柏格森的生命哲学，形成了自己独具特色的文化哲学，其文化哲学的形成发展过程就是对柏格森生命哲学从接触到汲取、然后批判扬弃的过程。

显然，梁漱溟选择了一条艰难的道路，这条道路是与当时的大多数人背道而驰的。他要重新阐发儒学的现代价值，开掘出儒学的真精神，并借此来应对中国文化的发展方向乃至中国向何处去的问题。在梁漱溟看来，与唯科学主义处于同一战壕的是全盘西

---

① 梁漱溟：《梁漱溟全集》第一卷，济南：山东人民出版社 2005 年版，第 527 页。
② 参见郭齐勇：《梁漱溟哲学思想》，武汉：湖北人民出版社 1996 年版，第 259—270 页。

化派，他们声称中国被动挨打的原因完全是由于传统文化。这种看法显然是梁漱溟不能接受的，他认为中国问题的根本解决不能离开传统而另辟蹊径，西化派们并没有真正领会儒学的根本精神，只是抓住了细枝末节，对生命缺乏真正同情的理解。因此，梁漱溟与少数真正关心儒家精神生命与中国文化前途的人，如熊十力一道潜心于重新阐发儒家学说的人文精神与伦理价值。从这个根本的立场出发，梁漱溟选择柏格森生命哲学诠解出直觉的内涵来阐发儒家精神就是顺理成章的了。

由于哲学家方法论自觉的意识非常强烈，梁漱溟从佛学唯识宗的立场对柏格森的直觉缺乏伦理的、情感的维度也有过批评。在他看来，柏格森直觉的对象是精神性的客观实体，而直觉（非量）所得只能是主观的意味，只有感觉（现量）是最可靠的认识方法，除此之外，理智（比量）与直觉（非量）都不可靠，唯识宗所要做的就是将混入感觉之中的直觉、理智分离出去，从感觉入手，达到"静观无私"，如此才能形成对宇宙本体的认识。"然而我们对他（指柏格森）实难承认，因他的方法可疑。直觉是主观的，情感的，绝不是无私的……我们必要静观无私的才敢信任。"①所以，在梁漱溟而言，柏格森的错误在于使用只能认识主观意味情感的直觉，企图达到对宇宙本体的认识，这种基于方法的误用而得到的结论不可信。其实，这是由于梁漱溟对柏格森的误读造成的，②柏格森直觉理论的提出动因在于不满于理智经常沉湎于对象的条分缕析而无法返回其整体性的原貌，所以，还在西方形而上学的框架之内。不可否认的是，梁漱溟在批评柏格森生命哲学的时候，相应的哲学分析的功夫做得不是很充分，关于柏格森的理论前提没有进行清晰的疏解。

当然，梁漱溟的哲学是第一个全面地进行中西比较的较为完

---

① 梁漱溟：《梁漱溟全集》第一卷，济南：山东人民出版社 2005 年版，第 406 页。
② 参见高瑞泉：《直觉与智慧——略论第一代现代新儒家对直觉范畴的探讨》，《中西会通与中国哲学的近现代转换》，商务印书馆 2003 年版，第 486 页。

整的系统，到今天依然具有重要的参考价值。从学理的角度而言，梁漱溟的哲学并非完全融通自洽，还是存在不少缺憾。近似于梁漱溟，同样是现代新儒家的冯友兰、熊十力、贺麟都或多或少借助柏格森的生命观念阐发儒家思想，不仅将儒家思想作为活的生命展示出来，并且赋予儒家所确立的本体仁心以流动不息、健动不已的特性，生命的过程即为本体仁心的展现过程，突出了生命的道德意味。与梁漱溟严格科学与哲学的划界不同，他们从柏格森生命哲学那里得到了启示，反对唯科学主义将哲学消解于科学之中或隶属于科学，并不因提倡哲学而完全排斥科学。他们更多地从中西哲学互补的维度吸纳柏格森的直觉，把直觉看作优越于理智的“向上一着”，是对理智的有效补充，而不是理智的对立面。冯友兰早年留学美国，深受西方文化主要是逻辑实证主义的浸润，他纠正了梁漱溟对柏格森直觉的理解偏误。在冯友兰看来，柏格森并非不重科学，也并非排斥概念、反对分析，“柏格森只叫人不可执著概念，不可忘记他是一个方便的法门，而把他当成究竟的实在；并不是叫人不要概念。……直觉是分析以后的事，主张直觉的，只反对以分析为究竟，并不反对分析。若以为主张直觉，便是不要分析，便为大错。……至于有些头脑不清的人，以直觉为藉口，以自文其笼统，那更为柏格森之罪人了”。[①] 显然，这里所谓“头脑不清的人”指的就是梁漱溟。应该说，冯友兰所做的纠偏对正确理解柏格森哲学是有所贡献的。熊十力也指出，罗素视柏格森为“反理智”是错误的，柏格森也认为自己不反理智，但是柏格森的直觉概念没有梳理清晰，常与本能混淆，柏格森的意思是“理智不可以得本体，故理智之效用有限，而非理智可屏弃也”。[②] 贺麟也将柏格森的生命哲学与儒学相提并论，指出了二者的契合之处，“我们读柏格森

---

① 冯友兰：《三松堂学术文集》，北京：北京大学出版社 1984 年版，第 9—10 页。
② 熊十力：《十力语要》（二），沈阳：辽宁教育出版社 1997 年版，第 309 页。

的书，常会感到一些中国哲学的意味。譬如他的重哲学而轻科学，他的推崇直觉，讲求神秘，他的祛除符号，不要言诠，都会令我们想起先秦魏晋的老庄与陆王心学”。[1] 冯友兰、熊十力、贺麟的方法论的真正意义在于中西哲学的互补，一方面用中国哲学的直觉体认补充欧洲哲学冷峻的理智分析，另一方面，以欧洲的理智分析阐明中国哲学思想。两种方法，“合则两善，离则两伤”。这样，新儒家从哲学方法论角度表达了融汇中西哲学的愿望，也体现了他们为复兴儒学而吸收西学的气度，[2]他们力图融通中西哲学的尝试和努力无疑是值得肯定的。当然，他们只是提出了解决问题的思路，也着手解决了一些问题，但他们期望达到的与实际上达到的之间还有一定距离。而且，我们发现，由于时代条件所限，现代新儒家们对西方哲学的认知程度也有限。

与西方哲学的关系而言，梁漱溟和熊十力的理论注意力主要放在中西哲学的区别与儒家思想独特价值的维护上，受其理论注意力的左右，他们接受欧洲大陆哲学中非理性主义一脉以及深层心理学的影响较多，对西方哲学的引入还不是自觉自愿的。冯友兰和贺麟早年都留学欧美，对西方哲学既有开放的胸襟又有比较深刻的把握，对西方哲学的态度相对积极自觉，不过他们对西学的掌握和了解还局限于一宗一派，冯友兰受逻辑实证主义影响、贺麟受新黑格尔主义影响较多，理论视野不够开阔。

结语：

梁漱溟的直觉理论作为现代新儒学直觉理论的开端，显然还是朴素的和不甚圆融的，也没有对直觉做更多的形而上学的思考，却具有开创意义，从总体上说是可取的。应该说梁漱溟确认了直

① 贺麟：《现代西方哲学讲演集》，上海：上海人民出版社 1984 年版，第 21 页。
② 参见董德福：《现代新儒家与柏格森生命哲学》，载《复旦学报》1993 年第 3 期，第 50—55 页。

觉作为通达形上本体的渠道和方法的重要性,然而,并没有从理论上详细解析直觉的本质。作为直觉理论的滥觞,其意义不仅在于开启了其后几位现代新儒家形态各异的直觉理论,也引起了后学对直觉的关注。经过梁漱溟的阐发,人们逐渐揭开了蒙在直觉上面的神秘面纱,其大致轮廓已呈现在我们眼前。与冯友兰、熊十力、贺麟这几位早期新儒家相比而言,由于各自立论的角度不同,关于直觉的含义以及直觉与理智的关系都有各自不同的理解,梁漱溟直觉理论的特点在于:立足于"替孔家说个明白",着力厘清中西文化之异,着眼于形上学的重建,在遮拨知性思维的同时,将直觉界定为一种与唯科学主义的认知活动迥然相异的人的德性和情感方面的本能。

虽然,梁漱溟的直觉理论有些粗糙,但其以敏锐的眼光和独到的视角已经捕捉到了直觉的几点要义:其一,直觉是不虑而知、不学而能的,天然不加造作的本能与动物求生的本能不同,也与人的感性直觉不同,这是一种具有实践力的本能。

其二,作为玄学方法的直觉,是一种与知性思维决然相对的方法,相对于静的、呆板的、固定的知性思维,直觉能超越主客二分的对象性思维,消解知性之蔽而通达生命的形上意义,是体认"内里生命"的唯一通路。

其三,直觉是儒家的既成道德本体——仁或良知,是价值之源,一种先天具足的、人之为人的规定性;同时,也是认识道德本体的方法,纯任直觉即是仁。

其四,直觉也是一种情感,"为仁由己",依自不依他,直觉时即心安时,是真情"随感而应"的表露,是中国文化优于西方文化的根本所在。

从梁漱溟的论说中可以看出,其直觉理论就是围绕"直觉即仁"这个核心观点展开论述的。他的目的就是要把直觉归结于人的本能、道德良知和道德情感,再通过对孔子伦理思想的诠释,证成这些因素在中国传统哲学中恰恰又是道德意识和道德行为产生的原因，从而使其“直觉”具有了道德本体论上的意义。另一方面，他极力排斥理智而把直觉提升到了认识论的高度，使其成为认识宇宙本体——“生命”的根本途径。显然，梁漱溟未免忽视了与知识论相关的直觉的意义。

应该说，梁漱溟的直觉本能说有其合理性，但是缺乏逻辑上的必然性，人确乎先天地具有善的本能，但也有为满足自己生存欲望抢夺他人利益的本能，所以，仅依本能而行不能确保必然达到德性。晚年他意识到了这个问题，提出修身作为成仁的重要环节，并且以有梁氏特色的“理性”概念取代了直觉，对直觉作了一个重要的补订，即用理智的救济对直觉进行纠偏，但在理论上并没有对二者以平等的眼光视之，也没有进行融会贯通。

今天，找出梁漱溟直觉理论本身的缺陷并不是一件很困难的事，但我们更应该注意的是梁漱溟究竟以此要说明什么。根据梁漱溟的思想，每个民族的文化既以其根本精神为本民族所特有，又以其代表整个人类文化发展的一个特定阶段而对人类具有普遍的价值，因此，中国文化的价值必将得到普遍承认是历史发展的必然要求。其直觉理论巧妙地论证了中国文化(主要是儒家文化)虽不合时宜但仍具有价值应该发扬光大这一观点。对此，贺麟先生较为中肯地评价：“不用讳言，他(梁漱溟)隐约地暗示着东方的人生态度比西方人向前争逐的态度更深刻要完善。他一方面重新提出儒家的态度，而一面主张全盘接受西方的科学和民主，亦未完全逃出‘中学为体，西学为用’的圈套。然而他却巧妙地避免了东方优于西方文化的偏狭复古的见解。他也没有呆板地明白赞成中体西用或旧瓶装新酒的机械拼合。这不能不说是他立论圆融高明的地方。”①

---

① 贺麟：《五十年来的中国哲学》，北京：商务印书馆 2002 年版，第 11 页。

因此,梁漱溟必须要面对的问题是直觉是否可以脱离理智而独立存在?理智进行认识活动时产生的主客二分的确带来割裂人的整体性之忧,但人恰好是在理智认知的过程中展现自身,呈现自我。德性之完成亦非单纯的主观内在性领域之事,必然要在"成己成物"、"开物成务"的理智的客观性活动中才能实现。当然,固执于理智,产生的只是关于人的各种外在的规定性,人自身是被遮蔽的,这就需要通过直觉体悟来扬弃理智的各种规定性。但扬弃不意味着全盘抛弃,而是超拔出理智僵硬的规定性,复归于人的本真。在这个意义上,直觉是对理智的扬弃和消解而复归统一的过程,即消解理智和显扬人的本真是一体之两面,这也说明了直觉与理智处于一种统一的张力关系之中,都不可或缺。如果抛弃理智单纯强调直觉体悟,就破坏了这种张力,变成独断论的变相。

当梁漱溟发现人们由直觉而行并非都趋向于善,直觉难以承当引导人们生活方向的职责,自然地,理智和理性进入其视野,将理性作为概括中国人特殊的认知方式与价值观念。需要注意的是,虽然梁漱溟的方法论中提到了理智的功用,但依然将理智界定为"算计"之用,只有"理性"的生活才符合生命本性。他视理性为一种道德情感生活的真理,不欺好恶而判别自然明切者。理性即儒家所谓的"良知良能"、"仁",儒家思想从根本上来说就是寻找内心的"理性",并视之为最后准则,"道德的根本在理性"。我们大致可以说,梁漱溟哲学方法论的选择从"直觉"到"理性"的过渡和延展,昭示了其思想走向成熟的历程。然而,梁漱溟对"理性"概念的分疏和清理还不令人十分满意。迄今为止,关于直觉、理性的本质的研究还在进行中。

大体上我们可以把梁漱溟的问题归结为:人的行为是理性发动的呢,还是被内心反省时自然而然地呈现的某种情感所驱动?根据梁漱溟哲学,认知意义上的理性只能发现这些义务,却不能产生这些义务,而儒家的理性是人的理性的整全,有发动行为的力量。那么,一个行为、一种观念有德还是无德,如何判断?梁漱溟依据的是看见这个行为时产生的快乐与不快的情感,只要说明产生情感的理由,就能区分德与不德,有德是由于一个行为、一种观念带来的一种特殊的快乐。无疑,转向后的梁漱溟难以避免关于德性与情感关系的讨论,只是他没有深入思考,这个问题还有待于我们继续研究。

第三章　“正负”整合的探求与尝试

——冯友兰的直觉观考察

冯友兰先生尽其一生探索哲学真理，其哲学思想在中国颇具影响力，同时，引起的争议和批评也很多。对他在中国哲学史上进行定位是个困难的问题，这个问题的复杂性在于他的生命历程和哲学创作始终与风云变幻的中国社会交织在一起。有人说冯友兰是新儒家，[①]也有人说，“与其把他归入‘新儒家’不如把他归入‘新道家’”。[②] 还有人说不能给他戴上新儒家这顶帽子。[③] 众说纷纭。在此本人不想就各家之说的见蔽发表意见，照本人看来，冯友兰终身追求的旧邦新命建立于儒家的理想，他认同儒家的核心价值，推崇横渠四句，“为天地立心，为生民立命，为往圣继绝学，为万世开太平”，充分体现了儒者的承当意识和强烈使命感。所以，冯友兰当列入现代新儒家行列。与其他几位早期现代新儒家一样，他也将直觉（负的方法）作为达到天地境界的“梯子”。

---

① 参见方克立：《关于现代新儒家研究的几个问题》，方克立、李锦全主编《现代新儒学研究论集》，北京：中国社会科学出版社 1989 年版，第 1—13 页。还可参见郑家栋：《现代新儒学概论》，南宁：广西人民出版社 1990 年版，第 219 页。

② 参见陈晓平：《评冯友兰的新统——兼论冯友兰哲学的归属问题》，《中州学刊》1995 年第 3 期。

③ 参见范鹏、阮青：《1987：中国现代哲学史研究的重要一年》，《哲学动态》1988 年第 6 期。

直觉在冯友兰的新理学体系中从来都没有达到过梁漱溟赋予直觉的崇高地位。如果说20世纪20年代初，冯友兰对直觉方法还表示过一定的同情，那么，20年代中期以后，他便不再主张直觉是一种哲学方法，90年代又将理智与直觉并举。与梁漱溟对儒学作生命哲学的诠释，以生命体验为通向形上学的进路不同，冯友兰通过维也纳学派和新实在论者的逻辑分析方法，重建儒家形上学。冯友兰是接着宋明理学特别是朱熹的学说，朱熹理学偏重概念分析，固然有条理清晰、概念准确、推论严谨的优点，但也有易偏失儒家真精神的可能。在谈到"天地境界"时，冯友兰意识到逻辑分析方法并不是唯一有效的哲学方法，主张以直觉补理智之缺，在运用逻辑分析方法讲形上学的同时，还必须求助于"负的方法"。

第一节　儒学的逻辑化尝试

冯友兰高度肯定了逻辑分析方法对于真正哲学的重要性，使中国传统哲学中模糊不清的概念得到了清洗，更加完备、明晰，也使得中国哲学史的研究获得了学术的现代形态。显然，他力图实现对传统形上学方法和科学主义的超越，这种超越体现的是一种理论的自觉。也正是在这种理论自觉的导引下，冯友兰一方面积极引入逻辑分析方法，另一方面也不痴迷于逻辑分析方法，而是积极反思其有效性和有限性。如此一来，为其"负的方法"的提出作了充足的方法论铺垫。

一、新实在论与宋明理学结合的形上学

20世纪30年代末到40年代中期，冯友兰的《贞元六书》相继问世，标志着冯友兰新理学体系的形成。从根本上说，这一体系是以逻辑分析为基本方法，融合新实在论与宋明理学的产物。冯友

兰考虑问题的背景比较宏阔，他站在世界哲学的立场，持一种开放的胸怀，以平等的心态作了中西文化会通的工作，超越了梁漱溟片面强调中西对立的倾向。在处理中西文化及其哲学关系问题时，冯友兰不仅重视中西文化之异，更注意二者之同，尝试进行深层的融合。就其根本精神而言，可以用他自己常说的“旧邦新命”来概括他的文化情怀，关注如何使中国文化具有恒强的生命力，确立中国文化发展的方向和道路。虽然他的尝试和努力并不十分成功，但也作出了一定的贡献，无疑为我们留下了丰厚的思想资源，也提供了许多值得认真整理、发掘的思想成果和理论教训。

梁漱溟强调中国哲学的复兴，复兴的前提是西方哲学向中国哲学的复归，冯友兰则主张通过吸收西方哲学来重建儒家形上学，认为未来哲学必将是中西哲学的融合。冯友兰力图吸收西方哲学中的理性精神和逻辑分析方法，使中国传统哲学获得一种逻辑化的表现，转化为现代形态。他认为逻辑分析法是西方哲学发展演变的最重要的成果，而中国哲学缺少的正是这种方法，“西方哲学对中国哲学的永久性贡献，是逻辑分析方法。……逻辑分析法就是西方哲学家（点石成金）的手指头，中国人要的是手指头”。[①] 只有借助这只“手指头”，使中国哲学变得理性而清晰，才能产生出适应未来世界需要的哲学。他说：“逻辑分析的方法，我称之为形上学的正的方法，在中国哲学中从未充分发展，例如，朱熹的体系中，其推理的结论虽与西方哲学中的柏拉图有很多相似之处，其辩论和证明则远远不够充分。道家反对知识的理智，所作的辩论和证明也是如此。在这一方面，中国哲学有许多东西要向西方学习。……在我看来，未来世界哲学一定比中国传统哲学更理性主义一些，比西方传统哲学更神秘主义一些。只有理性主义和神秘

---

① 冯友兰：《中国哲学简史》，北京：北京大学出版社 1985 年版，第 378—379 页。

主义的统一才能造成与整个未来世界相称的哲学。"[①]"清晰思想不是哲学的目的,但是它是每个哲学家需要的不可缺少的训练。它确实是中国哲学家所需要的。"[②]冯友兰对于正的方法的强调,用意就是对治中国哲学过于重视负的方法的流弊,未来的哲学应该是一个融理性的逻辑分析与神秘的形上境界为一体的哲学。

冯友兰采纳逻辑分析方法构建其哲学体系,并非偶然。他早年在上海读书时就已阅读了英国逻辑学家耶方斯(William Stanley Jevons)的《逻辑学纲要》一书,由此对逻辑学产生了浓厚的兴趣,主张逻辑学是哲学的入门。在美国留学期间又师从于新实在主义代表人物蒙塔古(W. P. Montague,也译作孟特叩),深受蒙塔古思想的影响。更主要的是,新实在主义[③]的基本理路适应冯友兰重建形上学的需求,使他找到了中西哲学融合的接榫处。新实在论有关本体的理路与逻辑分析方法启发了冯友兰重建形上学的进路,但新实在论并不是冯友兰所欲建立的新形上学的摹本。因为在冯友兰的观念中,研究形上学的目的不在于增加关于实际的和积极的知识,使人成为某种专门家,而在于提高人的精神境界,成就理想人格,"使人作为人能成为人",所以,真正的形上学是要"'为天地立心,为生民立命,为往圣继绝学,为万世开太平。'此哲学家所应自期许者也。况我国家民族,值贞元之会、当绝续之

---

① 冯友兰:《中国哲学与世界未来哲学》,《哲学研究》1987 年第 6 期。

② 冯友兰:《中国哲学简史》,北京:北京大学出版社 1985 年版,第 395 页。

③ 新实在论是现代西方科学主义哲学中为数不多的、仍然对形上学保留一定兴趣的派别,其代表人物虽然都否认有某种超越的本体存在,认识不能超出人的感觉经验,但基本上也都强调认识的对象有不依赖认识主体的客观实在性。主张世界本质上乃由逻辑常项组成的结构,这个结构可以由逻辑分析得到;运用分析的手段对事物进行层层剥离、逐级抽象,最终获得构成事物的终极要素;数学和逻辑的演绎分析是唯一的科学方法,是哲学的方法论原则;哲学主要研究认识过程,研究认识主体和被认识事物之间的关系,不追究主体和客体的最终本性。新实在论对形上本体的兴趣特别是关于共相或本质独立存在的观念,与他们将哲学科学化的总体趋向不尽协调,但与冯友兰有关形上学的思想多有契合,因而为吸收西方哲学时所首选。

交，通天人之际、达古今之变、明内圣外王之道者，岂可不尽所欲言，以为我国家致太平、我亿兆安心立命之用乎？虽不能至，心向往之”。[①] 显然，新实在论不能从根本上满足这种新形上学的需要，所以，冯友兰又去寻找新的思想资源，找到的就是宋明理学。儒家特别是宋明理学在哲学上提出了一个“理世界”，建立了一个以追求理想生活和同天境界为目的的哲学，为冯友兰所激赏。同时，在冯友兰看来，宋明理学还不是“真正底形上学”，“真正底形上学，必须是一片空灵”，因为它的命题“对于实际，无所肯定，至少是甚少肯定，所以是空底。其命题对于一切事实，无不适用，所以是灵底。……哲学史中底哲学家底形上学，其合乎真正底形上学的标准的多少，视其空灵的程度。其不空灵者，即是坏底形上学。坏底形上学即所谓坏底科学。此种形上学，用禅宗的话说，是‘拖泥带水’底。沾滞于‘拖泥带水’底形上学底人，禅宗谓为‘披枷带锁’”。[②] 无疑，历史和科学这些“不空且不灵者”，在冯友兰那里都不是“纯思”，因为历史和科学增加了人的积极知识，“形上学的工作，是对于经验做逻辑底释义。科学的工作，是对于经验作积极底释义。……历史底命题，是实而且死的。因为一个历史底命题，所说者是一件已定底事实，亦止于此一件事实。科学底命题，是灵而不空底。科学底命题，对于经验作积极底释义，积极则有内容，所以不是空底”。[③] 显然，冯友兰试图重建的真正的形上学，其概念、命题、推理都应只有形式的意义，因此只对真际作形式的肯定，而不对于实际有事实的肯定。因为，在冯友兰看来，真际是本然的存在，排除了逻辑上的矛盾，更多地表现为一种逻辑的设定。也正因为只对真际作形式的肯定这一点，才成其为“真正底形上学”，这也

---

① 冯友兰：《新原人》自序，《贞元六书》，上海：华东师范大学出版社 1996 年版，第 515 页。

② 冯友兰：《贞元六书》，上海：华东师范大学出版社 1996 年版，第 875 页。

③ 同上，第 873—874 页。

是冯友兰所欲重建的形上学与旧形上学的不同之处。

用“真正的形上学”的标准去衡量，冯友兰以为宋明理学还有许多需要改造的地方：首先，宋明理学就不符合“空且灵”；其次，其基本概念与范畴也比较含混。至于形成这种状况的原因，冯友兰以为，“宋明道学，没有直接受过名家的洗礼，所以他们所讲底，不免著于形象。……程朱所谓底气，虽比横渠所说的气，比较不著形象，然仍是在形象之内底”。① 为此，冯友兰提出必须用现代逻辑对程朱理学加以清洗，以彻底剔除其基本观念中所包含的实际感性内容，使传统理学转化为具有现代意义的“空灵底”形上学。冯友兰试图重建形而上学以超越旧形而上学，然而在知行过程之外规定存在的本体论路向，说明他并未能真正摆脱传统形而上学。他把世界划分为真际与实际，以理、气、道体、大全等范畴勾画了一幅世界的逻辑图景，但这幅图景提供的似乎主要是一种玄学的构架，而并没有对真实的存在作出理论的说明。②

正因为对宋明理学进行了积极的逻辑化改造，因此，冯友兰认为自己不是“照着宋明理学讲的”，而是“接着讲”。他所谓“接着讲”，简言之，就是承接延续着讲，讲前人所未讲。冯友兰所做的实际上是在新的历史时代、学术背景下的中西会通与儒道互补。具体说来，一方面，冯友兰用新实在论及其逻辑分析方法来承接和改造宋明理学，把宋明理学中的关于本体的概念进一步抽象化，建构了一个抽象的、“不着实际”的逻辑世界，把传统的与天同体的圣人境界，演变为对逻辑世界的认知和把握；另一方面，冯友兰把宋明理学的

---

① 冯友兰：《贞元六书》，上海：华东师范大学出版社 1996 年版，第 842 页。

② 参见杨国荣：《存在与境界——冯友兰新理学本体论的内在向度》，《中国社会科学》1996 年第 5 期。在杨国荣教授看来，冯友兰的新理学与历史上的其他思辨构造一样，包含着难以克服的理论困难，这个理论困难就是真际（理世界）与实际（实际世界）之间的鸿沟如何逾越。程朱理学曾以非形式化的方式来解决这一问题，试图解决从理世界过渡到实际世界，最后并未能克服二者的对峙。冯友兰试图以形式化的方式对此作出逻辑的解释，同样也未能如愿以偿。

修养方法完全理性化,以理性思维活动作为到达圣域的手段,从而把传统的超凡入圣的直觉的修养过程,明确为一种理性认识活动过程。[①] 在什么是圣人,如何提高人的精神境界使人成为圣人等问题上,冯友兰有自己的鲜明特色,表现出了对传统理学的某种超越。值得注意的是,这种改造不能简单化地理解为全面进步,金岳霖在冯友兰著的《中国哲学史》(上)的“审查报告”中就隐约流露出了与冯友兰的不相侔。在金岳霖看来,胡适的《中国哲学史大纲》给人一种奇怪的印象:作者是一个研究中国思想的美国人;而冯友兰的态度也是以中国哲学史为在中国的哲学史。[②] 仔细分辨,我们发现“在中国的哲学”的预设是,西方“哲学”作为一种普遍性的学科范式和学术共相,应当成为现代中国哲学建构的参照标准和基本尺度,依照这样的标准,从黑格尔到德里达都是否认中国有所谓的“哲学”;而“中国的哲学”的预设是,各民族哲学由于内外机缘而成为各具特色的文化殊相,但中国哲学又不能局限于殊相而失去“哲学”的普遍性意义。中国哲学的现代建构始终处在二者的张力中,难以摆脱“汉话胡说”、“以西范中”的合法性焦虑和身份性困扰。[③] 冯友兰致力于与西方哲学的深度融合和互动,使中国哲学的学科体系和架构得以更完整地建立。这种想法本身是不错的,问题是完全采用西方的逻辑分析方法讲中国哲学,只是在逻辑分析无计可施时,才启用“负的方法”。这种“接着讲”,讲出来的还是中国哲学吗?这也直接导致有人对将冯友兰列入新儒家行列产生质疑。

二、与逻辑实证主义的论争

在中国哲学史上,冯友兰是第一个系统地研究并使用西方逻

---

① 参见赵德志:《现代新儒家与西方哲学》,沈阳:辽宁大学出版社 1992 年版,第 110 页。
② 金岳霖:《审查报告二》,《三松堂全集》第二卷,郑州:河南人民出版社 2000 年版,第 618 页。
③ 参见许宁:《冯友兰与儒学研究范式的现代转型》,《天府新论》2008 年第 4 期。

辑分析方法的学者。在受到胡适《中国哲学史大纲》的启发后，他用逻辑分析法重新诠释和整理了中国传统哲学，当时在冯友兰心目中，逻辑分析法是中国哲学迈向现代化，能与西方哲学平等视之的重要手段。带着这种希冀，冯友兰着力对中国传统哲学“接着讲”，他之所以严格地区分是“接着讲”而不是“照着讲”这两个概念，其根本差别就在于逻辑分析法的运用。与梁漱溟一样，冯友兰也反对逻辑实证主义①将哲学科学化的主张。所不同的是，冯友兰的眼界更为开阔，从世界范围内哲学发展的角度与逻辑实证主义展开论辩，为“真正的形上学”辩护，而梁漱溟则只是针对国内的唯科学主义，反对科学越界的应用，为儒家形上学辩护。如果说，唯科学主义还只是在文化上主张以科学代替哲学，以科学崇拜代替传统价值信仰，那么，逻辑实证主义便直接取消一切哲学，从理论上论证一切哲学毫无意义。在关于什么是哲学的论争中，冯友兰尽管采纳了逻辑实证主义的部分观点，但对有些问题的态度则与逻辑实证主义相去甚远。其中之一就是在逻辑实证主义那里，哲学归入科学，冯友兰则主张哲学与具体科学截然分开，在科学与哲学之间划出一条界线，以此为哲学争得存在的空间。

对于逻辑实证主义的主张，冯友兰既有“扬”，也有“弃”。他同意维也纳学派的看法，认为唯心论和唯物论都是无意义的，唯心论和唯物论所讨论的问题，如世界的本原是心还是物质，一切事物都是从心生还是从物生，两种说法都不可证实。“说一切事物都有心

① 逻辑实证主义盛行于20世纪初，20年代传入我国，是对现代自然科学进行哲学反思的产物，由一些自称维也纳学派的哲学家、科学家和数学家创立，有四个主要思想来源：英国休谟的经验主义、法国孔德和奥地利马赫主义、英国罗素和德国费雷格的逻辑原子主义以及维特根斯坦的反形而上学观点。逻辑实证主义认为科学知识由有意义的命题组成，逻辑分析的主要任务是授义；逻辑分析根据证实原则来授义，只有可由经验加以证实的命题才是有意义的；逻辑分析在确立有意义命题的同时，也就清除了作为无意义命题的形而上学；哲学应该从形而上学造成的混乱中摆脱出来，以分析和确定概念、命题的意义作为自己的职责。在逻辑实证主义那里，哲学不是一门独立的学问，以往一切唯物主义和唯心主义哲学都是没有意义的伪命题，因而统统被称为无用的形而上学而加以拒斥。

的性质或说一切事物都有物的性质，此所谓心或物，如果普通所谓心或物，则说一切都有心的性质，即等于说一切事物都是有感觉，有情意底；说一切事物都有物的性质，即等于说一切事物都是在空间底，有硬度底，这都是与经验冲突底。至少说，这两种说法都是不可证实底。”①严格地说，没有意义的命题不是命题，“传统底形上学中底命题，大部分是这一类底命题，所以维也纳学派说形上学是无意义底，亦是有理由底。但真正底形上学中没有这一类底命题。这一类命题都是对于实际有所肯定者。真正底形上学对于实际并不作肯定，亦无所建立。……坏底形上学，是可以以维也纳学派的方法取消底。取消此等所谓形上学，是维也纳学派的贡献”。② 冯友兰同意维也纳学派对西方传统形而上学的批判，认为西方传统形而上学往往混淆了科学与形上学的界限，以为形而上学与科学一样是“积极底义释经验”。于是，哲学形而上学家“多拟说一种事物，是其余事物所以构成者，是其余事物的根源。有说此种事物是心者，有说此种事物是物者，有说此种事物是非心非物底‘事’者”。③ 诸如此类的说法都是试图“对于实际有所肯定”，为人们提供实际事物的“积极知识”。对于这种关于实际的知识，冯友兰认可了经验作为检验标准的有效性，“形上学不用经验底方法，不以经验证实其结论，如何可以解决有关积极地义释经验底问题？”④

在冯友兰而言，维也纳学派对西方传统形上学的批判是有理据的，这是他们对哲学的贡献。然而，维也纳学派并没有完全取消形上学，他们取消的只是“坏底”形上学，却没有认识到“好底”或“真正底”形上学是不能取消的。对于“真正底形上学”而言，维也

① 冯友兰：《三松堂学术文集》，北京：北京大学出版社 1984 年版，第 510 页。
② 同上，第 511 页。
③ 冯友兰：《贞元六书》，上海：华东师范大学出版社 1996 年版，第 923 页。
④ 同上，第 868 页。

纳学派恰恰作了"显正摧邪"的工作,"他们自以为他们的批评可以取消形上学。经他们批评以后,一切'似是而非'底形上学真可以说是被他们'取消'了。'似是而非'底形上学既'取消',真正底形上学的本质即显露。所以维也纳学派对于形上学底批评,不但于真正底形上学无干,而且对于真正底形上学有'显正摧邪'底功用"。① 显然,在冯友兰看来,传统形而上学固然有缺陷,维也纳学派的批评有合理性,但这并不意味着形而上学本身应完全加以拒斥,扬弃旧形而上学,是为了重建新的真正的形而上学。从这一点来说,冯友兰不仅继承了维也纳学派拒斥"坏底"形上学的传统,也超越了维也纳学派。

在逻辑实证主义那里,所谓无意义即为不可证实的看法,冯友兰则不以为然。他指出逻辑实证主义的知识分类原则是片面的,因为,解释经验事实的知识不只限于科学,另外还包括哲学和历史,也就是说,知识不是两种而是四种,"第一种是逻辑算学。这一知识是对于命题套子,或对于概念底分析底知识。第二种是形上学。这种知识是对于一切事实底形式底解释底知识。知识论伦理学的一部分,亦属此种。第三种是科学。这种知识是对于事物底积极底解释底知识。第四种是历史。此种知识是对于事实底记述底知识"。② 冯友兰断言真正的形上学与数学、逻辑学和经验科学在本质上是不同的,真正的形上学解释事实,而逻辑和数学不涉及事实。此外,真正的形上学虽然解释事实,但只是作形式的、抽象的解释,不作性质上的判断,而科学则对事实作积极的、具体的说明。他说:"形上学的工作,是对一切事实作形式底解释。一切事实,就是实际。所以亦可以说,形上学的工作是对于实际做形式底解释。对于事实作解释,此是形上学所以不同于逻辑算学者。其

① 冯友兰:《三松堂学术文集》,北京:北京大学出版社 1984 年版,第 509 页。
② 同上,第 516 页。

解释是对于一切事实，而又是形式底。此是形上学所以不同于科学者。”[①]据此，冯友兰主张不能把形上学归于逻辑或科学，真正形上学的方法也不是逻辑的和科学的方法所能代替的，它有自己的特殊规定性。由真正形上学方法所建立和组成的命题，“既不是逻辑命题，亦不是科学命题，而只是形上学底命题”。[②] 由此可知，冯友兰既把逻辑分析方法作为哲学的基本方法之一，又试图把哲学的逻辑分析与一般形式逻辑的分析方法区别开来，是有所见的。

那么，“真正底形上学”究竟属于哪种类型？冯友兰认为，“哲学乃自纯思之观点，对于经验作理智底分析，总括及解释，而又以名言说出之者”。[③] 所谓对经验作理智的分析，就是对经验中的事物进行分析抽象，获得构成事物的终极要素；所谓总括及解释，就是对分析得到的事物的终极要素进行概括，从而获得事物的共相；所谓以名言说出之者，就是通过分析命题，对整个分析、总括过程进行传达表述。概而言之，在冯友兰那里，哲学或“真正底形上学”，就是以一切事物的共相为根本对象，以逻辑分析为主要方法的思维活动及其产物。

需要注意的是，虽然冯友兰所说的逻辑分析方法源自维也纳学派，但又与维也纳学派的逻辑分析方法不同。他说：“照我们的看法，逻辑分析法，就是辨名析理的方法。这一句话，就表示我们与维也纳学派的不同。我们认为析理必表示于辨名，而辨名必归极于析理。维也纳学派则以为只有名可辨，无理可析。照他们的意见，逻辑分析法，只是辨名的方法：所谓析理，实则都是辨名。”[④]在冯友兰而言，名乃名词，理就是一个名词的内涵：一个名称或符

---

① 冯友兰：《三松堂学术文集》，北京：北京大学出版社 1984 年版，第 515 页。
② 同上，第 519 页。
③ 同上，第 518—519 页。
④ 冯友兰：《贞元六书》，上海：华东师范大学出版社 1996 年版，第 926—927 页。

号代表一个概念,概念显示的是理的内容。名不仅是可以任意定义的符号,而总是有它所代表的意义,而这种意义便是由理所规定的。为此,要弄清楚概念(名)的内容或意义(辨名),就必须弄清楚它所显示的理的内容(析理)。相应地,由名(符号)所构成的分析命题,就不能仅仅被理解为语言形式,而是对理有所表示的。分析命题即是"析理的命题":"理是永恒底,所以分析命题是必然地普遍地真底。"①这就是说,分析命题之所以是必然的、普遍为真的,其根据是存在本然之理。② 据此,冯友兰肯定概念和命题并不是空洞的语言符号,否认维也纳学派把逻辑分析方法仅仅看作语义分析、句法分析的"辨名的方法","用这种办法,卡尔纳普以为可以取消形上学中底问题。其实这是避免问题,不是取消问题,更不是解决问题"。③ 卡尔纳普不谈"析理",目的在于消解形上本体。而冯友兰恰恰突出强调"辨名"的真正意义即在于"析理",即认识概念的内涵所指,这内涵所指即是人们所无法感知的实在。探究这一实在,正是形而上学的任务,所以,逻辑分析方法只是建构形而上学的方法,而不是哲学的全部。这也内在地促成了其哲学方法论的转向。

事实上,冯友兰所倚重的逻辑分析方法虽然与维也纳学派不同,但依然有其自身的局限性。我们可以看到,冯友兰所谓的"正的方法",并没有跳出形式逻辑的范围,虽然"说到事实",但由于没有对此事实作出任何具体的规定,其所说事实依然只是一个逻辑符号。人们由此只能得到虚空的形上学观念,然而关于这些观念所指的形上学对象自身,其存在方式和内在特质是什么,正的方法就不能再提供任何信息了,因为形上学对象就其本性而言恰恰是

① 冯友兰:《贞元六书》,上海:华东师范大学出版社 1996 年版,第 927 页。
② 参见高秀昌:《论冯友兰"正的方法"与"负的方法"》,《孔子研究》2005 年第 4 期。
③ 冯友兰:《贞元六书》,上海:华东师范大学出版社 1996 年版,第 933 页。

不可思议言说的。[①] 在“新理学”的形上学观念中，“真元之气”之“不能讲”，在于它没有任何具体性质可被思议言说，“道体”和“大全”之“不能讲”，在于二者都是外延至大、无所不包因而不能被对象化的存在。[②]

三、哲学与科学之间

科学和哲学的关系问题是伴随着科学和哲学的产生而出现的一个古老而常新的问题，谁也无法否认二者最初的原始混沌，但随着科学的发展，哲学的地盘变得越来越小，这也是不争的事实。冯友兰也注意到了这个问题，他肯定了区别于科学的哲学存在的价值，力图以方法的独立性保证形上学的独立性，这种动机不无积极因素。与梁漱溟的科学与哲学二元论的理路不同，冯友兰一方面坚持传统的价值立场和人生理想，但对科学并不持拒斥的态度，他论证了科学与哲学的不同，承认科学与哲学之间的差别，为二者相对的独立存在确定了有效的范围，又主张二者可以相互促进，一个人可以同时接受二者而不产生矛盾；另一方面肯定了科学的积极意义，并用于论证信仰——传统人生价值观念的合理性。这个思路相比梁漱溟而言，显然更具开放性与合理性。同为现代新儒家的熊十力和贺麟也是这个理路。就冯友兰强调科学与哲学的区

---

① 当然，这并不是说冯友兰的逻辑分析没有正面的价值。关于冯友兰采用逻辑分析的正面价值，冯契先生指出，“新理学”使得蕴藏在中国传统哲学中的理性精神得到了发扬。运用逻辑分析方法来研究中国哲学，给人以耳目一新之感，并克服了严复所说的中国传统哲学的术语意义歧混的毛病。参见冯契：《“新理学”的理性精神》，《学术月刊》1991 年第 2 期。李泽厚先生也表达了类似的意见，认为冯友兰的主知特色在中国现代哲学以强调主观作用的主流中，是比较罕见和孤立的。同时在理论上也显得单薄，但它优越于前人之处在于它把现代性的严格的逻辑力量和科学方法带进了这个领域。参见李泽厚：《中国现代思想史论》，北京：三联书店 2008 年版，第 321 页。李翔海先生认为新理学从概念范畴到整体体系的理性重建中所取得的理论成就，不仅前无古人，而且也足以垂范后学。参见李翔海：《现代新儒学论要》，天津：南开大学出版社 2010 年版，第 55 页。

② 参见邓联合、张艳华：《形上学沉思的终极进路——论冯友兰之“负的方法”何以晚出》，《中国矿业大学学报》2005 年第 2 期。

别、反对把哲学消解于科学之中而言，无疑坚持了新儒家的立场，但就其强调哲学为一种"纯思"的活动，主张哲学必须始于对经验作理智分析而言，明显与强调直觉的梁漱溟不同。

冯友兰批评了在哲学与科学关系上的一些西方传统观点，"哲学是未成熟底科学，或坏底科学"。① 这在冯友兰看来是混淆了哲学与科学的分界，二者有类的不同。有人认为，哲学是诸科学的综合。在冯友兰看来，科学的综合不外是将诸科学关于宇宙各部分事物的所得聚合在一起，加以排比汇总，如果哲学的工作也是排比汇总，这实际上是把哲学看作科学大纲，科学大纲不足以称为哲学。此外，冯友兰也反对把哲学的工作界定为"批评科学所用之方法及其所依之根本假定"。② 因为，这虽然对哲学与科学作了分界，但只说出了哲学的部分次要工作，没有看到哲学工作的全部；以批评为主的哲学是哲学的一部分，但不是最哲学的部分。冯友兰认为，哲学与科学之间存在着明显的区别：

其一，对象不同。哲学的对象是真际，③科学的对象是实际，"一种科学所讲，只关于宇宙间一部分之事物，哲学所讲，则系关于宇宙全体者"。④ 同是讲宇宙，但二者所讲的宇宙又是不同的，"物理学及天文学中所说宇宙，可以不是'至大无外'底；而哲学中所说宇宙，则必是'至大无外'底"。⑤ 科学追求的是对具体事物的内容和性质的了解，注重对实际的肯定，哲学追求的是对真际的肯定。

---

① 冯友兰：《贞元六书》，上海：华东师范大学出版社 1996 年版，第 6 页。

② 同上，第 7 页。

③ 冯友兰认为宇宙间存在着两个不同的世界，即实际和真际，实际是指"有事实底存在者，亦可名为自然"；真际是指"凡可称为有者，亦可名为本然"，相当于程朱所谓"理"。实际是可以感知的，真际则不可感，只可思。具体的实在的事物、实际、真际三者的关系是实际的事物蕴涵实际，实际蕴涵真际。真际蕴涵于实际，实际并不即是实在，属于实际者也属于真际，属于真际者则不必属于实际。如同有实际不必有某种实际的事物一样，有真际也不必有实际。冯友兰正是基于这样的认识，肯定真际可以独立于实际，有不依赖于实际而存在的纯真际。

④ 冯友兰：《贞元六书》，上海：华东师范大学出版社 1996 年版，第 6 页。

⑤ 同上，第 31 页。

科学与哲学是两种完全不同的理论系统。

其二，目的不同。冯友兰说：“哲学与科学之区别，即在科学之目的在求真，而哲学之目的在求好。”①科学为求真而求真，哲学为求好而求真；哲学虽通过求真，但并非“太上科学”，更非“科学大纲”。哲学和科学都起自经验，科学的目的是对经验作积极的释义，而哲学的目的则是对经验作逻辑的释义。所谓积极的即实质的、有内容的；所谓逻辑的即形式的、没有内容的、空的。在冯友兰看来，“空是空虚，灵是灵活；与空相对者是实，与灵相对者是死”。形上学命题的特征是“空而且灵”，科学命题的特征是“灵而不空”。科学命题对经验作积极的、实质的、有内容的释义，所以不空，但科学命题可适用于一类事实而不黏滞于一件事实，所以是灵的。“形上学命题对经验作逻辑的、形式的、没有内容的释义，所以是空的，它对于一切事实无不适用，所以是灵的。”②在《新知言》中，冯友兰对真正的形上学和科学的同异作了更进一步的细致的分析，“真正底形上学并不拟从概念推出存在或事实。有存在底事物，这是事实。形上学并不拟从甚么推出事实，或创造事实。形上学只拟义释事实。自义释事实出发……其义释是积极底。形上学则拟义释一切事实，其释义又是形式底，这是形上学与科学之所异”。③

其三，方法不同。科学采取实验的方法分析经验的事实，由此获得关于实际事物的“积极底知识”，其结论是否成立要靠经验的证实；哲学则采取理智的、逻辑的方法“义释”经验，目的在于认识无法感知的“真际”。形上学的方法有二：正的方法和负的方法。正的方法即用逻辑分析法讲形上学，负的方法注重直觉，二者和科学实验法都相去甚远。冯友兰着重比较了逻辑分析方法和实验方法的差异。他认为，最哲学的形上学靠思辨，即自纯思之观点，对

---

① 冯友兰：《三松堂全集》第二卷，郑州：河南人民出版社2000年版，第29页。
② 冯友兰：《贞元六书》，上海：华东师范大学出版社1996年版，第875页。
③ 同上，第915页。

经验作理智的分析、总括及解释(思),又以名言说出或写出,其结果即是形式的、逻辑的形上学命题,这类命题之成立,不须以经验中的事例为证明。① 即便哲学和科学都采用的分析方法,在具体使用中也有差异:科学的分析方法是在实验室中对于物的分析,需要将所分析的物实际拆开;依靠科学分析所得的原素和观念是科学的,例如原子、电子这些科学的原素和观念。哲学的分析是概念性的理智分析,没有将确定的物作为分析对象,如将“这”分析而知其有“方”,只能在思中进行,不是将所分析者实际拆开,依这种分析所得的“方”性是哲学的原素和观念。

其四,发展状态不同。科学是日新月异的,哲学则相对稳定。原因在于:首先,二者知识增长方式不同。科学对于实际有所肯定,科学家的工作是“今日格一物,明日格一物”,因此新知层出不穷;而哲学家“不要取真际之理,一一知之,更不必将一理之内容,详加研究”,因此,“哲学不能有科学日新月异底进步”。② 其次,二者发展依赖的工具不同。科学研究“大部分靠试验工具。因试验工具可以有甚多甚速底革新与进步,科学亦可有甚多甚速底革新与进步”。③ 哲学依赖于人的思维能力,工具是语言文字,而思维能力、语言文字古今的差异不大,很难在短期内有较大的改进,所

① 参见郁振华:《科学和玄学:几种典型进路的考察》,《学术月刊》1999 年第 5 期。在郁振华教授看来,冯友兰除了指明哲学的进步不能和科学的进步相比拟之外,实质上还蕴含了一个更强的主张,即哲学的进步和科学的进步了无牵涉,而且,对于此冯友兰的态度是明确而坚决的。通过强调科学和哲学的种类差别,冯友兰实有见于科学和哲学之间的层次分别,这可以说是他解决科学和哲学关系问题的进路的合理之处。但是他显然过于强调了这一点,以至将分别(differentiation)引向了分离(separation),把区分(distinction)强化为割裂(isolation),以至于在他那里,科学和哲学像两条永不相交的平行线一样,了无牵涉。郁教授对于厘清冯友兰思想中哲学与科学之异确有所见,但对冯友兰关于哲学与科学联系的阐述有所忽视。事实上,冯友兰注意到了哲学与科学的内在关联,并有所论述,详见下文。值得注意的是,冯友兰的思想处于流变之中,对同一事物、概念在不同时期表述迥异,将其不同时期的论述并列在一起,自然存在相互扞格、难以自洽之处,这也是引起人们对他的思想产生歧义的原因之一。

② 冯友兰:《贞元六书》,上海:华东师范大学出版社 1996 年版,第 17 页。

③ 同上。

以哲学的发展不易突破前人的轮廓，不可能出现“全新底哲学”，只能出现“较新底哲学”。但从价值判断的角度来看，日新月异未必都好，相对稳定未必不好。按照冯友兰的说法，哲学或最哲学底哲学只有不以科学为根据，方能永恒，“不以科学为根据，所以亦不随科学中理论之改变而失其存在之价值”。①

虽然，哲学与科学存在种种差异，冯友兰依然坚持二者之间存在着密切关联、有相通之处，“我们以类为对象思之，或以大全之一整个为对象思之，我们可超乎经验，而又不离乎经验而对于实际有所肯定。超乎经验，因为所思之中可有经验所不及者。不离乎经验而对于实际有所肯定，因为对于经验所不及者，在实际上并无所肯定。我们只对于真际作形式底肯定，而不对于实际有事实底肯定。故于作此思时，一方面可以说是‘智周万物’、‘范围天地’，一方面还是‘不离宇中’。我们因分析实际底事物而知实际，因知实际而知真际。我们的知愈进，我们即愈能超经验”。② 为什么能够由“知实际而知真际”？冯友兰的回答是：由于“实际”与“真际”之间存在着逻辑上的涵蕴关系，“实际底事物涵蕴着实际，实际涵蕴真际。此所谓涵蕴即‘如果——则’之关系。有实际底事物必有实际，有实际必有真际。……哲学由此开始，由知实际底事物而知实际，由知实际而知真际”。③

当冯友兰注意哲学与科学的连续性的时候，他强调了二者的勾连，即必须借助对部分事物的经验知识，才能得到“真正底”纯形式的形上学，求实际的积极知识是求“觉解”过程的起始处，是必不可少的环节。当冯友兰注意哲学与科学二者自身规定性的时候，则强调了分离。科学知识“只能使其对于科学的对象有了解，而不能使其对于心性有自觉”，所以，科学知识虽然可以促进人心的知

① 冯友兰：《贞元六书》，上海：华东师范大学出版社 1996 年版，第 15 页。
② 同上，第 31 页。
③ 同上，第 23 页。

觉灵敏作用，但并不能使人有完全的“觉解”。① 甚至还说，“觉解”了的圣人有没有其他方面的知识和智能，与他是圣人与否是没有关系的。冯友兰这种对哲学与科学的态度本身有其合理性，然而，由于他所要建构的是真正的、空且灵的形上学，所以，总体上对科学的态度是疏离的。

第二节　由“正”而“负”

冯友兰哲学方法论的形成走过了一段由“正”而“负”的转向过程。他引入了西方现代哲学的逻辑分析方法建构自己的“新理学”哲学体系，同时认为逻辑分析方法（“正的方法”）也存在着局限性，单靠逻辑分析不能完成重建形上学的任务，当认识到这一点时，冯友兰便将中国传统哲学中特有的直觉法，即他理解的“负的方法”引入了哲学体系，以“负的方法”补充修正“正的方法”。

一、对“正的方法”的吸纳与超越

何谓“正的方法”？按冯友兰的解释，所谓“正的方法”，“是以逻辑分析法讲形上学，就是对于经验作逻辑底释义。其方法就是以理智对于经验作分析、综合及解释。这就是说以理智义释经验”。② 在冯友兰看来，哲学是一种思或纯思的活动，而思或纯思是在理智中进行的，因此，理智的分析、综合及解释就是思或纯思的内涵或表现。理智的分析是思或纯思的起点或开端，是理智的总括、解释的基础。所谓理智的分析，就是对“这是方底”的命题，对“这”分析而知其有“方”性，所得为哲学的原素或观念。所谓理

---

① 冯友兰：《贞元六书》，上海：华东师范大学出版社 1996 年版，第 545 页。
② 冯友兰：《三松堂全集》第五卷，郑州：河南人民出版社 2001 年版，第 150 页。

智的总括，就是把相同的事物，即事物之有同性质者，作为一类（方物之类）而观之。所谓理智的解释，就是经由“某类”而知“某理”，进而了解、领会真际或共相。这实际上是根据知识程序的推演而得哲学：“哲学始于分析、解释经验，换言之，即分析、解释经验中之实际底事物。由分析实际底事物而知实际。由知实际而知真际。”[①]虽然哲学的直接对象是经验事物或经验事实，但其真正的对象却是源自经验而又超越于经验的观念和命题，如新理学中所讲的四个观念——“理”、“气”、“道体”、“大全”，以及与之相应的四组命题。这些观念和命题是对经验、实际作“形式底”释义所得到的，而所谓“逻辑底”、“理智底”、“形式底”是在同一意义上使用的，因此，作为方法的逻辑分析、理智分析、形式分析便具有相同的意蕴。

事实上，冯友兰更愿意称“正的方法”为“逻辑分析方法”：“形上学的正底方法，是以分析法为主，反观法为辅。分析法就是逻辑分析法。”[②]在冯友兰看来，在西方哲学史上，大多数哲学家讲形上学所用的方法都是他所谓的“正的方法”。在《新知言》中，冯友兰认为从柏拉图的辩证法讲到近代的笛卡儿与斯宾诺莎的反观法、康德的批判法，以及现代维也纳学派的逻辑分析方法，这些都是从正面讲形上学的方法。他特别强调，维也纳学派所用的方法即逻辑分析方法，是分析法的高度发展。而“新理学的工作，是要经过维也纳学派的经验主义而重新建立形上学”，[③]即援引并运用维也纳学派的逻辑分析方法建构新理学的逻辑范畴体系。

质言之，冯友兰的“正的方法”即逻辑分析方法是通过逻辑分析或辨名析理，对形上学的内容和对象（观念、命题）从正面进行分析、界说、规定的一种基本的哲学方法。这一逻辑分析方法，既不

---

① 冯友兰：《三松堂全集》第四卷，郑州：河南人民出版社 2001 年版，第 11 页。
② 冯友兰：《三松堂全集》第五卷，郑州：河南人民出版社 2001 年版，第 202 页。
③ 同上，第 194 页。

是科学方法，也不是纯粹的逻辑方法，而只是冯友兰所理解的讲形上学的一种哲学方法。就其用作形上学的观念(概念)、命题的纯形式的推演看，是逻辑分析，即“辨名”；就其用作使哲学概念清晰明确而言，则是语言分析，也就是概念分析，即“析理”。前文已提及，冯友兰对于维也纳学派重“辨名”轻“析理”的致思理路提出了质疑，这种质疑缘于其早年在美国留学时全身心服膺的新实在论。接受了新实在论的冯友兰既注重普遍的理，也承认经验事实的实在性；主张具体事物的存在是一种在特殊时间和特殊空间中的存在，“理”是超时空的，虽然不在具体时空中，却是实实在在的。依据冯友兰的见解，理是大全、总括了一切的有，是“真而无实”的。其新形上学不同于传统形上学之处在于，不是为经验世界寻找形上学根源，而是相反，直接从分析经验事实入手来为形上学的全部基本命题寻找经验论的理由。[①] 进而言之，冯友兰所倚重的逻辑分析方法超越了维也纳学派，但依然存在自身的有限性。其所谓“正的方法”，虽然对经验世界作了形式和内容的区分，其实并不关涉对象的具体内容，只作形式层面的分析，并没有跳出形式逻辑的范围。即使“说到事实”，也没有作出任何具体的规定，所说事实依然只是逻辑符号，人们由此只能得到虚空的形上学观念。关于这些观念所指的形上学，其内在规定性如何，正的方法无能为力，因为价值就其本性而言不能用认识经验对象的方法去思议、言说，更不能用分析经验对象的方法建构一套价值领域的形上学体系。

借助这种独具特色的逻辑分析法，冯友兰建构了新理学体系。然而，冯友兰发现“气”乃“绝对的料”，是没有规定性的绝对的无；道体是一切的流行；大全是一切的有。这三个观念的所指都超出了理智的范围、语言的范围，所以既不可思，又不可说。他敏锐地觉察到了逻辑分析的有限性所在，不得已引入了负的方法。“正的

① 参见胡军：《中国儒学史》(现代卷)，北京：北京大学出版社 2011 年版，第 149 页。

方法的实质，是说形上学的对象是什么；负的方法的实质，则是不说它。这样做，负的方法也就启示了它的性质和某些方面，这些方面是正的描写和分析无法说出的。”①也就是说，欲领会形上学观念之所指，必须借助负的方法让形上学对象得以如其所是地呈现。新理学的目的是要达到“天地境界”，一切思议、言说都难以表达这种形上境界，这种超越理智和言语范围的境界只有用负的方法才能把它呈现出来。就负的方法的时代境遇而言，是为了应对近代以来日渐加深的价值迷失危机，为了给中西文化冲突中的中国人寻找“安身立命”之处，它与仅仅为了求得客观知识，或者寻找科学统一的基础有根本的不同。因此，对中国传统文化的认同，决定冯友兰通过维也纳学派，又超出了它，接纳传统哲学的直觉方法。②由此我们可以发现，这次转向已被冯友兰置于一个全新的方法论基础上，我们也可以从中看出冯友兰的新理学在其出发点上与传统儒学和宋明理学之间的差异。

在这里，需要追问的是：中国哲学的形而上学究竟是什么样的形而上学，中国与西方形而上学是否存在异质性？将西方哲学中建构其形上学的方法用在中国形上学，这种做法是否恰当？抑或是在用别人的药医自己的病，个体性差异是否进入了冯友兰的视野？就两种形上学的特殊性而言，西方形而上学的目光是向外的，关注的是世界万物在人的意识中的显现或在场。在这种形而上学中，作为存在者的“人”的特异性还没有被主题化，人被视为与其他存在者，如房子、马、石头、艺术品同样的东西。③ 在西方现代哲学出现了这样的转向：从人是整个世界图景中的一个普通的甚至是微不足道的因素转向人是整个世界图景的基础和中心。大体

---

① 冯友兰：《中国哲学简史》，北京：北京大学出版社1985年版，第392页。
② 高瑞泉：《论“新理学”的方法论探寻与实验》，《杭州师范学院学报》2001年第3期。
③ 俞吾金：《形而上学发展史上的三次翻转——海德格尔形而上学之思的启迪》，《中国社会科学》2009年第6期。

上，在西方，道德是交给信仰来完成的，而中国哲学可以称之为道德哲学。因此，与西方迥异，中国的形上学是向内自律的，关注的是安身立命之根本，人的道德境界的提升。在这种形而上学中，相对于人而言的外在物没有被主题化，而是作为成就理想人格过程中所遭际的外部条件和种种考验。

讨论到此，我们可以引申出以下结论：

第一，冯友兰在借用西方哲学的方法建构新理学过程中，缺少了重要的一环，即没有对其采用的哲学方法进行本体论的考察，也没有厘清产生这些哲学方法的前提，更没有划定各种哲学方法效用的边界，粗疏地将西方建构外在形而上学的方法用在了中国内在形而上学上。

第二，冯友兰把仅仅适用于经验范围的逻辑分析方法运用到道德形而上学上，从而陷入了误谬推理、二律背反的困境中。这也难怪冯友兰的这种转向不是其理论推演的必然结果，而是如此的不情愿和迫不得已，在新理学体系内部又出现了诸多的不自洽。

确乎如是，就新理学的内在理路而言，西方哲学的方法为其境界说提供理论工具，只有由“正”入“负”才能最终完成其重建价值世界的使命。换言之，如果要实现冯友兰设想，即新理学所要建构的哲学是以“圣域”为职志，那么，运用逻辑分析方法实现形上观念到人生境界的过渡，终究难以实现。依照康德，在作为科学的形而上学中进一步区分出两种不同的表现形式：一是在遵循自然法则的事实世界中，自然形而上学是为自然科学奠定基础，这是逻辑分析方法有效的范围；而在遵循自由法则的价值世界中，道德形而上学并不服从自然法则，它虽然不需要从理性那里得到任何帮助，但却必须抵抗它的反作用而使自己得到保障，以便不陷入自相矛盾。

二、由“正”而“负”的转向

哲学家之为哲学家就在于对不同哲学方法的利弊得失有积极

的理论自觉,大都经历了一个方法的选取与扬弃的历程。冯友兰的哲学方法论的演变就有一个清晰的转向历程,先排斥"负的方法"而后又认可和运用。早期的新理学是建立在这样一个信念的基础上:"其所有之观念,及所有之命题,均系形式的逻辑的。"①换言之,新理学与正的方法具有等价性。

早在20世纪30年代,冯友兰接受了西方逻辑分析主义的方法,对其推崇备至,他在《中国哲学史》中明确指出:"故佛家之最高境界,虽'不可说,不可说'而有待于证悟,然其'不可说,不可说'者,非是哲学;其以严刻的理智态度说出之道理,方是所谓佛家哲学也。故谓以直觉为方法,吾人可得到一种神秘的经验(此经验果与'实在'符合否是另一问题)则可,谓以直觉方法,吾人可得到一种哲学则不可。换言之,直觉能使吾人得到一个经验,而不使吾人成立一个道理。一个经验之本身,无所谓真妄;一个道理,是一个判断,判断必合逻辑。"②在这个时期冯友兰认为中国传统哲学重直觉而轻逻辑,造成概念范畴的模糊性、多义性,因此要想使中国哲学重新焕发生机,就必须向西方哲学虚心求教,学习西方哲学的方法即逻辑分析法。显然,初期的新理学建立于逻辑分析的基础上,我们大致可以说,新理学的方法论本质上与正的方法具有高度一致性。这就意味着在冯友兰那里,理智的方法与直觉的方法是截然对立的,理智的东西是哲学,而直觉的东西不是哲学。仅有理智的、逻辑的方法属于哲学,直觉的、负的方法被拒之门外。

吊诡的是,冯友兰后来不得不转向求助于负的方法,这样就导致了新理学的两难——缺少负的方法,新理学体系就不自洽,不融通;如果纳入负的方法,那么,就与初期新理学基本信念迥异,偏离了新理学的基本路向。无奈,冯友兰采用了一种混沌地兼容并包

---

① 冯友兰:《三松堂学术文集》,北京:北京大学出版社1984年版,第427页。
② 冯友兰:《中国哲学史》,上海:华东师范大学出版社2000年版,第5页。

的方式，将负的方法勉为其难地收入新理学，“对于不可思议者之思议，对于不可言说者之言说，方是其哲学”。[①] 这样一来，曾经被他拒绝的负的方法，又被当作了有效的方法。其实，这个问题已被康德解决，只是冯友兰没有注意到。在《纯粹理性批判》的“先验辩证论”中，康德认为由逻辑的推论或经验的概括不可能建立任何有关终极实在的论说，否则就会产生“悖论”或“二律背反”，而关于上帝的证明总是难以避免徒劳无功。

形上学的宗旨在冯友兰而言要达到关于存在的终极性，与各门具体科学不同，其发展最终达到超越经验的不可思议者。不可否认的是，冯友兰的不可思议者有着清晰的方法论意义。知性认知活动存在主客能所的二分，形上之思也有“能”与“所”的区分。但大全不是思议的对象，如果大全是思议的对象，那么，这个思议就在大全的对立面，但是，至大无外的大全怎么能有对立面呢？如果有，就不能称其为大全。因此，思议不可思议的大全，看来是个悖论。既然大全是不可思议的，那又应当如何去思议？其实，对不可思议的思议，意味着要把大全视为不可思议；对不可言说的言说，也是言说大全的这种不可言说的特性。就思议自身而言，这种思议在设定边界，也就是说，思议言说要止于不可思议言说者，对不可思议者只能明晰其为思议之外。要把握不可思议者，思议言说只能由“负的方法”取代。而对思议对象来说，是通过扬弃“不属于”对象的性质来接近它。这种否定性的特征，冯友兰称之为“负的方法”，与其“正的方法”——逻辑分析法相对。显然，思议在冯氏而言只具有路径的意义。路径以多种方式表显本体和大全，当本体和大全被把握，路径必然被超越或破除。因为，路径毕竟不是本体本身，所超越或破除者，只是一种思议言说；思议言说对不可思议者无能为力，当然，本体也就无法澄明。

① 冯友兰：《三松堂学术文集》，北京：北京大学出版社，1984 年，第 414 页。

此时的冯友兰不可避免地遇到了不可思议的负的方法，并对其进行定性。他在《哲学与逻辑》一文中指出：“哲学是说出或写出之道理。有人谓：哲学中有些东西，是不可思议，不可言说的。此吾人并不否认。……不可思议，不可言说者，不是哲学。主有不可思议，不可言说者，对于不可思议者，仍有思议；对于不可言说者，仍有言说。……佛教之全都哲学，即是对于不可思议者之思议，对于不可言说者之言说。若无此则只有佛教而无佛教哲学。”[①]冯友兰认为不可思议、不可言说者，不是哲学，但对不可思议者之思议、对不可言说者之言说，可以称之为哲学。如此一来，被他关在哲学大门之外的直觉，又回到了哲学的行列。

那么，既然“不可思议”又如何进行“思议”，“不可言说”又如何进行“言说”？冯友兰说：“真正底形上学的方法有两种：一种是形式主义底方法，一种是直觉主义底方法。形式主义底方法以形式主义讲形上学。直觉主义底方法讲形上学不能讲。……讲形上学不能讲，即对于形上学的对象亦有所表显。对形上学的对象有所表显即是讲形上学。用此种方法讲形上学可以说是‘烘云托月’的方法。画家画月的一种方法，是只在纸上烘云，于所烘云中留一圆的空白，其空白即是月。画家的意思本在画月，但其所画之月正在他所未画的地方。直觉主义底方法，从讲形上学不能讲讲起，所以其方法可谓为负底方法。”[②]这可能是冯友兰对“负的方法”的最早概括和命名（1943 年），其后 1946 年出版的《新知言》一书予以收录并进一步发展。[③]

1947 年冯友兰在美国宾夕法尼西亚大学讲中国哲学史时，对“负的方法”又产生了新的认识。他说，在《新理学》中用的方法完

---

① 冯友兰：《三松堂学术文集》，北京：北京大学出版社 1984 年版，第 414 页。
② 同上，第 512 页。
③ 参见刘仲林：《冯友兰“负的方法”反思与重估》，《河北师范大学学报》1997 年第 3 期。

全是分析的方法，可是写了这部书以后，开始认识到了负的方法也很重要。如果有人要对哲学下定义，应该用悖论的方式回答：哲学，特别是形上学，是一门这样的知识，在其发展中，最终成为“不知之知”。如果的确如此，就非用负的方法不可。这里冯友兰明确提出“负的方法”在形上本体认识中的地位，没有它，就无法达到哲学顶点。①

1991 年，在《中国哲学史新编》第七卷的《中国哲学的底蕴精神》一文中，晚年的冯友兰定论：“哲学家对于哲学中的主要概念，不仅要有理智的理解，而且要有直觉的感受……概念与直觉，不可偏重，不可偏废。理学和心学的分歧，其根源就在于此。……如果认识到真正的哲学是理智与直觉的结合，心学与理学的争论亦可以息矣。”②

以上，我们分别引了冯友兰不同时期的几段话，从中大致可以看出他对直觉方法态度的变奏：从排斥到容纳，然后正名，进而定位，最终理智与直觉并举。从 1931 年冯友兰将直觉逐出哲学之门，到 1991 年，“真正的哲学是理智与直觉的结合”。由对直觉的排斥到接纳，反映了冯友兰方法论思想的变革。这场变革以逻辑的呐喊开始，以超越逻辑的直觉终结，恰好印证了冯友兰常引用的一句话，“人必须先说很多话然后保持静默”。③

细究导致这个转向的原因，我们发现，从逻辑上来说，正的方法必然要发展到负的方法，冯友兰指出“形上学的正底方法，从讲形上学讲起，到结尾亦需承认，形上学可以说是不能讲。负底方法，从讲形上学不能讲讲起，到结尾也讲了一些形上学”。④ 这就是说正的方法用到最后，必然会发现自己的力量有限。尽管，冯友

---

① 冯友兰：《中国哲学简史》，北京：北京大学出版社 1985 年版，第 394 页。
② 冯友兰：《三松堂全集》第十卷，郑州：河南人民出版社 2001 年版，第 659 页。
③ 冯友兰：《中国哲学简史》，北京：北京大学出版社 1985 年版，第 395 页。
④ 冯友兰：《三松堂全集》第五卷，郑州：河南人民出版社 2001 年版，第 201 页。

兰高度肯定了逻辑分析方法对于真正哲学的重要性，使中国传统哲学中模糊不清的概念得到了清洗，更加完备、明晰。他不仅系统梳理了中国古代哲学思想，而且在《新理学》中构建了“理”的形上学。之后，就意识到了负的方法的重要性，“所谓天者，不过是一逻辑底观念而已，知天事天，如何能使人入所谓圣域?”新理学的目的是要达到天人合一的同天境界，就要超越天人之间的界线。而这条界限是逻辑分析即正的方法所划的，要超越这条界线，就是超越逻辑分析、超越正的方法，一旦界限超越了，天人复归于一，然而，一切思议、言说都难以表达这种境界，这种超越理智和言语范围的境界只有用负的方法才能把它“表显”出来。因此，从新理学的内在要求来说，只有由“正”转向“负”，才能最终完成其哲学使命，这也具有逻辑的必然性。换言之，如果要实现冯友兰提出的设想，即形上学建构的最终目的在于得到一种以“圣域”为终结的人生哲学，那么运用逻辑分析方法实现形上观念到人生境界的过渡，必然发生困难。为解决这个困难必须超越逻辑分析，在逻辑分析之外，另寻新的哲学方法。从这个意义上说，提出负的哲学方法，其实是在补前之缺，可以借助“大全”、“道体”等形式观念，达到人生的最高境界。或者说，冯友兰提出负的方法，意在使其人生境界理论获得哲学方法上的支持。如果继续追问：人生为何非要达到天地境界？也许这个问题就根本无解了。如果有解，那么，在冯友兰那里，必然是一种信仰式的解答：作为万物之灵长、宇宙之精华，人天生就具有“觉知灵明”之心，可以使人在完全“觉解”人生后，主动地把狭隘局限中的一己小我，向上超拔出来，从而获得与宇宙同大同久的精神生命，亦即达到天地境界。

从正、负两种方法的互补性而言，由“正”转向“负”也是一种理论发展的必然。冯友兰指出：“正的方法与负的方法并不是矛盾的，倒是相辅相成的。一个完全的形上学系统，应当始于正的方法，而终于负的方法。如果它不终于负的方法，它就不能达到哲学的最后的顶点。但是它不始于正的方法，它就缺少作为哲学的实质的清晰思想。神秘主义不是和明晰思考对立的，也不是低于明晰思考，毋宁说，它是超越于明晰思考的。它不是反理性，而是超理性的。"①这里所谓"始于正的方法"就是用正的方法来为达到负的方法做准备。冯友兰引用《曹山语录》中的一个故事："俱胝和尚，凡有诘问，惟举一指。后有童子，因外人问：'和尚说何法要?'童子亦竖起一指。胝闻，遂以刃断其指，童子号哭而去。胝复招之，童子回首。胝却竖其指。童子忽然领悟。"②在引用这个故事之后，冯友兰指出："不管这个故事是真是假，它告诉人，在学会使用负的方法之前，哲学家或学哲学的人，都必须经过使用正的方法这个阶段。在达到哲学的单纯之前，需先穿过复杂的哲学思辨丛林。人往往需要说很多话，然后才能归入潜默。"③这里实际上指出了负的方法不是空中楼阁，需要正的方法作坚实的基础。所谓"终于负的方法"就是指形上学要达到自己的境界就必须要过河拆桥，得鱼忘筌，得意忘言。冯友兰在谈到禅宗的方法时说："在上述诸方法中无论用何种表示，以表显第一义，其表示皆为以指指月，以筌得鱼以指指月，既已见月，则需忘指。以筌得鱼，既已得鱼，则需忘筌。指与筌并非月与鱼。所以禅宗中底人常说：善说者终日道如不道，善闻者终日闻如不闻。"④

当然，冯友兰由正的方法而负的方法的转向，还有意识形态方面的诉求。他重建程朱理学的价值理想目的就在于从哲学上提供一种稳定的社会意识形态，这就是他自期的"为天地立心，为生民立命，为往圣继绝学，为万世开太平"。冯友兰的留学生涯使他受到西方文化不同层面上的影响，西方文化在很大程度上感染了他，

① 冯友兰：《三松堂全集》第六卷，郑州：河南人民出版社 2001 年版，第 288 页。
② 冯友兰：《三松堂全集》第五卷，郑州：河南人民出版社 2001 年版，第 225 页。
③ 冯友兰：《三松堂全集》第六卷，郑州：河南人民出版社 2001 年版，第 289 页。
④ 冯友兰：《三松堂全集》第五卷，郑州：河南人民出版社 2001 年版，第 227—228 页。

他将其引入中国，并融入自己的哲学研究中，推动了中国哲学的现代化进程，这是他对中国哲学所做的贡献。但是，冯友兰毕竟是生于中国、长于中国，中国传统思想对他的影响已达到了潜移默化的地步，对儒家化精神的皈依和情感的认同，其他任何文化都无法替代。正因为如此，他赋予形上学的功用为提高人的境界，追求那种“极高明而道中庸”的天人合一的精神境界。① 所以，最终将其方法论由西方逻辑分析法而入中国的直觉法，并将理智与直觉并举。熊十力、金岳霖也有同样的倾向，他们虽然以西方的概念、方法建构了自己完整的哲学体系，但是他们的哲学最终仍是中国的，正像金岳霖所说的那样：“我虽可以忘记我是人，而我不能忘记‘天地与我并生，万物与我为一’，我不仅在研究对象上求理智的了解，而且在研究底结果上求情感的满足。”②

三、向“负的方法”的转向：对不可思议者的思议

何谓“负的方法”？冯友兰说：“形上学的正底方法，从讲形上学讲起……形上学负底方法，从形上学不能讲讲起。”③所谓“从不能讲讲起”，就是讲形上学的对象不可感觉，其实就是直觉的方法。冯友兰虽自称是接着旧理学讲，却不完全是对经典应有之义的解释，而是讲“自家的意思”。从哲学史的角度来看，冯友兰关于负的方法的系统运用，基本上是对中国古代哲学中一种“方法传统”的自觉继承与整理，这就是由先秦的道家、魏晋的玄学、唐代的禅宗所构

① 张灏先生称之为“意义的追求”。参见张灏：《新儒家与当代中国的思想危机》，罗义俊主编《评新儒家》，上海：上海人民出版社 1989 年版，第 68 页。在张灏先生看来，“意义的追求”使这些保守的新儒家发现，在儒学里不只有存在于过去的传统，也还有生活的道德信念，这些道德信念是他们所躬行实践的。因此他们能认识到儒家精神和道德的理想，这是站在外面的探讨者所无法认识到的。再者，他们将儒家之宗教道德理想里汲取价值中心，这价值中心不只作为道德取向的基础，同时也将清晰的意义分予生命和这个世界。

② 金岳霖：《论道》，北京：商务印书馆 1987 年版，第 17 页。

③ 冯友兰：《三松堂学术文集》，北京：北京大学出版社 1984 年版，第 512 页。

成的对超思议、超言说进行思议言说的传统。与道玄禅相比，冯友兰负的方法主要是着眼于由逻辑上的“无”和“全”所引致的不可知，而不强调无限绝对之义。此外，道玄禅是强调言断虑绝后的顿悟直觉，冯友兰则着眼于形上“认识”的完整而更注重尽可能的思议言说。

在冯友兰看来，形上学的宗旨就在于达到关于存在的终极性的东西。他说：“哲学，特别是形上学，又与其他各门知识不同，不同之处在于，哲学的发展使它最终达到超越经验的‘某物’。”①这里所谓的“某物”，在新理学中，一是“本原性”的无；一是“整全性”的全。在新理学中有两种不可思议者：首先，“气”不可思议。“气”作为纯粹的“质料”，是解释一切存在之“所依据”的本原。新理学的“气”是经过层层分析，抽去了一切性质以后的逻辑思辨构造，因此“气”的重要特征就是“无性”，“气既无性，故不能对之作任何判断，说任何命题亦即不能对之有任何思议，任何名状，任何言说”。② 其次，“道体”与“大全”也不可思议，道体是一切存在之流行，是流行之全体也是全体之流行。大全是“至大无外”，是一切存有之全。道体与大全之不可思议，均因其“全”。冯友兰说：“如以大全为对象而思之，则此思所思之大全不包括此思。不包括此思，则此思所思之大全为有外，有外即不是大全。”③

无疑，冯友兰对不可思议者的剖析有着不可忽视的理论价值。知性认知活动一定存在主客能所的二分，只要是思，就必有“能思”与“所思”，即思者与思之对象。大全不能成为思之对象，若成为所思，能思即在大全之外，而至大无外的大全怎么能有外呢？思议不可思议，似乎是个悖论，既是不可思议，又如何去思议它呢？实际上，所谓对不可思议的思议，是仅思议其是不可思议；对不可言说的言说，是仅言说其是不可言说。对思议本身来说，此种思议是

① 冯友兰：《中国哲学简史》，北京：北京大学出版社 1985 年版，第 387 页。
② 冯友兰：《贞元六书》，上海：华东师范大学出版社 1996 年版，第 49 页。
③ 同上，第 852 页。

“界限性”的思议，因为它意味着运用思议的“界限”，思议止于不可思议者，对不可思议者只能思议其是不可思议，这种思议是最后的思议。想要把握不可思议者，思议只能让位于“超思议”。而对思议对象来说，它是通过否定、排除“不属于”对象的性质来接近对象。这种否定性的特征，冯友兰称此种思议为“负的方法”，与其“正的方法”——逻辑分析法相对。如果说正方法是一种对象化认知，负的方法则是对对象化认知的超越。

从冯友兰对负的方法的论述中可以看出，其负的方法包括如下几个要义：

其一，负的方法适用于无形无性的形上学对象；

其二，在运用负的方法之前，已有正的方法的充分发展；

其三，运用负的方法就要对已有知识进行无穷否定；

其四，只有运用负的方法才可使人获得智慧，进入天地境界；

其五，智慧和天地境界不可言说，我们于此“只有保持沉默”。

既然认可了负的方法的方法论地位，那么，负的方法如何运用呢？在冯友兰看来，运用负的方法的诀窍是“对于形上学的对象，有所表显”。[①] 具体来看，冯友兰主要通过对禅宗之曹洞宗的“五位君臣旨诀”以及“进于道底诗”的阐释，详细说明了负的方法的运用方式：前者特别突出言语和身体动作的妙用，后者则借助可感觉的有形事物表显“超出象外者”。禅宗把最高真理称为“第一义”。“第一义”是“不言之辨”、“不道之道”，亦即它是不可思议言说的。在冯友兰看来，曹洞宗的“五位”法就是五种表显“第一义”的负的方法：其一，正中偏：禅师运用这种方法时，“可以说是无语中有语”，常做出某种身体动作，问话者可以从其无语的动作中参透“第一义”；其二，偏中正：这“可以说是有语中无语”，即禅师对于有关“第一义”的问题，常给出一个“无头无脑不相干底答案”，表面上

---

① 冯友兰：《贞元六书》，上海：华东师范大学出版社 1996 年版，第 869 页。

是答非所问，其实背后却有深意；其三，正中来：这“可以说是无语中无语”，禅师此时不仅“无语”，而且亦无动作，因为“第一义”既不可以语言亦不可以动作道出；其四，偏中至：“此种方法可以说是有语中有语”，也就是对众生施以言教，不过此法实在低下，因为众生往往会执著于阐说义理的言语，而不能透过言语把握“第一义”；其五，兼中到：这“可以说是有语，也可以说是无语。”[①]无论禅师有没有某种言语和身体动作，其中需把握的关键是，言语和身体动作并不就是“第一义”，而只是表显“第一义”的媒介。所以，冯友兰说：“在上述诸方法中，无论用何种表示，以表显第一义，其表示皆如以指指月，以筌得鱼。以指指月，既已见月，则需忘指。以筌得鱼，既已得鱼，则需忘筌。指与筌并非月与鱼。”[②]也就是说，对于不可言说的最高真理，禅宗只给出了“梯子”，究竟最后能不能把握真谛，关键要看你能否不痴迷于“梯子”。冯友兰还引维特根斯坦为同道，来支持自己的说法，认为维特根斯坦把语言视为世界的界限，人只能知和说进入名言之域的存在，对于超乎名言之域的存在，应当保持沉默，因此，维特根斯坦也是以所谓形上学负的方法讲形上学。

冯友兰还区分了止于技的诗和进于道的诗，把真正的形上学比喻为进于道的诗。进于道的诗即为用负的方法讲形上学，它用可感觉的事物表显不可感觉的境界，因此，它虽在逻辑上是无意义的，但是它却可以使人得到一种情感上的满足，一种意境的升华。他说：“亦可以说是用负底方法讲形上学。……它不讲形上学不能讲，而直接以可感觉者，表显不可感觉、只可思议者，以及不可感觉、亦不可思议者。这些都是形上学的对象。”这是因为：“进于道底诗，必有所表显。它的意思，不止于其所说者。其欲使人得到者，并不是其所说者，而是其所未说者。此所谓‘超出象外’。”[③]

---

① 冯友兰：《贞元六书》，上海：华东师范大学出版社 1996 年版，第 952—955 页。
② 同上，第 955 页。
③ 同上，第 960—962 页。

当然,能够把握“第一义”和“超出象外者”的路径与媒介是多种多样的,每个人都可以选择其中的一条走下去。但当前面似乎无路可走,切不可就此放弃,因为此时只要能够下得路来,眼前自会柳暗花明、峰回路转,而最高真理和终极本体将在此境地中澄明。各种路径与媒介,其作用只在于以多种方式表显本体和真理,当本体和真理已被把握时,路径与媒介必须被破除掉。因为,路径与媒介毕竟不是本体本身,所以,表显又可以说是破显。所破者,已有的思议言说也。已有的思议言说不能破尽,则终极本体必不能澄明显现。如果说正的方法注重“言中之意”,那么负的方法则追求“言外之意”。

在冯友兰的哲学方法论中,虽然哲学的终极使命是由负的方法完成的,但是,冯友兰并不过分强调负的方法的逻辑必然性,主张负的方法需要以理性作为基础,使人的觉解不断地得到提升,认识到用理性分析的方法无法获得天人同体的境界,才会懂得反身向后,转变认识的方向。佛家的“转识成智”也正是在这个意义上提出的,圣人弃知所得之愚乃是“大智若愚”,是经过修养学习之后的心得,是一种“有学问的无知”,不同于懵懵懂懂的无知。可以肯定的是,负的方法仅仅适用于那些已经觉解“大全”观念者,至于那些尚未觉解此类观念的人不适用负的方法,因为他们连正的方法都还没有穷尽。只有已经充分运用正的方法的人,才可以进而凭借负的方法直面“大全”。

第三节 “正的方法”与“负的方法”

冯友兰对中国哲学现代化的贡献是多方面的,其中,新理学的方法自觉与方法运用对中国哲学的发展尤具意义。冯友兰不仅充分引入逻辑分析法,而且从中国传统形上学中总结出“负的方法”,

形成“正负整合”的完整的形上学系统。晚年的冯友兰得出结论：真正的哲学是理智与直觉的结合；概念与直觉不可偏重，也不可偏废，只有二者相结合才能产生未来的哲学。当然，我们在肯定冯友兰的“所见”的同时，也应注意到其“所蔽”是不容忽视的。他对直觉的理解较为偏狭，“正”与“负”的结合也不成功，拼凑痕迹明显。

一、“正的方法”与“负的方法”的整合

在大致廓清了正的方法与负的方法的各自利弊之后，冯氏完成了其方法论的转向。断言正的方法从未在中国得到充分关注和发展，导致缺乏严谨明晰的思维；反观西方哲学，没有充分关注和发展负的方法，而只有正的方法与负的方法相结合才是未来的哲学的正途。根据冯友兰，正的方法与负的方法虽迥然相异，但都是思之表现，也都是理性活动，二者的整合才能形成完整的形上学方法。冯友兰明确强调，正的方法是思之开始，是从实际事物出发，分析出殊相与共相、道体与大全等观念。此逻辑分析的最高成就是“知有大全”，但它又并非形上学的最高成就；负的方法仍是思议言说，仍是一种理性，是决定理性之界限的理性，是最后的理性。由“知有大全”引申出“知大全之不可知”，才是从“对象化大全”过渡到对“对象化大全”的否定和超越，才可能进一步获得真实的“大全”。因此，冯友兰说：“一个完全的形上学系统，应当始于正的方法，而终于负的方法。如果它不终于负的方法，它就不能达到哲学的最后顶点。但是，如果它不始于正的方法，它就缺少哲学的实质的清晰思想。”①

由此，我们可以发现，经过审慎的思考，冯氏不得已超越了先前所设定的新理学框架，以更宏阔的视角转向负的方法以及两种方法的互动融通，最终发现了通向未来哲学的路径。冯友兰认为，

① 冯友兰：《中国哲学简史》，北京：北京大学出版社 1985 年版，第 394 页。

一方面，在中国哲学史中，正的方法从未得到充分发展，历来缺乏清晰思想；另一方面，在西方哲学史中，从未见到充分发展的负的方法。他指出：“只有两者相结合才能产生未来的哲学。”①由此，我们发现，冯友兰经过漫长的反思，冲破了自己设定的新理学框架束缚，站在哲学全局的高度，对负的方法意义价值以及正负两种方法之间关系进行了深入评价，最终发现了通向未来哲学的大门。在20世纪90年代的《中国哲学的底蕴精神》一文中，冯友兰总结道，真正的哲学是理智与直觉的结合；概念与直觉不可偏重，也不可偏废，只有两者相结合才能产生未来的哲学。② 冯友兰在方法论上的创造性贡献正是对正负方法的整合。我们可以从此过程中发现两个要点：首先，负的方法之前有充分发展了的正的方法；其次，正的方法最终将发展至负的方法。

具体而言，在方法论的逻辑展开的意义上，首先，如果没有正的方法，就不会有完整的形上学。冯友兰说：“哲学乃自纯思之观点，对于经验作理智底分析、总括及解释，而又以名言说出之者。”③哲学是“理智底”活动，是由“纯思”来思议、由“名言”来表述的“学”的系统。所以，冯友兰认为，中国传统哲学因一直没有充分发展出正的方法，因而缺少“足够的清晰”，在此意义上，逻辑分析法是“西方哲学对中国哲学的永久性贡献”。④ 需要指出的是，关于人的“精神境界”是否也一定要以充分的逻辑分析和完整的形上学为前提则是另一个问题。以为必须穷“一切理”方能“尽性”当然是“支离”，以为必须有完全的系统的形上学才有“天地境界”，恐怕也是一种“支离”。不过，在心学一派，有把哲学混同于证体、直觉本身之嫌，却实际地忽视了哲学终究是一种“学”。另外，“证体”或

① 冯友兰：《中国哲学简史》，北京：北京大学出版社1985年版，第395页。
② 冯友兰：《三松堂全集》第十卷，郑州：河南人民出版社2001年版，第659页。
③ 冯友兰：《贞元六书》，上海：华东师范大学出版社1996年版，第7页。
④ 冯友兰：《中国哲学简史》，北京：北京大学出版社1985年版，第378页。

许不需要一整套系统完整的哲学作为知性前提，但也不能没有一点学，不能没有形上范畴，否则，本心再灵也不会有“觉解”，修养功夫则无挂搭处。

其次，如果正的方法没有发展到负的方法，表明我们的思还是停留在对大全的理智分析上，停留在对象化的认知上，没有达到最后的顶点。从“整全理性”的角度说，理性不仅要认知对象，最终还要认识到自身的觉限。可以说，负的方法不仅是最后的“形上理性”，它也是“超理性”的机缘，负的方法否定了“思议”，也就等于为“超思议”的直觉顿悟开通了道路。与西方哲学相比较而言，冯友兰认为：“西方哲学中虽有神秘主义，还是不够神秘。西方的神秘主义哲学家大都讲上帝，讲人与上帝合一。但是上帝，既然是全知全能，实质上就是一个理智的观念。人只要还有一个或多个理智的观念，就还在‘界线’的此岸。”[①]所谓“界线”的此岸，就是还没有进入彻底的负的方法，还不自觉观念总是一种限定，不知道最终必须超越观念认知才能达到那个形上意味的“整全”。由此可说，负的方法应是中国哲学对未来世界哲学的重要贡献。[②]

缘于构建未来世界哲学的理论旨趣，冯友兰对此汇通与整合有很高的估价，“未来世界哲学一定比中国传统哲学更理性主义一些，比西方传统哲学更神秘主义一些。只有理性主义与神秘主义的统一才能造成与整个未来世界哲学相称的哲学”。[③] 应该说，新理学对正负方法的整合在世界哲学的发展方面是一种积极自觉的尝试。然而，我们发现，冯友兰想要达到的与实际达到的之间存在着一定距离。事实上，他的这种汇通和整合并没有真正实现，在他那里，正的方法得到了充分发展和运用，只是在正的方法无计可施

① 冯友兰：《中国哲学与未来世界哲学》，《哲学研究》1987 年第 6 期。
② 参见陈鹏：《超越理性的理性——也论冯友兰新理学“负的方法”》，《北京社会科学》1997 年第 3 期。
③ 冯友兰：《中国哲学与未来世界哲学》，《哲学研究》1987 年第 6 期。

时，才起用负的方法。负的方法只是在为正的方法拾遗补阙，是正的方法的替补，依附于正的方法而存在，二者没有进行真正意义上的汇通整合，有明显的拼凑痕迹。冯友兰明确了负的方法的地位，却没有继续阐发负的方法的具体手段，而只是说负的方法是正的方法的对立面，至于负的方法有何本质特征、如何具体展开，冯友兰则语焉不详。就此方面而言，熊十力、贺麟取得了长足的进步。

我们发现，冯先生所谓以“负的方法”对治或补充“正的方法”的实质是以中国哲学之长对治西方哲学之短。无疑，就方法论而言，这种中西哲学相互比较、互为补充的思考路向实为中国哲学走出传统的束缚、重新焕发活力的必由之路。当然，在比较借鉴之前必须要做的是澄清前提，划定界限。这恰恰是冯先生的欠缺之处。其方法论转向已引起广泛关注，诸多研究成果陆续面世。但还有些问题依然没有解决，冯先生所谓负的方法是否属于非理性范畴？在理性主义的基础上如何接榫和整合负的方法？在事实世界有效的逻辑方法是否适用于价值世界？知识的增加是否一定能促进德性的提升？其神秘主义是否等同于不可知的非理性之境，抑或是超理性领域？无疑，这一系列问题还需要进一步深入思考。

毋庸讳言，冯氏没有真正摆脱传统形而上学是因为其新理学存在着难以克服的方法论上的先天不足：由逻辑的推论或经验的概括去建立有关终极实在的论说，其中经历了一个异质的跳跃。造成这种先天不足的根本原因是没有预先批判各种方法的能力而采取了独断的处理方式。在经验世界的确可以建立一些规则，供实证验证，但在形上领域，经过这个异质的跳跃，推演出来的结果就失去了其确定性，因为不能将对于善和美的追求混同于求真。也就是说，我们不能用事实界的方法证成价值原则即休谟的伦理难题——由“是”不能推出“应当”。但这并不意味着，在价值领域逻辑推论无用。目前学界的共识是逻辑推论能澄清概念，形成判断，对厘清不同论域问题的边界，确证其有效性和有限性边界有积极效用。然而，冯友兰对于如何由“正”上升为“负”的具体方法和过程语焉不详，即“转识成智”是如何实现以及如何表达的？负的方法如何超越或破除正的方法？在何种程度上以何种方式整合？这些理论难题冯友兰都没有给出合理的解答，对于这个重要的理论关节点被忽视，其中主要原因是没有清晰地区分两类不同的形而上学，只是做出了某种近似独断论的解释。其后，当代哲学家冯契先生提出“化理论为方法，化理论为德性”，在探寻理论与德性的内在联系并寻求转化之路的思考上值得我们注意。

二、“正”与“负”整合之后：理性而神秘的境界

虽然，还有很多问题没有解决，但冯友兰提出整合正负方法的这种转向本身就是一种具有原创意义的贡献。撮述其要：首先，负的方法之前有充分发展了的正的方法；其次，正的方法最终将跨越至负的方法，与之整合；再次，只有整合正的方法与负的方法才能进入天地境界；最后，智慧和天地境界不可言说，我们只能保持沉默。也就是说，一个完全的形上学系统必须开始于理智的活动，用理性的方法认识共相和大全，用理性的方法说明界线彼岸东西的不可知，最后以负的方法超越理性的限制，以达到那不知之境的顶点。① 作为哲学顶点的不知之境，就是那“自同于大全”的境界，所以，“哲学上一切伟大的形上学系统，无论它在方法论上是正的还是负的，无一不把自己戴上‘神秘主义’的大帽子。负的方法在实质上是神秘主义的方法。但是甚至在柏拉图、亚里士多德、斯宾诺莎那里，正的方法是用得极好了，可是他们的系统的顶点也都带有神秘性质。哲学家或在《理想国》里看出‘善’的‘理念’并且自身与之同一，或在《形上学》里看出‘思想’的‘上帝’并且自身与之同

① 参见陈来：《现代中国哲学的追寻——新理学与新心学》，北京：人民出版社2001年版，第294页。

一，或在《伦理学》里看出自己‘从永恒的观点看万物’并且享受‘上帝或理智的爱’，在这些时候，除了静默，他们还能做什么呢？”①冯友兰在这里所谓的神秘性质，就是指有某些不能完全为人所把握或者不能完全为人们的语言所清晰表达的存在或境界，同时，也肯定了某种不可思议、不可言说者的存在。

负的方法提出之后，冯友兰对于“哲学”的态度也有了转变，注意到了人的境界的提升，他说：“形上学是哲学中底最重要底一部分。因为它代表人对于人生底最后底觉解。这种觉解，是人有最高底境界所必须底。”②由于人生已被当作形上学的沉思对象，致使人生境界的提升不再是形上学体系建构之后的产物，而是变成了形上学追问中应有之事。适应于沉思对象的转换，冯友兰提出的形上学方法也已经不只是逻辑分析方法，还包括一种人生哲学的方法或人生修养的功夫。逻辑分析方法在于对经验作理智分析，为人们进入“圣域”提供一套超越的形式观念；负的方法在于“穷理尽性”，人们借助这些观念进入“圣域”。如果说正的方法可以使人通过“格物致知”而获得“觉解”，那么，负的方法就可以说是“觉解”之后的另一番功夫。或者说，正的方法只“知天”，把我们引领到“天”面前而难以接近，负的方法所提供的恰恰就是进入“圣域”之门的“梯子”。

如果说正的方法只是可以“知天”，把我们引领到“天”面前，那么负的方法则可以使我们融入“天”，达到“同天”。冯友兰认为，“同天”境界中的人，由于已经与“天”这个形上学观念所指的对象即“万物之全体”合而为一，而“大全”作为对象是不可思议言说的，所以，自同于“大全”所获得的境界以及于此境界中获得的精神体验也不可思议言说。冯友兰所谓的“天地境界”是以神秘主义为原

① 冯友兰：《中国哲学简史》，北京：北京大学出版社 1985 年版，第 393—394 页。
② 冯友兰：《贞元六书》，上海：华东师范大学出版社 1996 年版，第 863 页。

型的："天地境界"的主要特征是"自同于大全"，"在天地境界中底人的最高底造诣是，不但觉解其是大全的一部分，而且自同于大全。如庄子说：'天地者，万物之所一也。得其所一而同焉，则死生终始，将如昼夜，而莫之能滑，而况得丧祸福之所介乎？'得其所一而同焉，即自同与大全也。一个人自同于大全，则'我'与'非我'的分别，对于他即不存在。道家说：'与物冥。'冥者，冥'我'与万物间底分别也。儒家说：'万物皆备于我。'大全是万物之全体，'我'自同于大全，故'万物皆备于我。'此等境界，我们谓之为同天。……大全是不可思议底。同于大全的境界，亦是不可思议底。佛家的证真如的境界，道家的得道的境界，照他们的说法，是不可思议底。儒家的最高境界，虽他们未明说，亦是不可思议底"。① 质言之，"同天的境界，本是所谓神秘主义底"。② 冯友兰对神秘主义有清晰的界定，在《中国哲学中的神秘主义》一文中，他说："神秘主义一名，有种种不同底意义。本文所说神秘主义，乃专指一种哲学，承认有所谓'万物一体'之境界者；在此境界中，个人与'全'（宇宙之全）合而为一；所谓主观客观、人我内外之分，俱已不存。"③

在此，冯友兰将神秘主义理解为一种万物一体的"同天境界"，应该说，冯友兰是有所见的。他有见于天地境界的不可言说、不可思议；有见于达到天地境界的途径的不可言说；在达到天地境界之时，自同于大全，消解了人我、人物的对立，此状态亦不可言说；有见于个人的情感意志的定向、个人实践经验的特殊性导致其所得智慧的个体性，这种所得及其过程相对于他者而言同样是不可重复、不可言说的。由于上述种种不可言说、不可思议，故而提出神秘主义，事实上，这个神秘主义提示我们探索形上智慧时既关注个体"创生之即直觉之"（牟宗三语）的实体性维度，又要注意达到共

① 冯友兰：《贞元六书》，上海：华东师范大学出版社 1996 年版，第 635—638 页。
② 同上，第 637 页。
③ 冯友兰：《三松堂学术文集》，北京：北京大学出版社 1984 年版，第 49 页。

性的普遍性过程和进路的难度。毋宁说，对于他者而言是神秘主义的东西，对于本人而言却是清晰的浩然之气于天地之间的充塞历程，一种难以名状的“至大”、“至刚”的超拔体验，只是难以言表和传达。

冯友兰“同天”境界的神秘主义并不等同于宗教的神秘主义。因为，虽然“大全”不可思议，但是它归根结底仍是思议所得：“以思议得之，然后知其是不可思议底；以了解了解之，然后知其是不可了解底……不可思议底、不可了解底，是思议了解的最高收获。”[①]也就是说，若要知道“大全”为什么不可思议，必须首先经过理性的思议，即必须首先充分运用正的方法。“用这种方法，同时又知道它不够，这就可以知道不可思议的为什么不可思议，不可言说的为什么不可言说。这就对于不可思议、不可言说的，有了更深一层的理解。正的方法是一种‘媒介’，有了这种‘媒介’，那些不可思议、不可言说的，也就更加显著了。”[②]可见，“哲学的神秘主义是思议了解的最后底成就，不是与思议了解对立底”。[③] 所以，“同天”境界的神秘主义是理性的产物，与基于纯粹信仰的宗教神秘主义有明显差异。毋宁说，“同天”境界的神秘主义是具有理性底色的清晰的神秘主义。而这也正是冯友兰多次强调哲学应当始于正的方法而终于负的方法，天地境界是哲学境界的根本原因。

事实上，哲学境界的神秘主义与宗教体验的神秘主义[④]的区别在于：宗教体验往往是短暂波动的，境界则是持久稳定的；宗教体验是临时的心理状态，境界则是恒久的精神素养；宗教体验的神

① 冯友兰：《贞元六书》，上海：华东师范大学出版社1996年版，第638页。
② 冯友兰：《三松堂自序》，北京：三联书店1984年版，第273页。
③ 冯友兰：《贞元六书》，上海：华东师范大学出版社1996年版，第638页。
④ 本书大致采纳宗教现象学家鲁道夫·奥托的意见，他曾经指出，宗教体验的神秘主义主要特征是一种自我贬抑，即“把自我、把人格‘我’看作是某种不完善的、本质上不真实的东西，甚至看作只是虚无的东西”。[德]鲁道夫·奥托：《论“神圣”——对神圣观念中的非理性因素及其与理性之关系的研究》，成都：四川人民出版社2003年版，第25页。

秘主义通常是由一种不加分析的、毋庸置疑的理论作为导引，而哲学境界的神秘主义则是建立在理性分析基础之上的。在一定意义上说，冯友兰所谓的神秘主义就是一种“理性直觉”，它不是盲目的感觉，也不是支离的理智，而是后理智的、超理智的，既依赖理智又脱离了理智的桎梏，只是难以用精确明晰的概念表达。达到这种境界既需要先天的禀赋，也需要后天的训练；既需要具备渊博的知识，也需要拥有高尚的境界；既需要借助理智，又必须超越理智的羁绊。这种认识全体的方法并非简便快捷省事的捷径，而是经过长期的理智积累、情感认同、信念导引和道德践履之后的升华。正因为如此，冯友兰才说：“神秘主义不是清晰思想的对立面，更不在清晰思想之下。无宁说它在清晰思想之外。它不是反对理性的；它是超越理性的。”①这样，从形上学（理）到伦理学（境界），从理智的逻辑分析始到神秘的不可言说的天地境界终，新理学完成了一个把信仰理性化，从而也把人道德化的历程。这个历程确证了现实生活中的道德价值为指归，而这恰恰就是导致冯氏方法论转向的根源性动力——儒家的价值意识。

三、“负的方法”与直觉

如前所述，冯友兰曾经认为不能用直觉得到一种哲学，但自从提出负的方法以后，就不再否定直觉，而是明确主张将理智与直觉结合起来。这表明，冯友兰的思想处在不断的变动中，不再强调概念的形式与“空灵”的境界，而是强调哲学不是“口耳之学”，是“身体力行”之学，哲学家“对于哲学概念，并不是只作文字上的了解，而是……融合于他的生活中”。② “融合于……生活中”，就不只是形式的问题，是有丰富内容的。这同他主张普遍在特殊中、共相在

① 冯友兰：《中国哲学简史》，北京：北京大学出版社 1985 年版，第 394 页。
② 冯友兰：《三松堂全集》第十卷，郑州：河南人民出版社 2001 年版，第 656 页。

殊相中的观点是完全一致的。他依然坚持了理性精神，但不是空洞的形式理性，而是具体理性了。① 值得肯定的是，冯友兰在对晚年的《中国哲学史新编》总结时提出，金岳霖的“哲学是概念的游戏”的观点没有同人类精神境界结合起来，以至于分析概念似乎成为一种游戏。故而，应当将概念认识与直觉体会结合起来，才能体证和臻至人生的最高境界，这不仅是对中国哲学终极价值的认同，也是对中国哲学方法的认同。

一方面，冯友兰以逻辑分析方法对程朱理学的基本范畴进行清理，使其思想清晰，他实际上是接着朱熹讲，这与其他人接着王学讲不同；另一方面，使格物致知与人生觉解的内心体验结合起来，成为达到天地境界的途径。但冯友兰并没有明确地把达到人生觉解的最高境界的方法规定为直觉，他分析了道家老庄和佛教禅宗的直觉方法，却不满意朱熹“心具众理”、“豁然贯通”的直觉方法，因此他没有深入分析儒家的直觉方法，也没有具体提出理智与直觉互补的方法，只是意识到了两种方法应该互补。然而，两种方法之间怎么结合或互补？直觉与负的方法是什么关系？直觉的非逻辑性是否等同于非理性？理智后的直觉与非理性直觉是否为一事？等等。这一系列问题冯友兰都没有深入展开讨论，需要我们继续研究。

在《新理学在哲学中之地位及其方法》一文中，冯友兰明确地说：“用直觉主义讲底形上学，并不是讲者底直觉。形上学是一种学，学是讲出底义理，而直觉则不是讲出底义理。用直觉主义讲形上学，可以说是讲其所不讲，但讲其所不讲，亦是讲。此讲是形上学。”②冯友兰强调负的方法仍是理性活动，讲形上学不能讲，仍是一种“讲”，用负的方法讲形上学，仍是一种“学”。之所以用“直觉

① 参见蒙培元：《冯友兰的哲学之思》，《南阳师范学院学报》2002年第1期。
② 冯友兰：《三松堂学术文集》，北京：北京大学出版社1984年版，第512页。

主义”来说明其负的方法，是因为，负的方法虽不即是直觉，却是直觉的前导，是直觉的准备。

直觉在冯友兰那里，只是心灵之“觉”，是一种心理活动、一种直接的反应。“照王守仁的说法，良知对于善恶的辨别，是一种直觉的认识，并不是一种道德的判断，就是说，是一种直接的反应，并不是经过思考而得到的命题。简单地说，它是一种直觉，不是一种知识。”①在冯友兰看来，虽然必须讲直觉，但只有分析后的直觉才有意义。早在《柏格森的哲学方法》一文中，冯友兰对直觉有一概括：“直觉是分析以后的事，主张直觉的，只反对以分析为究竟，并不反对分析。若以为主张直觉，便是不要分析，便为大错。”②由于冯友兰把直觉仅当作一种经验，或是把直觉涵括于新理学的“觉解”之中，总的说来，在新理学中，直觉并不占有十分突出的地位。新理学体系是试图建立一完整的形上学——人生论系统，而其中的理论核心是正负方法的整合，以及由觉解向境界的过渡。冯友兰强调：“人学形上学未必有天地境界，但人不学形上学，必不能有天地境界。”③形上学是天地境界的“学”的前提。情况稍有些复杂的是，新理学觉解之“觉”与直觉有重合也有不同。④《新原人》说：“觉是自觉。人作某事，了解某事是怎样一回事，此是了解，此是解；他于作某事时，自觉其是作某事，此是自觉，此是觉。……自觉是一种心理状态，它只是一种心理状态，所以并不依概念。”⑤此“自觉”是否就是冯友兰要说的直觉，当然还可以讨论。不过，《新

---

① 冯友兰：《中国哲学史新编》第五册，北京：人民出版社 1988 年版，第 216 页。

② 冯友兰：《三松堂学术文集》，北京：北京大学出版社 1984 年版，第 10 页。

③ 冯友兰：《贞元六书》，上海：华东师范大学出版社 1996 年版，第 864 页。

④ 参见高瑞泉：《论“新理学”的方法论探寻与实验》，《杭州师范学院学报》2001 年第 3 期。在高瑞泉教授看来，“觉解”概念几乎是理性的特指，“解”是了解，要运用概念，自不必多说；“觉”本是自觉，是对自身认识活动的反观，知道自己在从事认识活动，所以大约同于自我意识，唯识家所谓“自证分”。但是冯友兰紧接着偏偏又说“此知虽是反观底，但亦是了解”，于是好像又离不开概念了。最重要的是，“觉”只是自觉，和那个达到“第一义”的直觉并非一事，甚至并不相关。

⑤ 冯友兰：《贞元六书》，上海：华东师范大学出版社 1996 年版，第 526 页。

原人》只是这几处提到此“觉”,此外,几乎再无涉及。冯友兰主要还是讲觉解中的“解”,即“概念底”了解。

根据陈战国的研究,冯友兰没有直接用“直觉”这个概念,而是使用“觉解”,可能是出于如下考虑:其一,“直觉”是个西方哲学概念,而当时的中国学界对于西方哲学还不甚了解。在此之前,曾有梁漱溟开始使用这个概念,但真正从哲学上理解这个概念的人并不多。因此,冯先生在自己的哲学中尽量不用西方概念,而是把它们转换为相应的中国哲学概念,以便于中国人更好的理解。其二,“觉解”中虽涵蕴着“直觉”之意,但这两个概念并不完全相同。[①]事实上,冯友兰也采用了直觉概念,只是将直觉狭隘地理解为一种直接的反应放置在理智后面,受柏格森的影响,在冯友兰那里,固然有分析后的直觉,但理智与直觉之间的作用是单向的,直觉只是作为理智的补充而存在,而直觉对理智却是无影响的,因此,二者在冯友兰那里不是融通的。

新理学也正是在此方面给我们留下了不少疑问,比如,从新理学体系的内部结构来说,由于新理学毕竟是“精神”而不是“认知”,作为内证内觉的直觉是应当占有相当的地位的。新理学对直觉、境界本身,以及直觉与境界的关系问题,均没有给予充分的讨论。在新理学,从觉解到境界(天地境界),虽有负的方法的过渡,却是过于简单,似乎有了负的方法(知大全不可知)就有了同于大全的“天地境界”,在一定程度上存在着“即觉解即境界”的简单化倾向。概而言之,冯友兰所谓的“直觉”只是一种体验,主要是指一种心理的活动,虽然他也提到了这种体验需要理智为前提,但二者并没有达到辩证统一,因此不具有方法的意义。其负的方法也是冷冰冰的,缺少情感的认同,也没有与实践的融贯互动。总之,在冯友兰

① 参见陈战国:《冯友兰哲学思想研究》,北京:北京大学出版社1999年版,第154页。

那里,"知"与"行"是疏离的,因此,他的负的方法是跛脚的,行之不远。

结语:

"中国向何处去"的问题成为中国哲学家面对强势的西方文化时不能回避的主题,也是中国哲学实现现代转型的关键所在。其内在理路是中国传统的基本价值如何与现代社会调适,对此问题的思考内在地推动了中国哲学的理论嬗变。由此问题引发,冯友兰进行了一系列探索,他先援引现代西方哲学的逻辑分析方法("正的方法")清理了中国传统哲学中模糊不清的概念,其后转向揭橥逻辑分析方法在价值世界的有限性,主张重建现代哲学应阐发中国传统哲学特有的直觉法("负的方法")来弥补修正。要言之,体现的是与传统形而上学不同的新的形而上学之思。这种转向通过对逻辑与直觉传统的隔绝关系的颠覆,既探索了逻辑分析在价值世界中的意义,也阐发了直觉的非逻辑存在,为推进中国哲学的新进展提供了思想资源。

与梁漱溟相比,儒家的形上学在冯友兰这里有一转向:由实践形态转向理论形态,由动态的生命体验转向静态的逻辑分析,亦可以说是由道德的形上学转向知性的形上学。应当承认,在儒学的现代发展中逐渐演变为某种知识系统,抑或是某种思辨哲学,正在失去其引导人生的实际功效。这种知性的形上学固然在很大程度上背离了儒家哲学的传统,冯友兰确信这种知性的形上学同样可以在启发人的心智、培养人的德操、提升人生境界方面发挥某种功能。我们发现,冯友兰未免把境界的自我提升过于简化为"纯思"。因为,智慧之境不是一种纯粹的精神活动,乃是一种人的存在状态,这种存在状态内在地融摄人的求真过程、从心所欲不逾矩的向善过程以及合目的性与和规律性相统一的审美过程。因此,追求智慧的哲学不只是一种"纯思",也不能归结为"思议不可思议者”，应该引导人们去体悟天人合一的形上境界，获得智慧依赖的是动态的、超越于逻辑分析和语言概念的“知”与人的生活实践——“行”融为一体的直觉。显然，“行”在冯友兰的视野之外。

冯友兰先引入逻辑分析法整理中国传统哲学，而后转向从中国传统哲学中总括出“负的方法”，力主形成“正负整合”的与未来世界相称的哲学。虽然冯友兰对西方哲学的把握存在明显欠缺，对不同哲学方法也没有进行足够的前提澄清和界限划定，并且在价值领域运用逻辑分析方法常被视为方法论意义上的僭越和先验幻相，但这次转向不失为一次有意义的理论尝试。然而，正的方法与负的方法在冯友兰那里并不是融会贯通，而是隔绝的，只是在逻辑方法无法达到天地境界时，才祭起“负的方法”这面大旗。毋庸讳言，“负的方法”在新理学中的地位带有较强的权宜色彩，给人以名不正言不顺的感觉，其体系思辨构造的意味浓厚。当我们把作为方法的直觉概括为：非逻辑的形式、理智后的内容、情感意志的定向与实践体悟的多重向度的合一时，我们发现，冯友兰的直觉概念只是反映了作为方法的直觉的经验性，而负的方法则主要是理智后的内容。其实，在冯友兰那里的负的方法和情感、意志与“行”结合起来，方才构成中国哲学的直觉方法。

从这个意义上说，冯友兰提出的转向即以负的方法补“正”之缺，他以为如此借助“大全”、“道体”等形式观念，就能达到人生的最高境界。显而易见，冯友兰提出的这种转向，意在为其人生境界理论寻求方法论上的支撑。与同时代的哲学家如梁漱溟、熊十力一样都在努力尝试对接东西方文化，但对中西文化的不同有足够清醒的警觉，对逻辑分析的定位有较为深刻的定位，而冯友兰的理想化色彩浓厚，依然试图在价值世界中运用逻辑分析。事实上，借助逻辑分析不足以充分厘清以及对接中西文化的基本精神，逻辑分析在价值世界中的效用一直以来都是众说纷纭。冯友兰对于逻辑分析在把握价值层面的有限性领悟不到位，混淆了不同方法的边界，对不同方法在事实世界和价值世界没有划定清晰明确的界限和有效性范围，从知识如何通达价值更是不容回避的重大的理论关节点。

毋庸置疑，中国哲学在近现代的发展由于受西学的影响有逐渐演变为知识论系统的倾向，或是某种思辨哲学。冯友兰确信这种知性的形上学同样可以在启发人的心智、培养人的德操、提升人生境界方面发挥某种功能。他试图从儒学偏重于伦理价值之知转向为与认知活动的结合，着力突显理性认知及其对于人生的价值和作用。然而，冯友兰有把境界的自我提升化约为“纯思”的倾向，这种“纯思”对于提升境界的意义大可质疑。因为智慧之境不是一种纯粹理性的活动，而是一种人的存在状态，这种存在状态内在地融摄人的求真过程、从心所欲不逾矩的向善过程以及合目的性与和规律性相统一的审美过程。我们应合乎规律地确立原则，对概念作清晰的规定，力求严格及防止在推论中大胆跳跃，来达到结论的可靠性。这一点恰好是被冯友兰忽略并造成其新理学体系先天不足的命脉。概而言之，冯友兰的这种转向中对“负的方法”的强调足见其中国哲学的基本立场，即冯氏的哲学思想仍然是中国的哲学，而并非如金岳霖所谓“在中国的哲学”。这种致思路向有一定的合理性。相比较而言，熊十力主张“思辨与修养交尽之学”和贺麟的感性直觉、形式逻辑、矛盾思辨、后理智直觉相互为用的方法，更具中国气象。冯友兰“负的方法”作为中国哲学的精神财富应加以汲取并发扬光大，这种发扬又非故步自封，必须将西方哲学中的优秀成果作为参照甚至作为重构中国哲学以使其顺利实现现代转型的重要方法。

第四章 “知”与“行”的合一

——熊十力的直觉观考察

熊十力先生是一位富有独创精神的哲学家，一生著述宏富，神解卓特，融会中、印、西思想，建立了以“心”为本体，以“体用不二”、“翕辟成变”、“冥悟证会”为宗纲，融本体论、人生论、价值论、认识论、方法论为一体的博大哲学体系。熊先生幼年家贫，虽不能入庠，却好学深思，“年十三岁，登高而伤秋毫，顿悟万物皆幻。由是放荡形骸，妄骋形骸，久之觉其烦恼，更进求安心立命之道”。① 青年时代投身于反清爱国革命活动之中，深感世事动乱，内生种种疑虑，诸如宇宙真相，人生真谛，一切均“莫获正解”，深以为革政不如革心，“弱冠从事革命，已深感当时之人，无足倚者……遂绝事功而凝神学术”。② 熊十力个人的经历反映出的是辛亥革命前后中国人在传统信仰垮塌之后，失去人生坐标、无所适从的彷徨无助心态。熊十力选择了沉湎于佛理之中，毅然脱离革命运动，以佛法来慰藉痛苦的心灵，一心从事哲学理论研究和著述工作。③ 从此，专

---

① 熊十力：《新唯识论》，北京：中华书局 1985 年版，第 5 页。

② 熊十力：《十力语要》(二)，沈阳：辽宁教育出版社 1997 年版，第 241 页。

③ 林毓生先生认为中国知识分子“对思想力量的优先性深信不疑”，因而形成近代“借思想文化以解决问题的方法”。参见林毓生：《中国传统的创造性转化》，北京：三联书店 1988 年版，第 174 页。熊十力就是这样一个范例，他是怀着安身立命、保国保种的期许走向学术走向理论的，其所思所想乃是对个体和民族生存问题作出的回应与解答。我们能够确定无疑的是熊十力对生命的严肃态度，以及先天下之忧而忧的淑世情怀。

心于研读儒佛，力图以著书立说来影响社会，改造人心，达到救国救民的目的。“新唯识论”哲学体系的创立奠定了他在现代中国哲学史上的地位，被公认为现代新儒家的主流。

第一节　即体即用的本体论

为救治传统儒学在19世纪中叶之后的颓势和回应救亡图存的这个时代主题，重建价值体系，现代新儒家不得不面对由于西方文化的强势进入，面对实证主义、唯科学主义迅速从知识领域越界渗透进价值领域从而取代儒学的现状。如何在承续儒家精神价值导向的前提下实现与现代社会接榫，就成了现代新儒家要面对的中心议题。关于如何从素来偏重德性的传统中开显出认知理性，为科学理性在儒学传统中确立内在根据，熊十力提出了卓有创见的“二智圆融”理论。应该说，熊十力的直觉理论彰显了传统文化的精神价值，有力地回击了过度夸大理智效用的唯科学主义思潮。

熊十力以心本论为前提，从批判理智的主客二分思维方式和过分依赖分析技术的缺陷出发，强调要把握真实的存在，必须注重具有整体性、能达到能所合一的直觉方法。[①] 其哲学体系的核心命题是“体用不二”，这种说法并不是否定本体界与现象界的分别，而是说西方人推崇的两重世界，实为体用分离，没有达到统一。凭理智作用向外界寻求本体是被歪曲了的形而上学，是头上安头。因此，需要直觉“反求实证”。

一、由佛入儒，创立《新唯识论》

在南京师从欧阳竟无研习唯识宗期间，熊十力潜心治学，强探

---

① 参见高瑞泉：《直觉与智慧——略论第一代现代新儒家对直觉范畴的探讨》，方克立主编《中西会通与中国哲学的近现代转换》，北京：商务印书馆2003年版，第515页。

力索，不畏艰苦，乃至神经衰弱，胃病加剧。“余初叩佛学即专攻唯识论，追寻玄奘、窥基宣扬之业，从护法诸师以上索无着、世亲，悉其渊源、通其脉络、综其体系、控其纲要，”[①]终于写成了《唯识学概论》一书。他不但深谙唯识学，还特别注意分析唯识学的名相和逻辑思辨方法，钻研《五蕴》、《百法明门》和窥基的《因明入正理论疏》，对因明学即佛学的逻辑方法有了深入的把握和理解，这种严格的逻辑思维的训练对其思辨能力和周延细密的构造功夫无疑起到了无可替代的作用。熊十力自述，“有宗唯识之论，剖析详密，系统宏整，其奥义纷出，益人神智实不少，吾于有宗不能不殷重叹服。治哲学者不可不养成其解析与组织的能力，则有宗之学固为凡治哲学者之所必须探讨而不容或忽者乎？”[②]

唯识宗是由唐代高僧玄奘西行印度求法后开创，崇奉大乘佛教中从无著、世亲沿袭至护法的瑜伽一系的学说，即唯识学。唯识学的体系之完备、学风之严谨、思辨之精妙不但远胜于佛学的其他学说，也远胜于印度或中国的其他学说。应该说，唯识宗是兼具宗教与哲学于一身的。唯识学探讨的是现象世界如何由心识转变而来，其根源在心识；一切存在由识转变而来，不是客观独立的存在。一般人大多以为存在具有客观性，唯识学则要转变这种看法，主张一切存在从归根到底的意义上是来源于心识。这种看法与胡塞尔的现象学还原的方法很类似，把一切以未能证明的事物为客观存在的看法扭转过来，而归源于意识。胡塞尔把这些未能证明的东西称为超验，认为缺乏明证性，不在真理体系之中，它们不是自身被给予。

西方哲学中的现象学研究的领域与唯识学思考的问题有很强的相关性，不仅仅局限于胡塞尔。对于现象世界的一切东西，所谓有为法，唯识学以缘起论来解释，把现象世界存在的最根本要素，归

① 熊十力：《新唯识论（壬辰删定本）》，北京：中国人民大学出版社 2006 年版，第 3 页。
② 同上，第 232 页。

结为种子,因此,有学者以存在论来诠释唯识学的这种理论,深入比较了西方哲学的存在论与唯识学的缘起说。由于唯识学对认知活动的分析,唯识心理学已形成了较为完整的体系,唯识学中的"识"不仅有认识的作用,还有心理上的意味,即所谓"情识",尤其是第八识阿赖耶识的下意识的执取,缘此,有学者用心理学来解读唯识学。也有学者认为唯识学中的前五识为感识,是感觉器官的功能,是现量;而第六识是比量,思维器官的功能,有推理的作用,唯识学中的这两种功能相当于西方哲学中的知识论与逻辑。有学者以胡塞尔的现象学为背景来探讨唯识学的意识的记忆作用和识转变的问题。也有学者把康德的先验统觉与唯识学的第八识阿赖耶识作比较研究。① 由此我们可以发现,由于唯识学在中外哲学领域的巨大影响,梁漱溟、熊十力借用唯识学来建构其本体论就再正常不过了。

熊十力自认其《新唯识论》与唯识学的不同处在于:唯识学说性相,而《新唯识论》重在谈体用。那么,在《新唯识论》中作为本体的本心与佛学唯识宗中的阿赖耶识有什么不同呢?按照唯识宗,一切现象的种子都存在于阿赖耶识中,由于种子的变现而导致纷繁复杂的现象世界的产生,因此,阿赖耶识是宇宙万有的根源、依据,是万物的本体。这就是"三界唯心,万法唯识"的理论。在坚持"心本体"这一点上,《新唯识论》与唯识宗是无二致的。然而,熊十力认为如果将种子讲活,而不析成各别之粒子,又不将种子与现象分为二界,只将第八识阿赖耶识视为宇宙之本体,一切种子都是心中具足的无量势用。这种理论是熊十力不认同的。在熊十力而言,本体论是以心为本体,本体只有一个,是能变的,不应当也无必要建立无量的种界;心即是宇宙万有的本原,又是人们反求自识的绝对真理,真如与阿赖耶识应当合二为一;而且,此心既无有漏无漏的相互对峙,也无真如与阿赖耶识的二元对立。这是新旧唯识

① 参见吴汝钧:《唯识现象学(一)世亲与护法》,台北:台湾学生书局2002年版,第ix页。

论的根本差异所在。

通过对唯识学的修订改造，熊十力的本体论主要由两部分组成，一是从本体论的维度说明本心的绝对性，通过翕辟成变的宇宙观来展示本心的流变和心体物用的主宰性；二是从方法论的维度说明直觉为体，理智为用，通过心境合一来揭示理智迷以逐物容易导致习心，只有性智才能体验本体。

熊十力研究佛学的目的，显然不只局限于解决学术领域内的问题，还蕴含着振兴中华文化的苦心和重建中国哲学的宏愿。因此，他所致力的是扶其根本，即从本体论上重建中华文明的自尊自信，他对唯识学所做的批判，都是围绕着这个理念而展开的。因此，熊十力的“新唯识论”与佛家唯识学有着本质的区别。它是在扬弃唯识学的基础上，还不只是囿于唯识学范围之内的简单改制，而是融会了印度佛学、中国易学、心学的理论给养，经过创新之后形成了具有鲜明特点的哲学体系。所以，从某种意义上来说，《新唯识论》是一部用中国传统思想熔融和改造印度佛学（主要是大乘有宗）的著作，而“新唯识论”不过是唯识学的中国化而已。① 也可以说，“新唯识论”显然是近代唯识学复兴思潮中斜逸而出的一支，与南欧（欧阳竟无）、北韩（韩清净）的唯识学，以及太虚法师的“唯识新论”都有着本质的差异。

熊十力的《新唯识论》，名称中的“唯识”是指其理论体系与唯识学有谱系学意义上的传承关系，是在唯识学的理论结构、思维方法、名相命题下进行的创新建构。既然称之为“新”，说明其与传统唯识学不同。事实上，《新唯识论》对唯识学是带有有意识、有倾向的“曲解”和“误解”的。对于熊十力对唯识学的批评，佛门弟子难以见容，强调其乖离佛法、离失宗趣的一面，从根本上是持否定态度的。例如巨赞认为，“熊十力不但昧于唯识家的学说，就是对于

① 景海峰：《熊十力哲学研究》，北京：北京大学出版社 2010 年版，第 93 页。

中观宗的了解，也似是而非，所以，他在评斥旧师的地方都有问题，在建立思想系统方面都欠妥当。总的说来，熊十力好学深思有余，而学力及造诣不足，他的思想实在还没有到达成熟阶段”。① 朱世龙认为熊十力是对佛家有浓厚的偏见，“熊氏袭取佛家的智慧，采用佛典中某些说法及某些专门名词而改变其原义，并参用印度外道的智慧，来破坏佛法原理。他又藉着般若来批判唯识，藉着华严、涅槃来批判般若，混乱佛法义理的层境，妄构其哲学的体系。熊氏对于佛法，不止在理论上施以改写，其心理态度，似对于佛门有极不友善的成见”。② 太虚在批评熊十力时，也称其《新唯识论》为“唯心的顺世外道”。

关于熊十力对唯识学的修订和改造，不但佛门人士难以认同，即便是曾经的一些同道也颇有微词。梁漱溟就清晰地表明了这一点，他认为熊十力错误地把佛家出世之教只当作一种乖僻感情看待，认为佛家先有此感情要求在，从而其一切思想理论均不正确。熊先生蔽于感情，不达出世之理，菲薄宗教，反对佛法，总缘他于佛家所说我执问题缺乏注意和了解而来。“我们误以为熊先生在搞佛学，因而对他后来（特别是晚年）的一切怀疑否认，不免诧讶其入而复出，其实他乃是既不曾入也不曾出。……他乃是始终站在佛法的外面，来玩弄那些理论而已。这在一个对宗教无认识而菲薄宗教的人自不足怪。始则他有欣赏，转而又修改它，末后卒于弃绝了它。熊先生把弄佛教十年就是如此。然而其于佛法这真实的学问之全不相干亦就明白了。熊先生以己度人，自己在想象上做功夫，也以为佛家就是这样。”③

客观地说，熊十力对于唯识学的批判性转换，是在中国哲学的

---

① 巨赞：《评熊十力所著书（续一）》，《法音》1981年第2期。
② 朱世龙：《评熊十力哲学》，《熊十力全集 附卷（上）》，武汉：湖北教育出版社2001年版，第319页。
③ 梁漱溟：《梁漱溟全集》第七卷，济南：山东人民出版社2005年版，第760—761页。

重建方面尝试发挥佛学的积极作用。作为现代新儒家本体论的奠基人，熊十力从佛学中吸收了大量的养分，通过发掘佛学的义理推进中国哲学的发展，这也成就了其独特的理论路向及其享有美誉的体系——《新唯识论》。从形式上看，其哲学体系严谨，论证严密，思辨性很强，与传统儒学缺乏论证、结构松散不同。这主要得益于他重视因明逻辑的佛家唯识论，弥补了没有经受逻辑分析训练之不足。而这一理论路向极大地鼓舞了其后的新儒家及其弟子们。

二、“体用不二”的本体论

熊十力的哲学是由体用不二、翕辟恒转、理气统一、心体无别、性智自证以及本心即仁等一系列范畴命题组成的，是融本体论、宇宙论、人生论和认识论于一体的博大的形上学体系，其核心命题是“体用不二”。熊十力说：“哲学上的根本问题，就是本体与现象，此在《新论》即名之为体用。”[①]“体用”这对中国哲学所特有的哲学范畴成了熊十力哲学的经线，“学者如透悟体用义，即宇宙人生诸大问题，豁然解了，无复疑滞”。[②] 其所谓“体”指宇宙本体，“用”指本体的功用或表现，“体”和“用”是相对而言，没有无用之体，也不存在无体之用。熊十力强调不能把中国的体用范畴简单地等同于西方哲学中的本体与现象范畴，因为，西方哲人“言有实体与现象二名，俨然表有两重世界，足以证其妄执难除。东土哲人只言体用，便说的灵活，便极应理。识得此意，则所谓现象界者，元依大用流行而施设如是假名”。[③] 熊十力的这种说法并不是否定本体界与现象界的分别，而是说西方人推至两重世界，凭理智作用向外界寻求本体，“此其谬误，实由不务反识本心。易言之，即不了万物本原

① 熊十力：《十力语要》(一)，沈阳：辽宁教育出版社1997年版，第35页。
② 熊十力：《新唯识论》，北京：中华书局1985年版，第261页。
③ 同上，第182页。

与吾人真性，本非有二。（此中真性，即谓本心。）”[①]只有中国哲学的体用论才能达到本体界与现象界的统一，即体即用，体用不二，本体即是吾人真性，即是本心。

熊十力承续儒家尤其是思孟、陆王心学一系的学脉，着力引导人复归于本有的“本心”、“良知”，依靠人自我觉悟重建价值指归。熊十力从本体论的维度证明本心的绝对性，通过翕辟成变的宇宙观来展示本心的流变和心体物用的主宰性；就方法论的维度而言，直觉为体，理智为用，通过心境合一来揭示理智迷以逐物容易导致习心，只有性智才能体验本体；依熊十力之见，方法论和本体论相互渗透、融为一体。进而言之，本心本体的主宰性，既是从翕辟成变的宇宙生命意义上来说明，又是从心体物用的意义上说明理智只不过是性智的一种发用流行，性智为体，量智为用。如此，就又从方法论的维度突出了本体的绝对性，进一步说明万物本原与吾人真性本不二，熊十力说：“《新论》所谈本体，即此理也、性也、命也，名三而实一”，“反诸自身，识得有个与天地同体的真宰，炯然在中。《新论》所云性智是也。吾人实证到此，便无物我、内外可分。此乃即物而超物，即人而天”。[②] 由此，我们可以发现，在熊十力的体系中，对本体存在的证明和对本体的认识是不一不异的关系。熊十力的“境论”中对本体存在的证明，实际上正是运用了他准备在“量论”中论述的对本体存在认识的理论和方法了。[③] 就此而言，借用熊十力的概念来表述，就是“境论”与“量论”不一不异。

对于体用关系，熊十力进行了多方面的论述，提出了诸多命

---

① 熊十力：《新唯识论》，北京：中华书局1985年版，第251页。

② 熊十力：《十力语要》（二），沈阳：辽宁教育出版社1997年版，第244页。

③ 参见楼宇烈：《熊十力“量论”杂谈》，《玄圃论学集》，北京：三联书店1990年版，第150—160页。基于上述对“量论”的理解，楼先生认为熊十力的“量论”未完成，不是熊十力自己所谓“精力疲困”，而是在“境论”中已包含“量论”的主旨，其主体部分在“境论”中已得到相当充分的阐发。楼先生所言不虚，也有熊十力本人陈述为据，“量论虽未及做，而吾之意思，与《新论》及《语要》中，时有散见，若细心人，自可看出”。见《十力语要初续》，台北：台湾乐天出版社1971年版，第145页。

题，“即体即用”、“即用显体”、“体外无用，用外无体”、“体用可分而不可分”，等等。他说：“用者，作用或功用之谓。这种作用或功用的本身只是一种动势，而不是具有实在性或固定性的东西。易言之，用是根本没有自性。如果用有自性，他就是独立存在的实有的东西，就不可于用之外再找什么本体。体者，对用而得名。但体是举其自身全现为分殊的大用。所以，说他是用的本体，绝不是超脱于用之外而独存的东西。因为体就是用的本体，所以不可离用去觅体。”[①]熊十力的体用不二的思想大致包含下面几层含义。

其一，虽然即体即用，体用不二，但并不表示二者没有区别，“体与用本不二，而究有分；虽分而仍不二。故喻如大海水与众沤。大海水全成众沤，非一一沤各别有自体。故众沤与大海水本不二”。[②]熊十力通过这一事例要说明体与用“不一”、“不异”。所谓“不一”即“众沤”包括本体与现象两层，不能说众沤就是大海水；反之，也不能直接以大海水为众沤，从而否认现象界的存在，所以本体与现象不能相互取代或者以一方否认另一方。所谓“不异”指无论从本体的角度看还是从现象的角度看，海水与众沤都是同一事物。从本体的角度看，众沤是海水的表现；从现象的角度看，大海水表现为众沤。

其二，在这个基础上，熊十力进一步指出，既然体用相即，于用显体，那么本体就不是一种凝固不变的绝对实体，不是超脱于现象界之上或隐藏于现象背后的作为宇宙创造者和主宰者的终极实体，它不在功用之外，而是“即体即用，即流行即主宰，即现象即真实，即变即不变，即动即不动，即生灭即不生灭。是故即体而言，用在体；即用而言，体在用”。[③] 用是体的显现，体是用的体，体不可言说，而用却可以。于不可说之体，而还可以说，原因在即用而显体，通过用来说体。所说虽是用，可从用中悟出本体，体用非二元，

① 熊十力：《新唯识论》，北京：中华书局1985年版，第362页。
② 熊十力：《十力语要》(一)，沈阳：辽宁教育出版社1997年版，第36页。
③ 同上，第38页。

不可用外求体,也不可体外求用。宇宙内的一切,原本是大用流行,大用流行即是本体的显现,不能固执于流行者为真实,谓其没有本体;也不能忽视流行者而在其外求体,应在大用流行处,认识外物妄心并非真实,从而得窥本体之真实。

其三,体与用同时存在,没有谁决定谁的问题,无论从逻辑上还是时间意义上都没有先后。熊十力认为,尽管本体不是空无、有其自体,但不能把本体看作是个恒常的物事,只有真正领悟这一点,才能真正把握"体用不二",克服对世界二重化的理解。同时,不仅体与用无二无别,而且"真实、变异不许离而为二,绝对、相对不许离而为二,质、力不许离而为二,天、人不许离而为二"。[①]

熊十力认为,在哲学史上,哲学家们在谈到本体的时候,大都把本体当作离心而外在的东西,从而凭借理智的作用到外界去寻觅本体,他们依各自的思考勾画了种种境界建立为本体,形成了种种相互歧异的理论。熊十力反对这些形形色色的本体论,因为这些本体论抱着"对外找东西的态度",是用概念虚构的,正是这种态度造成心力外倾,心逐于物,以至生命完全物化,"万化大原、人生本性、道德根底"全被蒙蔽沉沦。之所以会出现这种谬误,原因在于"实由不务反识本心。易言之,即不了解万物本原与吾人真性,本非有二。遂至妄臆宇宙本体为离自心外在,故乃凭量智以向外求索"。[②] 熊十力认为本体只能从自心上找,而不能从外在的现象界中寻找,因为现象只是本体的一种呈现,没有自性,是不真实的,也不能独立存在。"本心是绝待的全体。然依其发现有差别义故,不得不多为之名。一名为心。心者主宰义,谓其遍为万物实体,而不即是物。虽复凝成众物,要为表现其自己之资具,却非舍其自性而遂物化也。不物化故,谓之恒如其性。以恒如其性故,对物而名主宰。"[③]在熊十力

---

① 熊十力:《体用篇》,台北:台北学生书店 1980 年版,第 336 页。
② 熊十力:《新唯识论》,北京:中华书局 1985 年版,第 250 页。
③ 同上,第 593 页。

看来，一切物的本体，非是离自心外在的境界，而是恒转寂寞无形的本心。他以海水和众沤(水泡)的关系说明本体包容一切、显现一切，证实本体决非超脱于各人的宇宙之上而独存的外在形相，所以离开自心而外驰求索本体，当然是缘木求鱼。

《新唯识论》开宗明义地宣称：“今造此论，为欲悟诸究玄学者，令知一切物的本体，非是离自心外在境界，及非知识所行境界，唯是反求实证相应故。”①在熊十力看来，宇宙实体或物之本体即是人之本心，宇宙与人为同一大生命。因此，对本体、生命的把握便无须向外求索，而只在吾心的反求自证，所谓真实的知识是心与物冥会为一的“证会”。他说：“世学或以宇宙实体离吾心而外在，因向外探索。《新论》(《新唯识论》——引者注)故指出实体即是吾之本心，此非外在，更不容向外穷索，要在反求自证。此《新论》之旨也。”②

熊十力指出，吾心与万物本体原本无二无别，“本心即是性，但随义异名耳。以其主乎身，曰心。以其为吾人所以生之理，曰性。以其为万有之大原，曰天。故‘尽心则知性知天’，以三名所表，实是一事，但取义不一而名有三耳。尽心之尽，谓吾人修为工夫，当对治习染或私欲，而使本心得显发其德用，无一毫亏欠也。故尽心，即是性天全显，故曰知性知天。知者证知，本心之炯然内证也，非知识之知。……吾心与万物本体，无二无别，其又奚疑?”③

在熊十力而言，本心即本体，体用不二。因此，他既讲证会本心，又讲即体显用：一方面，强调价值的本源在人、在本心；另一方面，又注意从现象世界感受人生的意义，把人生价值落实于现实世界中。为此，熊十力主张生生不息、翕辟成变、大用流行，进而演化出宇宙的架构来。这是对儒学精神的发挥和对佛家思想的否定。他说：“佛学立说虽甚深微妙，然若不通之以儒，则唯荡然出世，耽

---

① 熊十力：《新唯识论》，北京：中华书局1985年版，第247页。
② 同上，第682页。
③ 同上，第253页。

空滞寂，走入非人生的路向，似不应理。”①“我尝说，识得孔氏意思，便悟得人生有无上底崇高的价值，无限的丰富意义，尤其是对于世界，不会有空幻的感想，而自有改造的勇气。”②在儒家看来，真实的本体不仅是宇宙万物存在的终极根源，而且是人类道德生活的终极源泉。熊十力的本体论就试图把生生不息的天道与自强不息的人道融成一体，把动态的宇宙观与刚健进取的人生观融成一体，把真与善、存在与价值统一在一起。唯有如此，才能为人类提供“精神家园”。无疑，熊十力突显的是儒家价值指引的功能，旨在对治现代人所面临的人性的异化、人生意义的迷失。

当传统的价值体系日益崩溃，人们从传统的价值坐标中跌落下来，以有限的个体孤零零地面对现实世界之际，应当如何确定我们生命的支撑点呢？熊十力接引儒家特别是思孟、陆王一系内圣心性之学的传统，宣称“吾以返本为学”，③引导人返归于自己固有的“本心”、“性智”、“良知”，令人深入到自己的内在本性，悟得人生有无上崇高的价值、无限丰富的意义而有改造的勇气，由此出发，依靠人内在本性的自我觉悟，重建人的生命本体，重建人性的尊严和人道之尊。在熊十力的体系中，“本心”、“生命”和“仁”是可以互相代换的范畴，指生命的本真状态。他说：“仁者本心也，即吾人与天地万物所同具之本体也。……元在人而名为仁，即是本心。万善自此发现，故曰‘善之长’。”④

只有觉悟到此，才能感受生之欢欣，避免心为物累，才能树立人格的自主自尊，宇宙也才是属人而非异己的宇宙。显而易见，熊十力提倡的是一种积极向上、进取不懈的人生观，在他看来，如果在心物万象之上再设置一个圆满无缺的本体，万物皆禀受这个本

---

① 熊十力：《新唯识论》，北京：中华书局 1985 年版，第 404 页。
② 同上，第 348 页。
③ 同上，第 581 页。
④ 同上，第 568 页。

体而成，那么，“万物不须自己努力，不须自己创造，唯一皈依实体，如皈依上帝者可矣”。① 因此，他力主“体用不二”，以破除这种消极悲观的人生观。在他看来，本体只是一种无限的可能，其潜能的发挥取决于功用中心物双方的作用，特别是本心的能动主导作用。识得了本心，就意味着为人生找到了价值和意义的归属。显然，熊十力试图通过揭示本心即体即用的特性，沟通天与人、知与行、存在与道德的界限，以此回应西方哲学的问题和解决现代人的精神归属问题，旨在打破天人之间的隔绝，借助儒家的天人合一观消解西方哲学中的主与客、知与行、存在与价值之间的紧张。

李泽厚认为熊十力哲学最“吃紧”处，是其将传统儒家哲学，主要是宋明理学所突出的内圣极致的孔颜乐处给予了本体论的“体用不二”的新论证，即把宋明理学的伦理学和人生观翻转为宇宙观和本体论。② 此说很有见地。应该说，这的确也是熊十力哲学的一个创见，熊十力突破了“中体西用”论者仅仅把体用关系运用于中西文化的狭隘视角，上升到了本体论的高度，并且，他十分关注现实问题，把理论的创造与现实关怀联系了起来。熊十力认为西方的本体论是把本体当作隐于现象背后或高居于现象之上的兀然实体，这样的实体不动不变，而与实体相对应的现象则变幻万千，

---

① 熊十力：《明心篇》，《熊十力全集》第七卷，武汉：湖北教育出版社 2001 年版，第 168 页。

② 参见李泽厚：《中国现代思想史论》，合肥：安徽文艺出版社 1994 年版，第 270 页。但李泽厚视熊十力哲学为晚产的、与时代进程脱节的，“那未经现代观念洗礼的浑沌整体的哲学观念和直观模糊的思维方式，尽管在外貌上可以近似于某些现代西方哲学，但在基本性质上并不相同。就整体说，这晚熟的产品只能以博物馆奇珍的展览品的意义，存留在中国现代思想的历史上”。（同上书，第 278 页。）这个评价颇令人意外和难以认同。且不论《玄圃论学集》中张岱年、萧萐父、杜维明、成中英等哲学诸家皆对熊十力学术成就有崇高的评价，加之，谢幼伟言“熊十力为现代中国哲学者中之可称道者”，在提及熊著《新唯识论》时说：“此哲学上不可多得之名著，”“此书价值，不仅在中国哲学上尚是少见，即置诸西洋哲学名著中，亦当占一地位”。参见谢幼伟：《现代哲学名著述评》，济南：山东人民出版社 1997 年版，第 61 页。虽然哲学问题没有新旧之分，但熊十力以其个性、为学经历，更基于其所创设的哲学体系，笔者更愿意称其为“先时之人”。

虚幻不实。如此，不动不变的本体难以产生出现象，或者承认气象万千的大自然的真实性，那么兀然不动不变的本体的存在与现象界的统一就成为问题。“西哲总将宇宙人生割裂。谈宇宙，实是要给物理世界以一个说明。而其为说，鲜有从人生真性上反己体认得来，终本其析物之知，以勾画而成一套理论。其于真理，不谓之戏论不得也。”[①]这就是西方哲学难以解决的问题，本体与现象只是静态地划分形上与形下，缺少二者之间沟通的桥梁与动力。异乎此，中国哲学则从不把本体看作僵死的存在，而是从体向用的转化和体与用的统一来阐发本体论；本体有内部相反之机，因此本体流动不息，不是僵固不变的；举体成用，大用流行，本体转化为特殊的大用，亦即转化为纷纭变迁的大千世界，如此，体以用存，用以显体。熊十力以易学言之，就是翕辟生变。大用是本体的外显，人心亦然；反求自证，以知吾之心体即宇宙之体，此即熊十力所谓“本心”。这种动态地看待形上与形下，把本体与现象联系了起来，实现了二者之间的理论贯通，解决了康德哲学的难题。[②] 这一点，应当说，也是熊十力在本体论方面的又一大创见。

三、直觉的理性化时期

面对工具理性的迅猛蔓延及其对意义世界的强力冲击，传统的价值体系随着国运的衰败而日益崩塌，此时的熊十力面对的不只是民族存亡和文化传承的问题，还有对人存在的意义、人类文明前景的忧虑，这些都关涉形上层面。熊十力直觉理论的意义在于从本体

---

① 熊十力：《十力语要初续》，台北：台湾乐天出版社 1971 年版，第 7 页。

② 体与用，大致相当于西方话语中的存在和存在者。海德格尔认为我们自以为我们懂得了什么是存在，可实际上我们说出的是存在者。也就是说，我们往往把存在者当作了存在问题的答案。存在者和存在，一字之差，却导致了哲学史上的千年之蔽，存在被遗忘了。所以，海德格尔哲学的第一要义就是要唤醒人们去真正地提出“存在”问题，明确存在与存在者之间的区别。就此而言，熊十力以体用关系来处理本体与现象的关系，与海德格尔以现象学方法超越康德现象与物自身的二元对立，具有异曲同工之妙。

论层面展开思考，在终极关怀的层面重建精神家园和意义世界。

熊十力与梁漱溟、冯友兰不同。梁漱溟所做的工作主要是考察中西文化之异，并由此预测人类未来文化的发展前途，证明中国文化必将于不久的将来复兴；冯友兰并没有强调东方文化优于西方文化，而是以较为平和的心态开展中西文化的会通，对两种文化优缺点的判断比较准确。梁漱溟致力于直觉意义的阐发而不是新的形上学方法体系的建构；冯友兰引入负的方法作为正的方法的补充，但并没有充分开掘负的方法。自觉从事儒家新形而上学方法——直觉的建构并完成一博大精深体系的，是熊十力。

在熊十力之前，人们对直觉总的态度是视其为一种不可分析的“顿悟”而较为笼统地对待直觉，只是描述了形态各异的直觉的体验，没有深入考察直觉的规定性，也没有去挖掘直觉与理智之间的关系，重描述而不重分析，重了悟而不重论证，重实用而不重理论。熊十力一开始就采取理性主义的本体论与认识论相结合的方法说明直觉为体、理智为用，这种做法具有严格的哲学理论意义。经过熊十力的努力，直觉的复杂内容和多种形式逐渐被一一揭示出来，此时，直觉不再是朦胧一团的神秘领悟，也不仅仅是一刹那的思想闪光。在熊十力那里，直觉是一种由多种思维构成的、以多种方式表现出来的活动，是一个复杂曲折的过程，而且还是一个由低级往高级发展的多层次体系；主张直觉虽然复杂，但它仍是可以把握、可以认识的。熊十力分析了直觉的本质特点，对直觉的具体形态如“性智”、“体认”、“默识”、“证会”等都有清晰的界定，对于直觉与理智的边界等问题都有清晰的梳理。

与梁漱溟本能、情感、道德的直觉不同，与冯友兰强调神秘主义的直觉也不同，熊十力认为直觉是一种超越理智的高级精神现象；他反对割断直觉与理智的关联，并强调“善的直觉”、“二智圆融”，在本体论、认识论、伦理学上都有积极贡献。熊十力的直觉显然是一个经深思熟虑而采用的概念，直觉的内涵和外延都很清晰，所以，基本可以判定熊十力直觉的理论化、理性化程度高于梁漱溟和冯友兰。不过同时我们也看到，熊十力的直觉理论也有诸多可探讨之处，例如他始终认为直觉是“见体”的高级阶段，理智只是性智的发用而被限定在科学领域，排除在哲学之外，这种看法是否妥当还可以讨论；直觉与理智的互动关系也在他的视野之外，用体用关系来概括直觉与理智的关系是否恰当等这些问题还需要我们继续思考。

虽然熊十力本人很少直接用“直觉”这个概念，但我们可以发现，他所用“性智”、“证会”、“默识”、“体证”、“证量”等概念都在直觉范围之内，这些概念虽然属于直觉，又都有各自的规定性，从不同侧面昭示着直觉的存在，下文将分类解析。我们也许可以大胆推测，①正是由于熊十力发现了中西哲学直觉概念内涵的差异，用直觉一词难以涵盖中国哲学丰富的直觉传统，故很少直接使用“直觉”一词，代之以具有中国特色的概念。这种做法表面上看概念纷呈，有些杂乱，却防止了人们对直觉作本质主义的理解，不失为一种明智之举。

第二节　理智与直觉的不悖并行

与唯科学主义者将哲学科学化、否认哲学与科学的区别相反，熊十力十分强调二者的分野，主张哲学与科学是在性质上、功能上根本不同的两种学问。科学所追寻的只是关于外在的自然世界的

① 当然，这种推测也有熊十力的文本为依据，受佛家因明学的影响，熊十力在理论中用到概念时，往往会以附注的方式加以界定，务求精确；为了精确，谈概念白话文最适宜，谈本体还需借用文言文，他说，“凡理论的文字，以语体文为最适宜。条理详明，委曲尽致，辞畅达而无所隐，义精确而无所淆。此语体文所擅长也。但有时须杂用文言文。谈理至幽玄之境，凌虚着笔，妙达神理，则或赖文言，以济白话之穷。如程子语录中所谓冲寞无朕、万象森然，以整练之辞，善敷玄旨，含蓄无尽”。熊十力：《十力语要》(一)，沈阳：辽宁教育出版社 1997 年版，第 172—173 页。

知识，而哲学所穷究的则是赅宇宙万有并为其本源的真实本体；科学所运用的工具是从日常经验中历练出来的理智，而哲学所凭借的则是与本体合而为一的吾人本心的直觉。显然，熊十力将科学划归为术，将哲学划归为道，他认为不能用术来回答道的问题，人们在日常生活中已经习惯用工具理性解决回答一切问题，其实就是以术解道的套路；在道的问题上，人们用术的方式来解决，以为掌握了术就能掌握道，这种想法是错误的，应区分术与道。道与术都有自己的规定性不能混淆，道非术，术非道，但道皆由术来展现，道虽不可说，却可以通过术来悟道；术都是道的外显，没有无道之术，所以，术与道各有范围、各有方法，并行则不悖，相抵牾终陷于一偏。

一、科学与哲学的分判与融通

现代西方的科学主义与实证主义思潮都主张取消形而上学，认为一切有关形而上学的研究都没有意义。这种思潮传入中国后产生的结果是现代人对于传统文化所向往的“内圣外王”境界的怀疑，对人生基本意义的追求出现了危机。这种情况对儒家来说无疑是一次严峻的挑战。然而，在熊十力看来，要恢复“本心”，先要肯定传统文化的精神价值。只有“重立大本”，确立人类的价值本体和生命本体，确立人道之尊，才能克服精神世界的“形上迷失”。为了重建道德形而上学，必须首先对科学主义和实证主义的挑战作出回应。熊十力承认科学的效用，科学对宇宙万象作了分门别类的研究，解析至精至细，足以发现宇宙各方面的奥秘，但宇宙原是变化不测、生生不息的全体，科学于此全体的宇宙大生命，未免有所隔阂，更不能为人提供“安身立命之所”。虽然科学与哲学都在追求真理，追求真实的本体，但是哲学的真理与科学的真理并非一事，科学把真与善、存在与价值割裂开来，只关心纯粹客观的事实本身，而不关心事实对于人有无价值或意义。熊十力的这种分疏显然是从传统儒学对于“体”与“用”、“道”与“术”、“为道”与“为学”的区分中得到了理论支撑。

熊十力认为作为两种不同的学问，哲学与科学有本质的区别，“科学假定外界独存，故理在外物，而穷理必用纯客观的方法，故是知识的学问。哲学通宇宙、生命、真理、知能，而为一，本无内外，故道在反躬，（记曰不能反躬，天理灭矣，此义深严。）非实践无由证见，故是修养的学问”。① 宽泛而言，科学与哲学的不同，就在于科学是知识的、理论的学问，而哲学则是修养的、实践的学问。熊十力将科学作为俗谛加以肯定，在他而言，一切科学根本从实用出发，在日常实际生活的世界和经验界，把一切物视作离我心的独立存在，因此凭理智向外推求；而哲学的目的在于究万化之原，正人道之本，属一切智智，所以说是无相的，因此决非日常生活经验所能把握。

熊十力多次清晰地厘定了哲学与科学研究的界限，“究极言之，只有本体论是哲学的范围，除此以外，几乎皆是科学的领域。……哲学思想本不可以有限界言，然而本体论究是阐明万化根源，是一切智智，与科学但为各部门的知识者自不可同日语。则谓哲学建本立极，只是本体论，要不为过。夫哲学所穷究的，即是本体”。② 哲学研究的范围是本体论，而其余的则为科学研究的范围，因与本体界相对的是现象界，所以与本体论为研究范围的哲学不同，科学研究的范围应为现象界或经验界。“科学虽于人道，多所分明，然终不涉及本体。其所仁者理智，其方法为外求。至于反求诸己，而自得其万化之源，万善之宗，真实弥漫，而发以不容已者，此则经学之所发明，而非科学之所过问。故科学知识，不能穷探宇宙真相，与人类精神活动之根源。”③在熊十力而言，宇宙人生

① 熊十力：《十力语要》(一)，沈阳：辽宁教育出版社 1997 年版，第 64 页。

② 熊十力：《新唯识论》，北京：中华书局 1985 年版，第 248 页。

③ 熊十力：《读经示要》，《熊十力全集》第三卷，武汉：湖北教育出版社 2001 年版，第 735 页。

原本非二，通过一定的修养功夫，就能体会宇宙真谛，与宇宙大生命同流无间。但是，科学的客观化方法即主客二元分立的对象化方法，恰恰破坏了宇宙人生的统一。也就是说，客观化的科学无从把握宇宙人生不二的真理，所以需要玄学。无疑，熊十力所要破除的是将对象性的探求当作本体论方法的做法。事实上，科学越界造成了近代人以及现代人的“精神迷失”，因此，必须重建伦理精神象征，着力强调人之所以为人之道，将人从物化的状态中解脱出来。正是在这个意义上，有学者把新儒家的思想表述为“意义的追求”(张灏语)。

与其本质、范围不同相应，哲学与科学的方法也各异，科学的方法是以感官经验为依据的客观的方法，而哲学则是以主体内在生命的体验为依归，“科学以由感官所得经验为依据，非用客观的方法不可。哲学所穷了者为本体。而宇宙本体实即吾人所以生之理，斯非反求与内证不为功”。[①] 因此，在熊十力看来，以自然为研究对象的科学，只能研究事物互相关系间之法则，这类知识只属于表层，而不能证会本体。科学在方向上主外驰，泯能以归所，其方法以客观、实测为主；以生命为对象的哲学，主内敛，摄所以归能，其方法则以反求诸己、默而识之的 直觉为主。显然，熊十力给出了他理解的玄学与科学的关系，即玄学是体，科学是用，科学依附于玄学，科学为玄学所涵括，科学是玄学称体起用之所得。

由上可知，熊十力明确反对用科学方法去追求作为哲学对象的本体，之所以如此，在于熊十力以为作为科学工具的理智总把一切事物都看作本心之外的独立存在，不了解一切事物均为本体的显现，而本体自身又非有形有相。如果把哲学等同于科学，取消二者之间的界限，认为理智可以认识宇宙之全而达于本体，必然会产生两方面的过失：其一是把本体当作吾心之外的东西，任凭理智

① 熊十力：《十力语要》(一)，沈阳：辽宁教育出版社 1997 年版，第 104 页。

的作用向外界去寻求，结果，每个人都用自己的思考所得建构一种境界，建立一种本体论，形成唯心唯物、非心非物的种种无谓纷争；其二是从根本上否认有真实的本体存在，结果专在知识论上钻来钻去，从事一种无根基、无结果的冥思苦索。对此，他说："凡此种种妄见，如前哲所谓'道在迩而求诸远，事在易而求诸难。'……学者各凭意想，聚讼不休，则又相戒勿谈本体，于是盘旋知识巢臼，而正智之途塞，人顾自迷所以生之理。古德有骑驴觅驴之喻，盖言其不悟自所本有，而妄向外求也。"①

在对待科学与哲学的关系上，熊十力所主张的是二者既严格区分又相资以为用，既保持了科学与哲学的相对独立性，划清了二者的界限，避免了相互间的僭越，同时又避免了二者的割裂，使科学与哲学、形下与形上得到了融通。他说："哲学之领域，既经划定，即以本体论为其领域。而中西人对于本体底参究，其方法与工夫，各因境习而有不同。因之，其成就亦各不同。此足征夫一致而百虑，终无碍于殊途同归。驰求知识者，反己自修，必豁然有悟，'众里寻他千百度，回头蓦见，那人正在灯火阑珊处。'专事修养者，大本既立，毋须绝圣弃智，将见一切知识，皆是称体起用，所谓左右逢源是也。"②在熊十力看来，科学与哲学无论是在方法上，还是作用上都可以相互结合、相互贯通，二者虽然存在质的不同，但是以道观之，体用一如。当科学专注于用的时候，实际上这种用是体的表现，而当哲学专注于体的时候，体又以用的方式显现，体用非二元，哲学与科学也很难截然割裂。当然，熊十力也犯有明显的错误：仅仅在实用维度上来看待科学，把科学视为俗谛，视为应付实际生活的权宜之计，忽视了科学的内在价值。熊十力反对科学万能论，却不反对科学（当然只是在俗谛的意义上不反对），不仅不反

---

① 熊十力：《新唯识论》，北京：中华书局1985年版，第251页。
② 熊十力：《十力语要》（一），沈阳：辽宁教育出版社1997年版，第64页。

对，他甚至还试图从玄学的视角为科学的地位作出阐明，为之奠定一个本体论的基础，这就把玄学派的思想向前推进了一层。①

就真理本身而言，无所谓科学与玄学之分，但就其研究方法而言差异显著，依熊十力之见，科学采用理智的方法，而玄学则是由理智进入超理智的境地方可。"科学尚析观(析观亦云解析)，得宇宙之分殊，而一切如量，即名其所得为科学之真理。玄学尚证会，得宇宙之浑全，而一切如理，即名其所得为玄学之真理。……吾确信玄学上之真理，绝不是知识的，即不是凭理智可以相应的。然虽如此，玄学决不可反对理智，而必由理智的走到超理智的境地。"②在熊十力看来，科学有科学的领域，但科学不能解决宇宙人生的根本问题，人类如果只要科学，不要"反己之学"，将会带来诸多弊病。如果没有玄学真理，科学真理也失去了基础和依归。

熊十力反复声明反理智与废思辨是他历来反对的，他对理智的遮拨只限定在见体这一本体论层面，而在认识论领域是积极肯定理智的，二者各有所长，"然玄学要不可遮拨量智者，见体以后大有事在。若谓直透本原便已千了百当，以此为学，终是沦空滞寂，隳废大用，毕竟与本体不相应。……阳明咏良知诗'无声无臭独知时，此是乾坤万有基'，实了义语也。此种境地岂可由量智入手得来？然到此境地却又不可废量智"。③ 又说，"见体以后，必依性智而起量智。即昔儒所谓不废格物穷理之功是也。……见体，虽纯恃性智，而量智并非可屏而不用。万物既皆本体之流行，则即格物穷理之功"。④ 虽然熊十力给逻辑认知开辟出了地盘，但是，他一再申明量智的功用是认识外物，且很容易受种种习俗和欲望的影响而迷于逐物。易言之，熊十力强调玄学的优先性，而为科学理智

---

① 关于熊十力对科玄之争的回应及对科学和哲学的关系问题的解决，可参见郁振华：《科学和玄学：几种典型进路的考察》，《学术月刊》1999 年第 5 期。

② 熊十力：《十力语要》(一)，沈阳：辽宁教育出版社 1997 年版，第 115—117 页。

③ 熊十力：《新唯识论》，北京：中华书局 1985 年版，第 677 页。

④ 熊十力：《十力语要》(二)，沈阳：辽宁教育出版社 1997 年版，第 233 页。

所开辟的地位还很有限。

由以上所引中可以看出，熊十力的“反求诸己”实际上是要超越逻辑、祛除言诠。值得注意的是，熊十力虽然一方面承认人们认识过程中确实存在着直觉，借助直觉能洞见到真理，它不是逻辑推演的结果，而是不期而至的东西。但另一方面他拒绝将直觉神秘化，其直觉不排除逻辑思维，认为直觉是对逻辑的超越，通过内在反观获得的人类高级精神活动的结果。他说：“逻辑无论若何派别，要之，不外为慎思明辨之而已。是固哲学之所必资。然哲学家之所得，毕竟由脱然超悟。神妙万物，初不由思辨之术。但如仅止于神悟，则恐务本而遗末，弊不胜言（中哲之失在此）。故透悟类，而犹必精研事物，穷散著以观会通，始证实其所超悟者。夫而后为本末赅备之学。方其精研事物，则慎思明辨之术，不可以不精也。惟其有超悟立于先，则思辨不至于流于粉碎与浮乱。辩之明、思之慎，则超悟益引发而无穷。”①

受佛学唯识宗影响，熊十力认为，宇宙万物不是实在的东西，而是翕辟乍现的迹象。研究科学用量智，量智就是通常所说的知识和理智，它把外在事物当作实有的东西；科学用表诠，即正面的叙述、论证，并用语言、文字去表达、说明，从而析异观同，会通众理，以事实验证原理，从事物中探索规律。西洋科学就是这样，它以经验知识为依据，把迹象当真实，而不能穷万化之原。这样，通过熊十力的艰苦努力，就从通常的认识论意义上为理智的有效性划定了范围，将理智限定在科学的领域。显然，其目的是为了破除理智所造成的种种妄计所执，说明直觉的本体论意义和认识论意义。事实上，熊十力不是单纯地讲认识论，而是借助认识论讲本体论，借用唯识宗的名相说来改造陆王心学简易的“明心见性”方法。如此一来，既克服了陆王偏重向里，外扩不足，忽略科学的理论缺

① 熊十力：《十力语要》（二），沈阳：辽宁教育出版社 1997 年版，第 231—232 页。

陷，又进一步达到尊性智而不遗量智，讲本体世界不忘物理世界，讲哲学不忘物理，把本体与现象、心与物统一到体用不二的本体论中。

宽泛而言，理智是主体面向客体，认识作为认知对象的客体时产生的思维活动；直觉则是主体入乎客体之内，随客体而展开，领悟其内在奥妙，这种奥妙是理智主体在外面不能理解的。直觉的这种活动与其说是主体观察和陈述客体的内在必然性，毋宁说是主体把自己完全交付给认识对象的生命——不是把客体当作一种外来物看待的活动，也不是从客体那里走出来而返回于自身的反思，而是让客体按照自己的本性，即按照它自己的自身而自行运动，并考察这种运动。中国哲学家讲天人合一，实质上就是这种主客体的绝对同一。人在这种绝对同一中，其领悟和其对象在内容上一致，在形式上也可以转换。人在理智中，其领悟和其对象在内容上总是不一致的，主体总感到有“隔”，主体和客体仍然相互外在，无法达到绝对同一。其实，主客体的这种绝对同一的状态就是真理的呈现，直觉就是达到这种真理的“桥梁”。熊十力以为直觉是探求玄学真理的唯一方法，也有这方面的意味。直觉是无概念的体验，从过程上说，理智运用概念和符号把握对象，而直觉则舍弃一切概念和符号，深入对象而进入一种微妙的精神境界。这种精神境界便是一种体验状态，体验的结果是不能言传的，理智的知识可以诉诸概念、符号传达给别人，直觉的体验和境界却无法传达，这就只能通过某种机智的妙语，使别人得言外之意，产生相类似的体验和境界。这一点也和中国哲学所说的“言不尽意论”有颇多相契合之处。

事实上，理智的片面发展的确会带来许多严重的后果，但如果没有它，人类甚至无法生存，更谈不上发展。尽管唯科学主义对理智的泛滥化使用存在越界的错误，但短期内在价值领域就取儒学而代之，恰好也说明了科学所具有的力量，现代西方文化的强势就是理智充分发挥的有力证据。由于价值取向上偏重德性和价值理性，轻视了理智和工具理性，导致传统儒学无法应对人们的现实关切，为唯科学主义思潮的勃兴提供了条件。当然，唯科学主义片面强调工具理性对于传统儒学过分注重价值理性来说是一种纠偏，但其所导致的价值的空场和人生坐标的迷失亦为一种新的偏误。无疑，熊十力着力在儒家传统中为接纳理智做了多种尝试，然而他对理智弊病的分析，依然表征儒家向来偏重德性的惯性思维和对西方文化的警觉，蕴含着纠偏过度滥用理智的理论意图。

二、性智与量智的分与合

性智和量智是熊十力对人的不同认识方式的归纳，它们是两种不同的能知，这两种能知的开显就表现为直觉与理智两种不同的认知方式。直觉与理智是性智与量智的外显表现，而性智与量智则是直觉与理智这两种不同认知方式的内在根据。性智是对于体的认识，量智是对于用的认识。性智相当于"德性之知"，量智相当于"见闻之知"。熊十力把宇宙本体亦即吾心的自我认识功能称为"性智"，把本体、吾心的自我体认过程称为"证量"。同时，又把与性智、证量相对待的、人的感觉器官的认识功能称为"量智"，把感觉器官与事物相接触而发生的认识事物的过程称为"比量"。在他看来，比量因依于人的生理器官与语言和逻辑，只能认识人妄自分别的外境事物，而证量则止息思维，扫除概念，内敛精神，最终使人达到天人一体的境界。他说："吾人唯于性智内证时，大明洞彻，外缘不起，默然自了，是谓证量，吾人须有证量之境，方可于小体而识大体，于相对而悟绝对，于有限而入无限，是乃人即天也。"①玄学的目标在于认识本体，本体不是外在的客观事物，不能用理智、知

---

① 熊十力：《原儒》，《熊十力全集》第六卷，武汉：湖北教育出版社 2001 年版，第355页。

性去认识，必须用性智去证悟冥会，性智又名本心，是自明自觉的自我觉悟。用性智去证悟冥会本体，就是本心自己认识自己。性智的特点是虚彻灵通、卓然独存、真净圆觉，大致相当于王阳明的良知。

对于性智与量智各自适用的范围，熊十力认为，量智只是一种向外求理的工具，用在日常生活的宇宙即物理世界是有效的，但若不慎用之，用在解决形而上的问题时，也以它作根据，把仁心本体当作外在的境物来推求，那就大错而特错了。玄学及其方法则不停留在这一步，它需要从性智上涵养功夫。在熊十力而言，因为人的生命与宇宙的大生命原本不二，所以，我们只能凭着性智的自明自识才能实证本体，才自信真理不待外求，才自觉生活有无穷无尽的宝藏。如果是不求诸本有的自明自识的性智，只任量智把本体当作外在的物事去猜度，或凭臆想建立某种本体，或任妄见否认了本体，这些都是自绝于真理的，因为“量智唯不易得真解故，恒妄计有外在世界，攀援构画。以此，常与真的自己分离，并常障蔽了真的自己”。[①]

熊十力认为，玄学见体，唯赖性智，证悟本体没有现成的方法，只有本心的自知自识。熊十力引《白虎通义》中对哲学的“学”的训释，“学者觉义，觉者，自明自见自证”。[②] 当冥然自证时，心境两忘，能所双泯，无主客内外，无同异物我，无对待，无取舍。概而言之，没有任何分别，进入内外浑融，直指本心，默然自喻，真体显露的境界，这种境界只可意会，不可言传。在熊十力而言，性智是“当下睹体承当”的直觉，它不需要概念分析和推理，“止息思维，扫除概念，只是精神内敛，默然反照，孔子‘默识’即此境界，人生惟于证量中，浑然与道合一”。[③] 这种状态当然是自己的觉悟，“他元是自

① 熊十力：《新唯识论》，北京：中华书局1985年版，第250页。
② 熊十力：《十力语要》(一)，沈阳：辽宁教育出版社1997年版，第51页。
③ 熊十力：《原儒》，《熊十力全集》第六卷，武汉：湖北教育出版社2001年版，第355页。

明自觉，虚灵无碍，圆满无缺，虽寂寞无形，而秩然众理已毕具，能为一切知识底根源的”。① 性智还是一种无待而绝对自由的精神境界，“到了性智显发的时候，自然内外浑融，冥冥自证，无对待相……觉得眼前一切物莫非至真至善”。②

玄学之知和科学之知分属不同的层次，在自然科学领域里，需要向外探索，以知性思维为主要方法；在玄学范围内，需要的是反省自求，起作用的是一种超乎理性思维的“觉”和“悟”。科学是“为学日益”的量智，玄学是“为道日损”的性智。“量智是缘一切日常经验而发展，其行相恒是外驰。”③在熊十力看来，量智迷以逐外物，妄计有外在的事物而追求不已。量智的认识对象是眼、耳、鼻、舌、身五识变幻出来的物境，由意识加以综合，作为思量和推度，明辨事物之理则。性智是不待外求的具足圆满的明净的觉悟，而作为思量和推度的量智，不过是性智的发用而已。性智是本心之异名，亦即是本体之异名，因此所谓见体云者，非别以一心来见此本心，乃即本心之“自觉自证”。性智向内，体悟本心；量智向外而生习心，是性智的发用。熊十力认为哲学家如果仅凭理智向外寻求，用思考去勾画一种境界，建立为本体，而不务反识本心，在知识论上钻来钻去，便脱离了哲学的立场。因此，他不仅区分性智、量智，而且强调有本心、习心之分，唯有人的本心，才是与天地万物所同具的本体，不可认习心作真宰。

既然无形、无相、非空的本心决非理智向外推求所能把握，那么只有反之于心，以直觉实证、反观内心的方法，才能“自明自觉”，达到本心本体。这就是熊十力所谓“反求实证”的含义，也是他哲学思想的核心。为了说明这一思维方式，他又对佛说的“如理智”和“如量智”进行了根本改造，提出“性量分途”、“性体量用”的认识

① 熊十力：《新唯识论》，北京：中华书局1985年版，第249页。
② 同上，第255页。
③ 同上，第250页。

论原则。他说:“性智者,即是真的自己底觉悟。此中真的自己一词,即谓本体。……即此本体以其为吾人所以生之理而言,则亦名真的自己。即此真己,在量论中说名觉悟,即所谓性智。……量智,是思量和推度,或明辨事物之理则,及于所行所历,简择得失等的作用故,故说名量智,亦名理智。此智,元是性智的发用,而卒别于性智者,因为性智作用,依官能而发现,即官能得假之以自用。”①这就是说,性智是本体在人的认知上的直接显现,因而表现为依据本体而对自身的认识,这也就是觉悟或自己认识自己。量智则是此性智通过发用流行显现于官能万物之域,又使“官能得假之以自用”,因而只是具体的思量和推度之知。从这一分疏可以看出,熊十力的性智是对本体之知,而量智则是对具体事物之知。

在性智与量智之间,熊十力并不是一味地要抬高性智、贬抑量智,他认为性智之长在于证悟本体,而量智之长则在于对具体事物的认识,熊十力并没有以性智并吞或取代量智,而仅仅是指出二者的分别,揭示出性智对量智的根源作用,从而为性智统摄量智提供一个理论基础,他说:“中学以发明心地为一大事(借用宗门语,心地谓性智),西学大概是量智的发展,如使两方互相了解,而以涵养性智,立天下之大本,则量智皆成性智的妙用。”②这里,熊十力的目的不仅仅是在认识论意义上融合中西哲学,更重要的是在“立天下之大本”的意义上说明方法论与本体论的融会贯通,只有做到尊性智而不遗量智,才能既把握本体世界,又认识形下世界,达到体用不二。有学者对此有精到的见解。由于中国特有的认识论和方法学进路,不是或不完全是主体对于客体的知觉理解、推理思考,而是在本心性体的具体呈现中“证会”、“体悟”其普遍性和超越性。③

其实,熊十力对量智表示了一定的同情,曾告诫自己的学生多

---

① 熊十力:《新唯识论》,北京:中华书局 1985 年版,第 249 页。
② 熊十力:《新唯识论》,北京:中华书局 1985 年版,第 678 页。
③ 郭齐勇:《熊十力思想研究》,天津:天津人民出版社 1994 年版,第 104 页。

下些功夫研究逻辑。他对量智的价值在辨物析理方面给予了肯定,认为它也是科学所凭借发展的工具。但如果认为形上的真理也可运用量智获得,从而把本体当作外在的境物去推求,就会陷于天人、物我、人己的对立而不能自拔。其结果必然是障蔽本心、性智,助长"顺躯壳起念的"染污习心,所以说,"量智只能行于物质的宇宙,而不可以实证本体。本体是要反求自得的。本体就是吾人固有的性智。吾人必须内部生活净化和发展时,这个智才显发的。到了性智显发的时候,自然内外浑融,冥冥自证,无对待相,即依靠这个智的作用去察别事物,也觉得现前一切物莫非至真至善"。① 可见,熊十力试图从确认量智的必要性出发,证成发展科学是儒家思想现代转化的内在要求。但是熊十力用性智统辖量智的目的就是要使认识服从修养,知识服从道德,知识之真服从道德之善,即认知主体的存在只是暂时的,依附于德性主体而存在。

根据性智为体、量智为用的方法论原则,熊十力力主把程朱的"涵养须用敬,进学在致知"与王阳明的"致吾心之良知与事事物物"结合起来,"哲学家之路向常不一致,而尚直觉者虽未能反诸德性上之内照,要其稍有向里的意思,则与陆子若相近也。重知识者,比吾前儒道问学之方法更精密。然朱子在其既物穷理之一种意义上,亦若与西洋哲学遥契。人类思想大致不甚相远,所贵察其异,而能会其通也"。② 因此,他主张合内外之道"融会朱王二义",推扩良知之明去格量事物,"格者,量度义。良知之明,周运乎事事物物而度量之,以悉得其有则而不可乱。……阳明后学多喜享用现成良知而忽视格物,适以自误,此亦阳明讲格物未善所至也"。③ 这种说法实质上补充了用理智的方法度量事物,不是像王阳明那样直接把良知运用于事事物物上,而是通过理智这个中间环节,使

① 熊十力:《新唯识论》,北京:中华书局1985年版,第255页。
② 熊十力:《十力语要》(一),沈阳:辽宁教育出版社1997年版,第187页。
③ 熊十力:《十力语要》(二),沈阳:辽宁教育出版社1997年版,第283—284页。

事物有则而不乱。这就是熊十力尊性智而不遗量智的推扩良知功夫。成中英指出，熊十力一方面肯定“性智”体证本体的必要，另一方面他也看重“量智”发展知识、推度事物的重要。体证本体是体，辩解知识则当是用。但辩解的“量智”如何自体证的“性智”发展开来则是一根本未解决的问题。① 需要指出的是，熊十力对科学在一定程度上的认可、容纳，是以突显哲学的优先性为前提的。一般说来，其是从西学补助中学的角度吸收科学思想的，其用意不外乎以西学充实、改造儒学，使儒学得以复兴。这是现代新儒学区别于传统儒学的主要特征。虽然其提出东西学的互补和对接的方法论不是很融通，却足以令吾辈后学沿着其开创的道路继续前行。

第三节 “知”与“行”的具体形态

熊十力直觉理论中的“知”与“行”既有分又有合，都属于直觉方法，只是侧重面和功能有所不同。“知”即为证会、证量、默识、静观，克去己私，断除惑染，使本体得以发现；这种“知”是一种“破”，破习心、破量智，当然也破除了对语言、思辨、概念和推理的执著，是本心的自明自了。“行”即为体认、体悟、亲证、亲得、践履，是与自家的身心融成一体的经验，将彻悟的生生之理和良知实践出来，设身处地，体物入微，直接达到真善美的统一，顿悟本心仁体。这种区分只是我们深入分析时的一种理论需要，事实上，在熊十力那里，受儒学传统影响，知行是合一的。朱熹云：“知行常相须，如目无足不行，足无目不见。”“知之愈明，则行之愈笃；行之愈笃，则知之益明。”②船山曰：“力行而后知之真”，知与行相资以为用，“并进

① 成中英：《综论现代中国新儒学哲学的界定与评价问题》，《玄圃论学集》，北京：三联书店 1990 年版，第 181 页。

② 《朱子语类》卷十四。

而有功”。[①] 熊十力的直觉理论是“知”中有“行”，“行”中有“知”。[②]当以“行”为主时，心渗透于身，达到虚心状态；当以“知”为主时，身渗透于心，达到忘身状态。一般说来，这两种状态融为一体，当直觉产生时，就呈现出身心两忘的总体效应。身心两忘并不是指置身心于不顾，而是扬弃了二者的有限性，取消了执著，达到身心的协调一致。

一、体认

体认作为直觉的方法是与主体追求真、善、美之境联系在一起的，由于主体在思维结构上是知、情、意一体，那么对于作为大、全、一的本体性存在的把握方式就不可能是“纯思”的活动，这既不意味着本体是不可把握的，也不意味着本体是不必把握的，而只是说，不能用逻辑方式去把握，而需要运用特定的“行”的方式即知、情、意与实践合一的方式去把握，在熊十力看来即为体验型的“体认”或“体证”。

在儒家那里，格物致知就是在事事物物、在事理中发现天理，去寻找“天之所与我者”，[③]“道未始有天人之别，但在天则为天道，在地则为地道，在人则为人道”，[④]知善恶归根到底就是知天道，但知天不容易，所谓，“天道远，人道迩”。[⑤] 理学家就是这个传统。

---

① 《船山全书六·读四书大全说》卷四。

② 张岱年将在孔子哲学中即具雏形、而为其后的各哲学家分别所用的认识方法归纳为六种，即“验行”（以墨子和颜习斋为代表）、“体道”（以老庄为代表）、“析物”（以惠子、公孙龙、后期墨家为代表）、“体物或穷理”（以荀子、《易传》及宋明理学家为代表）、“尽心”（以孟子、陆王心学为代表）、“两一或辩证”（作为其他诸法之辅而贯穿于诸法之中）。在这六种方法中，主要的是直觉的方法。在张岱年看来，体道与尽心，都是直觉方法，不过一个向外、一个向内。析物是理智的方法。体物或穷理，则是直觉与理智合用的方法。参见张岱年：《中国哲学大纲》，北京：中国社会科学出版社 1982 年版，第 528—529 页。

③ 《孟子·告子上》。

④ 《程氏遗书》卷二十二上。

⑤ 《左传》。

儒家的知总是切己的实践之知，是跟我有关系的，获得知是为了正确地处事应物。天道之知、天理之知不是具体事物之知，而是德性之知。“大心体物”是张载哲学的重要方法，“德性所知，不萌于见闻”，①体物即消除了物我的对立，超越自我，以天地万物为我，这样来认识天下之物。“大其心则能体天下之物，物有未体，则心为有外。世人之心，止于闻见之狭。圣人尽性，不以见闻梏其心，其视天下无一物非我。”②“闻见之知”强调物我对立，把外物当作外在于自身的存在，追求的是单纯的知识；“大心体物”则不然，它要求把自我与他物平等看待，由对自我的认识拓展对他物的认识，推己及人，把自我置于他物之中，消除物我的对立，达到物我合一之境。朱熹解释“体天下之物”的“体”字说，“此是置心在物中究见其理”。③

陆王心学的理论前提是否认物我的区别，反对向外求理，主张求之于自心，把体认的目标转向自我的内心世界，陆九渊认为：“道，未有外乎其心者。自可欲之善，至于大而化之之圣，圣而不可知之神，皆吾心也。心之所为，犹之能生之物，得黄钟大吕之器，能养之至于必达，使瓦石有所不能压，重屋有所不能蔽。”④“心之所为”成了一切事物形成变化的无条件的绝对根源与动力，“道”或“理”发出和存在于“心”，又充塞整个宇宙，为天下万物所“共由”，道理乃人心所固有，岂难知哉？“心之体甚大，若能尽我之心，便与天同，为学只是理会此。”⑤认识问题所涉及的本质上是一个“吾之本心”的自我认识问题，而这个自我认识也就是“本心”的自觉回归。陆九渊讲的“为学”就是“本心”的自我体认，一旦发明了我固有的“本心”，我便同固有的“本心”达到了自觉的结合，由于我固有

---

① 《正蒙·大心》。
② 同上。
③ 《朱子语类》卷九十八。
④ 《敬斋记》，《象山先生全集》卷十九。
⑤ 《语录》，《象山先生全集》卷三十五。

的“本心”是“天之所与我”的，因而同我固有的“本心”达到了自觉的结合，便与天同体了。

在王阳明而言，“是非之心，不待虑而知，不待学而能，是故谓之良知。是乃天命之性，吾心之本体，自然灵昭明觉者也”。[①] 诸如此类的说法还有不少，概而言之，“良知”是“心之本体”，它的本质内涵是“天理”。这个“天理”囊括一切道德观念、判断善恶是非的准则、不虑而知的知识、不学而能动良能，它又是造化的精灵，天地万物皆从此出。总之，“良知”是吾心先天固有的绝对真理的总体，一切事物及其运行变化的道理，人的道德、知能，都包罗在吾心的良知之中，一无遗漏。“心之本体无所不赅，原是一个天，只为私欲障碍，则天之本体失了；心之理无穷尽，原是一个渊，只为私欲窒塞，则渊之本体失了。如今念念致良知，将此障碍窒塞一齐去尽，则本体已复，便是天渊了。”[②]心原是一个天渊，心之本体无所不包，心之理无穷无尽，心之良知不可胜用，但由于私欲的障碍、窒塞，致使心之良知丧失，所谓“致良知”就是要去尽私欲之障碍窒塞，回复到良知本体。

克服“私欲窒塞”不仅是对道德本体的认知，更重要的是一个道德践履和情感参与的过程，也可以说，“致良知”本质上是对天理良知的体验过程。“大心体物”、“发明本心”、“致良知”功夫，在把握天理的具体方式上或许有差别，但无不强调内心的体验，把自我放进认识过程。体验不同于知识，它是属于自我专有的经验，无法用概念表达出来，也无法原原本本告诉别人，其他人想要获得这种经验，需要靠自己亲身的体验。熊十力认为良知呈现是绝对的真实，不容许有丝毫的假设，对于良知本体，只能“亲得”、“亲证”、“体认”、“自得”。这是一种生命体验，表现出了浓厚的实践性，超出了

---

① 《大学问》，《王文成公全书》卷二十六。
② 《传习录下》。

认知领域，是在体验过程中对德性自我的直接了悟，而且在体验活动中不断实现、乃至提升自我的德性。① 冯友兰认为本体是“大全”，是一般、共相之“理”，是不在“气”中、不在殊相之中之“理”。与冯友兰不同，熊十力则认为本体是感性具体之“心”，是物我合一的大生命，是天赋人受的道德本性、道德本体。从上面表述的内容可以看出，熊十力要求体认的东西不是别的，而是“吾人所以生之理”，即“善”。因为作为接续思孟—陆王一系的新儒家，熊十力其实也是一个坚定的性善论者，断言人类普遍地具有先天的道德心——仁心，并把它视为最基本的真理。但是，到达这一真理的途径和方法，在他看来，既不是单凭经验，也不仅仅依靠推理或单纯思辨，而是“知”与“行”的合一，是主体的自我确认，德性的自我实现，是“善的体认”或称“善的实证”，如他所说，“哲学家如欲实证真理，只有返诸自家固有的明觉。即此明觉之自明自了、浑然内外一如，而无能所可分时，方是真理实现在前，方名实证。前所谓体认者即是此意”。② “余以为，任何人如肯返己体会，便见得人生本有仁心在。仁心常为吾人内部生活之监督者，吾人每动一念、行一事，仁心之判断恒予小己之私欲以适当的对治。此一事实，万不可不注意。”③

另一位现代新儒家马一浮与熊十力对于“实证”的理解如出一辙，马一浮说：“证者，方是真知。证后所说之理，方是实理。不然只是揣量卜度，妄生分别，如盲人摸象，各说一端，似则似，是则不是。……在儒家，谓之私智穿凿，谓之不诚。故穷理功夫入手处，

---

① 关于直觉复杂的运行机制，高瑞泉教授在论文《默识与体认——熊十力的直觉理论述评》（《华东师范大学学报》2001 年第 5 期）中对熊十力的直觉有精到的论述。直觉包括逻辑分析、思辨这些必要的准备，还包括超理智的神悟（证会、体认等），还具有实践的品格，是身体力行的德性涵养过程；直觉也是本体的呈现，是多种动态过程的合一。直觉这个由多个动态的相互交参、相互激荡的过程交织在一起的统一体，其复杂如此，难怪熊十力用了那么多的概念才差强人意地表达了他的理论。

② 熊十力：《十力语要》（一），沈阳：辽宁教育出版社 1997 年版，第 127 页。

③ 熊十力：《明心篇》，见《体用论》，北京：中华书局 1994 年版，第 218 页。

只能依他古来已证之人所说，一一反之自心，仔细体究，随事察识，不等闲放过。如人学射，久久方中。”①

“体证本体”或“证会本体”是熊十力整个哲学思想的方法论基础。良知不是假定，而是由当下内在体证而得的。② 在熊十力看来，“体证本体”即是真实地掌握宇宙真实，以至于心与之合一的状态，无体认即无法透视真理为宇宙真实立言，一切思想也将成为无根的假名而已。熊十力区别“体证”（性智）与“思辨”（量智）。“思辨”重分析论证与名言，只是从事逻辑建构，对本体并无把握；如有所谓本体，则所谓本体必成为外在于心的存在，与人的自性不能证合为一。“体证”或“证会”则是人心的真实呈现，故为本体自身的呈露。就主观的心而言，是“自见自明”；对客观的物而言，则是物自体的显现。其实，人在“体证本体”时，已没有主客之分，呈现的是一个能所互泯、内外浑然的真如境界。

如何求得“体证”？熊十力指出人必须要做修养功夫，努力使人之神明昭彻，不受形累，不为物役，不溺于私欲，不囿于偏见，如此之功夫纯熟，则自然而然达到“体证”境界。“体证”的对象和结果是本体真实，“思辨”的对象及结果为知识；本体是整体如此，知识则是支离破碎的，这一点是说明“体证”与“思辨”有本质上的差异。事实上，“体证”并不是不作分析，它虽不同于一般见闻之知的客观分析，而是进行层次较高、涉及面较多、视野较广的分析，辅之以情感、意志等全身心的投入，最终形成的是知情意合一的“体证”。所以，“体证”绝对不是无知识、反知识的直觉主义，更不是毫无分析的直接描述。在这一点上，熊十力有所忽视。在本体论层面他着力于在与科学对立的意义上建构方法论，而没有看到逻辑

---

① 马一浮：《复性书院讲录》，南京：江苏教育出版社 2005 年版，第 11 页。

② 牟宗三记载了熊十力与冯友兰的一段对话，熊十力说：“你（指冯友兰）说良知是个假定。这怎么可以说是假定。良知是真真实实的，而且是个呈现，这须要直下自觉，直下肯定。”参见牟宗三：《生命的学问》，桂林：广西师范大学出版社 2005 年版，第 108 页。

分析在“见体”中的基础作用，以及逻辑分析与“体证”之间的连续性，所以他的“体证”未免给人以空疏之感。显然，在熊十力那里，玄学不以科学为基础，而科学却以玄学为根据。

“中国哲学有一特别精神，即其为学也，根本注重体认的方法。体认者，能觉入所觉，浑然一体而不可分；所谓内外、物我，一异种种差别相都不可得。唯其如此，故在中国哲学中，无有像西洋形而上学，以宇宙实体当作外界存在的物事而推穷之者……真理非他，即是吾人所以生之理，亦即是宇宙所以形成之理。故就真理言吾人生命与大自然即宇宙，是互相融入而不能分开，同为此真理之显现故。但真理虽显现为万象，而不可执定万象，以为真理即如其所显现之物事。真理虽非超越万象之外而别有物，但真理自身并不即是万象。真理毕竟无方所、无形体，所以不能用知识去推度，不能将真理当作外在的物事看待。哲学家如欲实证真理，只有返诸自家固有明觉。即此明觉之自明自了、浑然内外一如而无能所可分时，方是真理实现在前，方名实证。前所谓体认者即是此意。”① 很明显，体认也就是主客合一的实践体证方式，因而主客之间的差别相、对待相都一起融而为一。在这种条件下，也就无所谓主客内外了，只有主客融而为一的活动本身，古人所谓物我同一、与物无对，熊十力所谓能所双泯、物我同源，都是在体认中达到的。它不是站在生活之外作理智分析，而是投身于日常生活之中以动态的直接的透视，体察生动活泼的人的生命，同时也破除了对于任何语言、思辨、概念和推理的执著。只有这种切实的、与自家的身心融成一体的经验，设身处地、体物入微，才能直接达到和把握真善美的统一，顿悟本心仁体。

如果对熊十力的“体”加以细分，大体可分为两类：一是认识维度上的“体”，无能所内外，私欲净尽，杂念不起，真体呈露时的自

① 熊十力：《十力语要》(一)，沈阳：辽宁教育出版社1997年版，第126页。

明自了，即体知、体认、体悟、体察之“体”；二是相互沟通，即体谅、体恤、体贴之“体”；或是将彻悟的生生之理在自己的实际生活中实践出来，即体证、体现的“体”。在熊十力而言，“体”不但能融贯心物，也沟通了天人。人能体察、体会、体认自然，并能体现之，他说：“体字有二义，曰体认，曰体现。人能体认乎天德而实现之，则德乃流行盛大。”①在解《易·系辞》中“以体天地之撰”时又说：“此处体字有二义，一体悟义，谓彻悟乾道生生之理也；二体现义，谓彻悟不是一个空洞的见解，须于自家生活中实现此理，是为体现。”②

从语言学的角度讲，在“体认”、“体知”、③“体悟”等这些常和“体”相关的复合词中，“体”是当作动词使用的，即为“身体力行”的“体”，含有亲身体验或设身处地地着想的意思，体之于身，既要行又要知，是一种艰苦的反思，不过有这种反思所凝练的人生智慧是丰富的、真实而饱满的。而名词意义上的体，无论是被命名为“道”、“天”、“大一”、“佛”，还是“逻各斯”、“理念”、“绝对精神”、“存在”……都是指不具形象、不可分析的无限性和绝对性的统一体。

---

① 熊十力：《熊十力全集》第六卷，武汉：湖北教育出版社 2001 年版，第 570 页。
② 熊十力：《熊十力全集》第七卷，武汉：湖北教育出版社 2001 年版，第 867 页。
③ 关于“体知”及其与“认知”的关系，杜维明教授作过深入的考察，基本思路是：体知和一般的认知、考察、证实不同，体知是“知行合一”的表现，既能“知得真切笃实”，又能“行得明觉精察”。体知虽然正视自家受用的内在知识，强调变化气质的修养功夫，却不轻视外在客观的人伦的世界、自然秩序乃至宇宙生化的浩浩大道。体知与认知的不同在于，“体知”必须有体之于身的实践意义，而认知则不然，认知是经验知识，不会发生能否践履的问题。闻见之知是经验知识，而德性之知是一种体验，一种体知，不能离开经验知识，但也不等同于经验知识。要把体知与认知之间既有联系又有分歧的辩证关系展示出来，需要通过两个步骤：(一) 把德性之知和见闻之知区分开来以突出德性之知的特殊意义；(二) 把见闻之知与德性之知统合起来，让见闻之知在德性之知为主的前提下获得适当的位置。其目的在于证明德性之知是体之于身的特殊的知识，不外于见闻，也是一种知识，与见闻之知同属知的不同层次，而不是不同类型、不同范畴。他所谓的不同类型、不同范畴是比照西方哲学先验和经验那样的二分模式，把道德归于先验，把见闻归于经验隔离开来的看法。杜维明认为，“不萌于见闻”的德性之知绝对不是反知识的直觉主义，更不是毫无分析内涵的直接描述。难道只有在认识客观而外在的自然界才有分析，在知人任事上只能作些直接的描述？参见杜维明：《论儒家的“体知”——德性之知的涵义》，《杜维明文集》第五卷，武汉：武汉出版社 2002 年版，第 342—376 页。

因此，无论如何言说和推理都不能把世界的本体解释清楚，唯有辅以直觉的体悟才得窥本体之堂奥。所以，在中国，无论是儒家的“天理”、道家的“道”还是佛家的“佛”都是要通过“静观”、“体认”、“顿悟”和“了悟”得来的。① 通过对“体”字的分析，我们不难发现这种思维方式不局限于纯思维、单纯对象性认知的范围，具有浓厚的实践性，必然关涉知行问题、心物问题。熊十力强调体证是一种内在体验，同时，也是一种情感体验，任何描述性的语言总是难以穷尽其意蕴。它虽然没有可以清晰描述的思想程序，但却是无法绕开的关口。

“体”不但揭橥了天人关系中的人的主观能动性和主导之作用，而且将人事与自然、道德实践与求知融通为一，展现了一个更为深刻和广大的意境。“体”使已分化的观察与体验保持一定的互渗关系，进而使心物之间、天人之间的裂缝得以弥合，形成若即若离、互存互动的关系，由此知行合二为一，这充分显示了中国哲学的特点。在体认中，心物之间与天人之间有分有合，物或天的因素、人的因素与心的因素都不脱离互渗互动，形成的是一套心物牵连、天人相关的深层秩序。体知和体认的展开不仅依赖于眼、耳、鼻、舌、身这些感觉感官，还有人的理性思维和非理性的情感、意志的参与，是全部身心的综合。通过身体力行的生命实践活动来认识、会通和验证自己所面对的世界，而不把任何东西完全“对象化”，能包容天地万物，让一切都在其关注之中。这种以“体”为核心的活动，活动结果的个体性和过程的瞬间性得到了突显，往往不

① 其实，不光是儒家，道家对体认方法也有觉察和论述，庄子就通过寓言故事指出了体认的特点，在《庄子·天道》中，一个老工匠看到齐桓公读古书，认为书里所讲不过是古人的糟粕，他以自己一生斫轮的经验为例说，“斫轮，徐则甘而不固，疾则苦而不入。不徐不疾，得之于手而应于心，口不能言，有数存焉其间。臣不能喻臣之子，臣之子亦不能受之于臣”。这个寓言说明，体认所得与概念性的知识是两回事，不能运用概念性方式传授给他人。佛家对此也深有体会，所以他们常说，“如人饮水，冷暖自知”，强调“亲知”、“亲证”的方式领悟佛法。

可言传、不可通约和无法公度的，也不是相同条件下能重复稳定获得的东西。

那么，哲学家应该怎样表达“体认”到的真理呢？熊十力认为不能用概念、语言去定义本体是什么，因为这只能引起误解，使人们以为本体是某种物质或精神的东西，因此，应该引导人们摆脱各种有关本体的情识、情见，帮助人们返观自识，自己去体认本体；自己体认到的本体，虽然不能用概念、语言准确表达，但心里是明明白白的，犹如各人饮水，冷暖自知。如果一定要思议不可思议者，说不可说者，熊十力用了两种表达方式：表诠和遮诠。表诠是直接说出事物是什么，是一种肯定的表达方式；遮诠采取间接的、迂回曲折的方式排除对象不具有的属性，通过斥破种种迷惑，从而领悟对象的真正所指，“我们用表物的名言来表超物的理，这是多么困难的事。你想把这理当做一件物事来看，想径直的表示他是什么，那就真成戏论了。所以，玄学上的修辞，最好用遮诠的方式”。[①] 熊十力意识到表诠不能用来表达全体、绝对、无限、终极的东西，表诠所用的概念、语言只能表达一些具体的、相对的、有条件的、有限的东西，语言不是原初过程，陈述的是外部现实而非事实本身。语言是有意识的，一旦运用概念去抽象事物、区别事物，主体就从凝神专注中回到现实，反而导致直觉体验的丧失，丧失了无思无虑的精神状态。而这“至一之理”，至微至玄，遍为万有的本体，虚而无所不包，隐而难穷其蕴，想对它有所表达，就不能用表诠，而只能用遮诠的方式。这种遮诠的方法类似于冯友兰所谓负的方法、烘云托月的方法。要注意的是，遮诠并不是直觉的方法，它只是用来表达直觉所得而已。

二、证量

从侧重“知”的层面看，由“用”达“体”的方法是证量、证会、默

① 熊十力：《新唯识论》，北京：中华书局 1985 年版，第 300 页。

识(在传统儒家那里即为意会、悟),一方面强调本体世界的不可言传性和不可思议性,另一方面,强调把握本体不能离开语言文字或概念、逻辑的形式,是逻辑性与超逻辑性、概念与超概念性的辩证统一。

在中国传统哲学中,本体这一概念具有多重的、丰富的涵义,张载就曾说:“太虚无形,气之本体,其聚其散,变化之客形尔。”① 在这里,本体被理解为存在的根源或本然的形态。熊十力继承了对本体的这种传统理解,主张本体论就是有关存在根源或本然形态的学说,“本体论是阐明万化根源”,“本体的自身是无形相的,而却显现为一切的事物”。② 与其体用不二的本体论相应,其“见体”当然离不开用。体与用从对立的一面说,二者质的规定性不同,不可以用为体,或执用为体;从统一的一面说,体用并非完全隔绝,而是体显现为用,用表现体,因此,可由用识体。证量没有简单地否定逻辑分析、归纳等知性方法对于本体的作用,而是采用了一种独特的超越知性思维方式的方法。熊十力说:“须知,我们研穷道理,到极至的地方,是绝无道理可说的。可是,我们的量智作用,一向熏习于实用方面而发展出来,恒是持着向外找东西,或种种构画的态度。他总是不安于无道理可说,却要从多方面寻找道理。思议就是如此的诡怪。……越思议,越要糊涂。须知,穷理到极至的地方,是要超脱思议,而归趣证会。证会一词,其意极难说。能证即所证,冥冥契会,而实无有能所可分者,是名证会。这种境界,必须涤除一切情见,(凡知见之不能与究极的真理相应者,皆名情见)直任寂寥无匹的性智恒现在前,始可达到。……从来儒者所谓与天合德的境界,就是证会的境界。吾人达到天人合一,则造化无穷的蕴奥,皆可反躬自喻于寂寞无形、炯然独明之地,而非以己测彼,妄臆

① 《正蒙·太和》。
② 熊十力:《新唯识论》,北京:中华书局1985年版,第248页。

其然也。……今此证会的境界，便见得这个道理不在我的外面，当下默然自喻，故与以己测彼者，绝不同途。证会，才是学问的极诣。思议，毕竟是肤泛不实的。”①

由于本体无形无象，不是某种占有特定空间位置的实物，因而它是不可分析的。举凡具体的事物，不管它如何复杂都可以借助于科学实验或理论分析，把它解剖成若干个方面或部分，然后进行条分缕析。在分别地认识和把握了它各个部分或侧面之后，然后对它进行科学的归纳或综合，如此几经反复，人们就可以对该事物有一个从抽象到具体的认识。这种方法就是人们通常所采用的逻辑的分析方法或者科学实证的方法。但是，如果想运用这种方法去认识本体却是行不通的，因为本体无形无象，不可能被分解成若干部分或方面，无法采用分析推理的方法逐步地对它的各个方面或部分进行认识。这就导致了这样一个结果，归纳也好，综合也罢，没有一种方法可以全面地认识和把握本体，它们充其量只能接近本体，但永远不能完整地把握本体。

有见于感性认识和知性思维在“见体”上的有限性，熊十力说：“《新论》中时有冥然自证悟，此系证量境界，乃超过理智与思考及推论之诣，而与反理智之说绝不相干……夫本体呈露时之自明自了，方名证量。故学者功夫，只在克去己私，断除惑染，使本体得以发现。尔时，自性了然自识，是名证量。孔云默识，《易》云默而成之，不言而信，皆证量也。阳明咏良知诗‘无声无臭独知时’，亦是证解。”②这种状态，即“众里寻他千百度，蓦然回首，那人却在灯火阑珊处”、“恰恰用心时，恰恰无心用”的状态，当下得到了对于生活和生命，对于自然世界和精神世界之深邃本质的一种整体、综合的洞悉。这其实是在多次反复的理性思维基础上产生的。对于孔子

① 熊十力：《新唯识论》，北京：中华书局 1985 年版，第 357 页。
② 熊十力：《十力语要》(二)，沈阳：辽宁教育出版社 1997 年版，第 261—262 页。

的“默识”，熊十力作了如下解读，“默者，冥然不起析别，不作推想也。识者，灼然自明自了之谓。此言真理唯是自明的，不待析别与推求，而反之本心，恒自明自了”。①

对于本心仁体的体认，其实是一种自我认识，本心的自明自了，熊十力说：“证会者，谓本体之自明自了是也。……夫证会者，一切放下，不杂记忆，不起分别。此时无能所，无内外，唯是真体现前，默然自喻，而万里齐彰者也。”②按照熊十力的说法，证量或默识是一种顿超直悟，当下睹体承当，经过感觉、概念、判断、推理之后，又顿然消除了主客、能所、内外、物我的界限。熊十力强调，玄学不废理性思辨，玄学不排斥量智，但必须超越量智达到天人合一的性智、证量或默识的境界。玄学境界，也即是玄学方法。这是超越逻辑、祛除言诠、止息思维、扫除概念，排斥记忆、想象、分析、推理诸理性思维活动，精神内敛、默然返照，浑然与天道合一的一种大彻大悟。“恃思辨者，以逻辑谨严胜，而不知穷理入深处，须休止思辨，而默然体认，直至心与理为一，则非逻辑所施也。恃思辨者，总构成许多概念，而体认之极诣，则所思与能思俱泯，炯然大明，荡然无相，则概念涤除已尽也。（概念即有相。）余之学，以思辨始，以体认终。学不极于体认，毕竟与真理隔绝。”③本体是不可思议的，不可思议不是不能思议，也不是不必思议。思是思维，议是议论，这些在日常生活世界中行之有效的方法，在证悟本体时丝毫不起作用。

这种本心的自明自了，熊十力主张应当穷理至极，必须超脱思议，归趣证会。证悟本体必须忘却一切知识和情见，不由思维推求，不循经验物理，直指本心，本体呈露，自明自见。证体就是自识本心，本心就是自家宝藏，无须向外寻觅。但本心经常被习心所蒙

---

① 熊十力：《十力语要》（一），沈阳：辽宁教育出版社1997年版，第127—128页。
② 熊十力：《十力语要》（二），沈阳：辽宁教育出版社1997年版，第306页。
③ 熊十力：《十力语要初续》，台北：台湾乐天出版社1971年版，第38页。

蔽，习心是物化之心，在日常生活中把外境看作实物追求的认识活动就是习心。习心不廓清扫除，无法自识本心。“实证者何？就是这个本心的自知自识。换句话说，就是他本心自己知道自己。不过，这里所谓知或识的相状很深微，是极不显著的，没有法子来形容的。这种自知自识的时候，是绝没有能所和内外及同异等分别的相状的，而却是昭昭明明、内自识的，不是混沌无知的。我们只有在这样的境界中才叫做实证。而所谓性智，也就是在这样的境界中才显现的，这才是得到本体。……据此说来，实证是无所谓方法的。但如何获得实证，有没有方法呢？应知，获得实证，就是要本心不受障碍才行。如何使本心不受障碍？这不是无方法可以做到的。这种方法，恐怕只有求之于中国的儒家和老庄以及印度佛家的。”①

按照熊十力的看法，整个心可以划分为体用两层。就心之本体而言，这就是恒转实性本身，所谓“心之实性即是恒转”，②就是指心之本体而言，如果从发用的角度看，心又可分为本心与习心。本心是指心之本体及其发用流行两面的统一，所谓功能正是就本心而言；所谓习心则是指对境起执之心，因而是执境之心，所以能习之辨实际上也就是本心习心之辨。不过，习心并不全等于染执之心，在习心中，又可分为染习与净习，染习是有种种恶渗透其中的习心，净习虽也有对境之执，但没有恶渗透其中，也不陷溺于对此境之固执，所以净习仍可看作是本心之发用，而染习则是本心之障蔽。所谓“明心”就是要转染起净，从而上溯心之本体，自见宇宙大源。“今云本体寂静，(本体亦名心体)则寂静一词，乃即心体所具之德而名之。此静字，非与动对。此静，只是无累、无扰、无倒妄、无系缚等义，非谓其如实物之静止然。……学者一向驰骋知见，而无守静与体认之功，直无从自识本心。(静者，不为染习或私欲所扰乱，

---

① 熊十力：《新唯识论》，北京：中华书局 1985 年版，第 254 页。
② 同上，第 98 页。

而澄然静定也。体认者，收敛精神，不令驰散。即本心呈露炯然自明自见也。)”①

同时，这也是一种道德境界，熊十力追求的是仁者无忧的孔颜乐处，破对待、一物我就是一种崇高而又快乐的精神境界。从形式上看，它是超苦乐、超善恶的顿悟；从实质上看，这种道德直觉功夫是由长期涵养累积而成的最敏感的价值判断，顷刻之际是非善恶壁垒分明。中国哲人历来主张对道德行为和精神生活、对真善美的价值靠直觉来把握，这就是所谓的证量的方法。通过这种非逻辑分析的、非感觉经验的、非名言的途径所达到的境界实际上是本体自身的呈现。为了达到这一境界，熊十力在《原儒》中提出了“思修交尽”的方法，即思维与修养交致其力，思而无修，只是虚见；修而无思，终无真解。

证量这种直觉不同于一般逻辑思维的一个特征，是其在思维过程中所调动的不是某种单一的知识，而是整个“思维图型”或“知识板块”，它具有整体性的特点，正是由于证量的这一特点，使得对于不可分析的本体的认识成为可能。不难想象，如果采用常规的逻辑思维对于对象的认识必然是逐步地、一个部分一个方面地进行，但本体是不可被分解成各个部分的，而且再多的部分相加也不成本体，这就使得常规的逻辑思维无法去把握本体。相反，证量的整体性使得它对于本体的把握成为可能。本体不是具体事物，是无形无象的，本体一旦“落相”就不成其为本体了。本体的这种非实体性、不可分析性使得人们无法以常规的方法如逻辑分析法、科学实验的方法去分析验证它，但人们偏偏又为满足对世界的好奇和精神家园上的需要而孜孜以求地寻找它。这种矛盾促使古今中外的哲人苦苦追寻解决这种矛盾的方法，最终找到的就是直觉。因为证量具有“整体性”和“意会性”的特点，对于不可分析、不可言说的本

---

① 熊十力：《新唯识论》，北京：中华书局1985年版，第575—576页。

体来说正是恰如其所求。本体是无原因的"自因",是广无边际、永恒存在的"无限"。对于本体的这种无限性与绝对性,靠分析性的逻辑方法束手无策,因为逻辑推理需要一步一步地分析、一个一个原因地追究,对于这种"自因"的无限,逻辑推理只能"望洋兴叹"。虽然证量自身也有模糊性、或然性、不确定性等特征,但其进行的体认、深入的洞察、整体把握和意会,使其能于特殊中见普遍、有限中见无限、相对中见绝对、杂多中见统一,最接近于"见体"的要求。

三、"知""行"不二

在熊十力而言,哲学从来就不是一种纯理论的学问,"非仅在知识上用功",也不是玩弄名相的游戏。哲学中人要有悲天悯人的情怀,对世俗名利的超拔,哲学是生命的学问,哲学家应具备"胸怀之超旷、愿力之宏大、立身行事之谨严不苟,并担荷天下忧乐,与万物痛痒相关处及在当时审几虑变、综事应物之智略"。[①] 所以,熊十力说:"哲学不仅是理智与思辨的学问,尤在修养纯笃,以超越理智而归乎证量。"[②]又说:"玄学亦名哲学,是固始于思,极于证或觉,证而仍不废思。亦可说:资于理智思辨,而必本之修养以达于智体呈露,即超过理智思辨境界,而终亦不遗理智思辨。亦可云此学为思辨与修养交尽之学。"[③]这里,熊十力清楚地表明了理智思辨与体认修养、"知"与"行"二者的交尽与并重。首先,"始于思",哲学是以理智的思辨为起点,思辨起而哲学始,无思辨则无哲学的肇始,运用理智综事辨物,久而未得,便有了返归性智的觉悟;其次,"极于证",哲学始于理智思辨,但理智思辨又不能证体,上升到超理智的直觉体证——"行",还要本之于修养,保任性智,发明本心,才能达于见体境界;最后,在反求实证中对本体有所证会后,理智思辨仍不

---

① 熊十力:《十力语要》(二),沈阳:辽宁教育出版社1997年版,第273页。
② 同上,第313页。
③ 熊十力:《新唯识论》,北京:中华书局1985年版,第692页。

失其地位与作用，要把良知之明运用于事事物物，使物有则而不乱。如此，经过“资于理智思辨，而必本之修养以达于智体呈露”的过程，就可以“超过理智思辨境界，而终亦不遗理智思辨”，达到了理智与践履修养、“知”与“行”的辩证统一。熊十力大致如此这般地描述了哲学学养的提升之路，这也是其一生治学经验的总结。

在熊十力看来，他的学问历程走的就是由理智思辨、实践修养交相互参互动之路，“余闲居每有问题求解决而未得者良久，忽尔一时豁然贯通。昔人亦有不用思时脱然超悟，谓之神解，亦有说为乍见，说为傥悟。此等机趣皆智力之活动，无足奇怪。有谓机趣发生不由积学所致，此乃大误。若其人一向埋没于世俗中，不曾为格物穷理之事，则其智为尘俗所锢，不得显露，是谓无智，哪得有机趣发生乎？大概学人平居常在格物穷理之中，时有难关，困而未通，辄息虑以凝神，未几，智力以解黏去缚而骤显其活动，即天机发而理趣生，理道突然著见在前。此神解、傥悟诸说所由来也。余相信哲学上理论之符于真理，科学上最大的发见，文学家于人性有真识，于劳苦群众有同情，皆从明智之机动脱然神解而来。学人毕竟须有打扫心地、含养性灵一段工夫，否则明智之源绝，虽强于析物求知，终难窥大道也。圣人崇智而不轻知识，此为千古讲学规程”。① 熊十力在以自己的亲身体验证明，积学可至顿悟，智穷乃以见德。在哲学、科学、文学等领域中，都存在直觉，即其所谓的脱然神解、豁然顿悟，然而，直觉之产生并非无来由，直觉必须以积学为前提，而其所谓积学即是指格物穷理。由知识的积累达到一定程度而豁然贯通，达于智周万物之境，此时，物我一如，无我无物，内外上下物我能所融为一体。当然，在格物穷理的过程中，总会遇到难题，当未通而束手无策时，息虑凝神，各种欲念都被此一念所

① 熊十力：《明心篇》，《熊十力全集》第七卷，武汉：湖北教育出版社 2001 年版，第 238—239 页。

代替，意识解放了欲念的束缚而显其活动，触机而发，瞬时可达心地澄澈、万念俱泯之境。此时，内心中本有之智的各种障蔽全部消失，性智显现，豁然开悟，自然可以见体悟理，理道便现于前了。熊十力所谓“打扫心地、含养性灵”是一种与格物以穷理不同的修养功夫，也即是一种时时保任良知恒照、明智不失的功夫，在格物穷理时，只有同时进行这种打扫心地、含养性灵的功夫，才能最终达到见体之境。“由修养深纯，涤除情识而得到之体认，此天人合一之境地（实则，即人即天，合一犹是废词）。”①通过道德的修养“见体”之后，就可以达万物一体之仁之境界，达此境界则闻见之知无不为德性之发用流行。从思修交尽来看，所谓交尽，并不是二者平分秋色，而是思辨与修养“交致其力”，是在“思”的基础上转而以修养为本，以超越理智、超越思辨的体认指向证量。所以，思修交尽，是立体而纵贯的交相致力。

如此一来，熊十力遇到的种种哲学问题便主要以思修交尽、“知”“行”不二达到“本心呈露”的方式加以解决了，这种方式与宋明儒基本上是同一路向，尤其是其对本心的复初与王阳明“复其心体之同然”的“万物一体之仁”几乎如出一辙。这当然是由他们共同的儒家立场决定的。不过，熊十力的修养与宋明儒相比有不同的地方，在宋明儒的修养中，最大的问题是私欲，因而，“存天理，灭人欲”便成为宋明儒家各派的共同主张。② 有鉴于此，熊十力主张

---

① 熊十力：《新唯识论》，北京：中华书局1985年版，第678页。

② 事实上，我们发现，阳明把无私欲与天理等同，失之于简单。此说理由有三，其一，无私欲只是接受天理的条件，无私欲不等于就获得了天理；其二，无私欲是一种达不到的理想状态，“只在此心存天理，去人欲上用功”（《传习录》上），但人欲是否能去尽，是不是人的欲望都应去除？其三，是否无私欲就能达到大清明，阳明只是强调了天理与人欲的不共戴天，中间还有很多关节点需要推敲，比如具体的情景下“权”的问题、“明事理”的问题，还有私欲一定程度上是合理的，多大程度上不合理，阳明没有讨论。去私欲，如何发动，在何种程度上去，也没有说。去私欲，“必就其意念之所发而正之”，问题是拿什么去正？如果用意念去正意念，如何可能，是否有好的意念和坏的意念，如何来区分好的意念和坏的意念？为什么不在坏的意念未发之际就正之？

积极地利用诸如“良知”之类的萌蘖去努力创生，而不是以为“良知”固有具足，消极保守之，因此，熊十力主张用“明智”这个词取代“良知”，他说：“‘良知’一词似偏重天事，明智则特显人能。……吾言明智与阳明良知说有不同者，彼以良知为固有具足，纯依天事立言，而明智则亦赖人之自创，特就人能言。”①可以说，熊十力推进了王阳明的“致良知”的思想，阳明的“致”是要致之于事事物物的，是由本及末，良知是大本，将良知推致之事物上而得其理便成知识。可惜，阳明弟子却失掉了师门宗旨，走入反知路向去了，使儒学走向了空疏。吊诡的是，儒学走向没落的种子，恰恰是出现在其高峰时。自身修为不仅表现在向内用力，还要有自身的体证、践履，显然，阳明后学对外在的践履问题没有给予足够的关注。熊十力敏锐地发现了问题之所在，强调德性要落实到日常生活中，把良知实践出来，“儒者于人伦日用工夫中，涵养得本体透露，此乃圣学至当而不可移易处”。② 应该说，儒学废于空谈心性，而不是毁于现代化的冲击。不难看出，熊十力的德性是内外双修的过程，目标是至善，“修身为本，格物为始，平天下为终”，其意图是对空谈心性的一种纠偏。

在熊十力而言，明智是人自创的，明智虽有无所不知的功能，而辨析事物之理，毕竟要靠经验得来的，这是毫无疑义的。人生在经验的世界内，少不得知识，如果孤守着固有的明智，不去穷尽事物之理，即本体上也有障塞不可通行处。“验之于日用之间，则凡感之而通、触之而觉，盖有浑然全体应物而不穷者，是乃天命流行生生不已之机，虽一日之间，万起万灭，而其寂然之本体则未尝不寂然也。”③在熊十力那里，如何“见体”的问题，即直觉的问题不仅仅是一个认识论和方法论的问题，而且是一个人生论的问题，道德

---

① 熊十力：《十力语要》(二)，沈阳：辽宁教育出版社 1997 年版，第 349—351 页。
② 熊十力：《新唯识论》，北京：中华书局 1985 年版，第 580 页。
③ 熊十力：《十力语要》(二)，沈阳：辽宁教育出版社 1997 年版，第 352 页。

修养的问题。从熊十力的本体论出发，其宇宙论、人生论和认识论都突显了能动、创新、变易的精神，这是熊十力哲学的特点。

在本体论层面，熊十力对阳明的“工夫即本体”作了充分阐发，“工夫诚至，即本体呈现。若日用间工夫全不得力，则染习炽，邪妄作，斯以障碍本体而丧其真矣。……无工夫而言本体，只是想像卜度而已，非可实证本体也。唯真切下过工夫者，方实证得本体即自本心，无待外索。无工夫，则于此终不自见，不自承当，唯以一向逐物的知见去猜测本体，是直以本体为外在的物事，如何得实证。实证乃本体之自明自了。故本体如被障而不显，即无实证可言。若知工夫切要，而未知工夫即本体，是工夫皆外铄，而昧其真性，此之谓冥行。又且如无源之水，求免于涸也不得矣”。① 他还列举了孔子的“君子无终食之间违仁”、孟子的“四端”、程颢的“以觉识仁”、王阳明的“致良知”来说明“工夫即本体”当由日常人伦中实践而证得。“学者求识仁体，却须如此如下工夫。工夫做到一分，即是仁体呈露一分。工夫做到十分，即是仁体呈露十分。”②人们内在的、与生俱来、圆满自足的道德本性是为善的根据；但如果我们不尽人力，不从事学习、修养，则天性也不能充分显发。所谓“继善成性”，即是通过修养功夫，使固有的德性充分扩展开来。熊十力发挥了王船山的“性日生日成”的思想，认为德性即道德生命是一个不断创新的过程，是创起净习、克服染习的过程。熊十力的断染成净是以积极的方法要人们改变量智与习心俱行、计较利害得失的习惯，上升到超然直悟的性智。他说：“先儒多半过恃天性，所以他底方法只是减。…… 他们以为只把后天底染污减尽，天性自然显现，这天性不是由人创出来。若如我说，成能才是成性，这成的意义就是创。而所谓天性者，恰是人创出来。……孟子言性善，而主扩

① 熊十力：《新唯识论》，北京：中华书局 1985 年版，第 566—567 页。
② 同上，第 571 页。

充。荀卿言性而曰善者伪也。都可与吾说相印证。”①虽然熊十力并不赞成荀子的性恶论，但他把孟子的性善论的尽心扩充与荀子的后天创造综合起来，不拘于形体，利用生生之德进行创造，最终使良知天性显露出来。

结语：

熊十力反对实证主义的思维方式，也不认同西方传统形上学凭借理智向外追求的进路，主张必须依靠直觉深入到人内在的德性真实即“吾人的本心”。因为，本心不是理智心而是道德的源泉，是生命的本然，唯一真实的自我。只有把握了本心，才能不被理智的计较利害得失和迷以逐物引向歧途。熊十力的直觉为体，理智为用不仅是为了说明哲学与科学的区别，更重要的是强调只有直觉才是体验生命本体和本心的根本方法。从形式上看，其哲学体系严谨，论证严密，思辨性很强，与传统儒学缺乏论证、结构松散不同。这主要得益于重视因明逻辑的佛家唯识论，弥补了他没有经受逻辑分析训练之不足。

熊十力对儒学中直觉的“知”与“行”及其二者关系的分析深入细密，以“知行合一”、“思修交尽”的体认、证量替代了逻辑分析方法。很明显熊十力重视的不是知识论的直觉，而是道德直觉，追求的是天人合一、知行合一、真善统一的境界。他清楚地表明了思辨与体认二者的交尽与并重即“知”与“行”的合一，应该说，其直觉理论最贴近儒学的精神，自然为后儒尊崇。只是可惜没有给予理智以平等的地位，为理智开辟的地盘有限，延续了儒家过度贬抑工具理性的痼疾。其理论有浓厚的玄学构造色彩，在形上与形下的结合上还存在不足，获得的是一种思辨的满足，对现实的关怀不够。受梁漱溟的影响，在道德领域的“知”比较注重对本心的呈现与自

---

① 熊十力：《十力语要》(二)，沈阳：辽宁教育出版社 1997 年版，第 350 页。

明自了，事实上道德活动也需要理智的参与，也存在着孔子所谓推己及人的推理过程，德性充实的过程也是一种习得过程。如前所述，理智具有过渡与中介的性质，是达到具体真理的必经阶段。熊十力的理智地位过于狭窄，只在科学领域发生作用，其实在玄学中理智的作用也举足轻重。

概而言之，熊十力对现代化过程中工具理性独大之势表示了足够的担忧和警觉，断定虽然工具理性带来了前所未有的物质性成就，但价值理性式微，人被物化，并未获得真正的幸福。因此他力图以价值理性反思现代性，救治因工具理性的过分膨胀而产生的时代病，建构具有普遍意义和永恒价值的人文精神。然而，熊十力依然受制于儒学强调德性优越于知性的传统之中，如何既不偏重价值理性，也不偏废工具理性，实现价值理性与工具理性的辩证融通依然是中国文化现代化进程中应当认真思考的问题。同时，我们也应该看到，熊十力的哲学方法论也有诸多可商榷之处，例如他始终认为直觉是“见体”的不二路径，理智只是性智的发用而被限定在科学领域，排除在哲学之外，这种看法是否妥当还可以讨论；直觉与理智的互动关系也在他的视野之外，以体用关系来概括直觉与理智的关系是否恰当等问题还需要我们继续思考。

第五章　直觉与理智的辩证融通

——贺麟的直觉观考察

贺麟先生有着深厚的中西学功底，在援西入儒的学术历程中，著述丰厚，贡献突出。贺麟是中国20世纪三四十年代译介、研究黑格尔哲学最力者，对黑格尔哲学在中国的传播起了很大的推动作用。其思想的形成比梁漱溟、冯友兰、熊十力诸先生稍晚，这使他有机会批评总结中国近代以来的学术思想，为自己思想的形成奠定了哲学史基础。贺麟以文集《近代唯心论简释》为代表作竖起了被称为"新心学"的学术旗帜，其新心学以陆王心学为主要思想渊源，主张"心即理"、"心为物之体，物为心之用"、"理外无物"。在此基础上，他提出"自然的知行合一论"，并对直觉作了有价值的说明，提出了从先理智的直觉经过形式分析与推论、矛盾思辨法而过渡到后理智直觉的直觉与理智辩证融通的方法论。

作为现代新儒家重镇之一的贺麟在努力调和"科玄"论战之后中国的唯科学主义（逻辑主义）与非理性主义（直觉主义）这两大思潮。唯科学主义把人的理性窄化为工具理性意义上的逻辑思维活动，试图将自然科学的方法应用于一切研究领域；而直觉主义认为逻辑思维只是对象性的分析活动，达至本体界只有借助非逻辑、非对象化的内在体悟即直觉。尽管现代新儒家对工具理性的膨胀进行了深刻的批评，但又不得不将儒学与现代社会接榫，承认工具理性的重要意义，并力图对工具理性在儒学体系中进行合理定位。这就是贺麟面对的基本问题，也内在地范导了其直觉理论的发展演变。理论的演变必然关乎方法论的调适，贺麟对之前的现代新儒家的方法论理路提出了异议，力图实现对直觉与理智的双重超越而达至智慧之境。显然，贺麟在提出新理论的同时也创获了新的方法论体系。

第一节　经验与方法统一的直觉

贺麟先生可以说是早期现代新儒家直觉思想的集大成者。他不但明确地给直觉下了定义，把直觉作为其方法论的组成部分，而且通过缜密的理论论证，使直觉突破了道德、科学、宗教、艺术等领域界限而成为一种真正的哲学方法；主张直觉既是一种生活经验，也是一种方法；运用直觉方法能否认识真理、把握实在，不是方法本身的问题，而是与运用此方法的人"学养如何及善于应用与否"有关。显然，贺麟关于直觉的方法论建构已超越了梁漱溟、冯友兰、熊十力，达到了新的理论高度。

一、"心"与"理"合一的本体论

早期现代新儒家的观点是针对国内实证主义思潮的兴起、着眼于科学与哲学的区别而立论的，其基本出发点是认为"哲学与科学，知识的与非知识的，宜各划范围，分其种类，别其方法"。[①] 在新儒家看来，研究科学的目的在于认识自然宇宙，获得关于外界事物的具体知识，增强人们改造自然和应付生活的技能，采用理智的、逻辑的、分析的、实证的、客观的方法。哲学则要"穷宇宙之源，

---

① 熊十力：《十力语要》(一)，沈阳：辽宁教育出版社1997年版，第60页。

究生人之性”，真正见到宇宙人生的实相，哲学的功用主要不在于帮助人们获得关于外部世界的具体知识，而在于提高人生境界和成就理想人格，由于与科学的目的不同，方法自然相异。这是现代新儒家理论的立足点，贺麟亦然。贺麟认为哲学应该成为一种改革生活、思想和文化上的实际力量，他坚持道德的、人本的立场，认为研究哲学必须以人和人的社会生活（主要指道德实践）为对象，必须服从于人类的自我认识和自我完善。因此，贺麟反对用狭义认识论的眼光来衡定不同哲学的价值。贺麟的形上体系的建立，一方面吸收了西方哲学的某些内容和方法，另一方面则自觉地坚持了中国古代源远流长的儒学传统，把哲学本体论建立在儒家心性之学的基础之上，从天人合一、真善统一的立场出发，把心、性、天融通为一，赋予宇宙本体以形上的道德意义。既然哲学的功用在于培养理想人格，那么，哲学不仅要研究人的理性，还要关注人的行为；不仅要探究人的意识活动的本性，而且要探究人的本性，而这些又都可以归结于对形上本体的证悟。在贺麟看来，体悟到形上本体也就达到了人的真实存在、至善的人生境界。问题在于这个过程不是一个纯粹理智、纯逻辑的过程，它只能在人的理智、情感和意志相互制约的整体结构中、在知行统一的动态过程中实现。显然，这不是一个分析的过程，而是一个整体的、综合的、直觉的过程。

贺麟的本体论自觉地谋求使重视逻辑认知和理性思辨的西方哲学与重视道德评价和直觉体悟的中国哲学相结合，其中主要是力图把新黑格尔主义与宋明理学、心学相结合。然而，中西哲学有关“心”与“理”的认识有很大的差异，二者如何贯通？贺麟认为，中西哲学可以融会贯通的根据在于：“人同此心，心同此理。”经过新黑格尔主义和康德哲学的浸润，陆王心学之“心”在贺麟那里已不再仅仅具有道德与价值之本体的意义，还增列了逻辑理念的向度和普遍的认识论意义。贺麟对熊十力的“新唯识论”赞许有加，同意其“本心(仁体)即仁即性”的主张。他将“心”解析为二,即“逻辑的心”和“心理的心”,试图明确知性主体的地位,这显然是走向现代哲学的重要一步。“逻辑心即理也”,是贺麟“新心学”的核心命题。这是在吸收改造黑格尔“实体即主体”说的基础上,建立了主体即本体、心即理命题,并在对本体特征的描绘中,揭示本体兼主体性与本体性于一身的特征。贺麟认为:实体与本体是二而一的;本体,从根本、本源说,实体则是“实实在在的不可动摇的存在的东西,它有力量实现自己,并不是软弱无力的”。[①] 因此,凡是实体都是真实有力量的,本体也真实无妄,并不神秘。贺麟把黑格尔的“实体是主体”命题移植到中国,运用它来讲“心即理”,心是主体,经过提高又有了本体性;理是实体或本体,经过改造又以主体性为基本特征。故本体即心即理,亦心亦理。在贺麟看来,本体上的太极、天理,既是物理,又是人性,还是自我,是人我合一、人物合一、主客合一的。作为本体的太极,既是天理,又是人心,“大约是向外观察,乃物所同具,心所同然的至理;向内反省,乃己所固有,非由外铄的本则。它是求之不来,挥之不去的。你盲目不理会它,它会在那里潜移默化,无为而无不为。你用力去钻研它,你也不能包办它、掠取它、助长它”。[②] 就物而言,本体是统率万物的主宰;就理而言,本体是众理之大全;就人而言,本体是人性;就心而言,本体是逻辑心。所以,在本体论视域中,心即理,本体心和本体理是一个本体的两个称谓。心在内,是己所固有之理;理在外,是物所同具、心所同然之心。无论内外,心和理都先天地统一在一起,心是心理合一的,既有主体性又有本体性,理也是心理合一的,是本体也是主体,所以才有能动性,才能外化,实现其自身与外界。“心即是理,理即是在内,而非在外,则无论认识物理也好,性理也

① 贺麟:《黑格尔哲学讲演集》,上海:上海人民出版社1986年版,第359页。
② 贺麟:《哲学与哲学史论文集》,北京:商务印书馆1990年版,第125页。

好，天理也好，皆须从认识本心之理着手。不从反省心着手，一切都是支离骛外。”①贺麟把理、心看成是宇宙的本质、主宰，把宇宙的一切看成是理的外化、开显，认为“合心而言实在，合理而言实在，合意义价值而言实在”。这些看法表明，关于本体的认识并非仅仅是对象性的辨析，它与主体自身的情意认同、价值关怀、人生追求等无法分离。所谓反省心，也就是以主体自身的整个精神世界为理解的背景超越单向的对象性认知。就道德认识而言，其主体显然不能简单归结为理智的化身：这里需要的是“整个的人”。所谓整个的人，也就是作为具体存在的人，既有感性的规定，也有理性的面向；既渴望情感的满足，又包含着内在的意愿，在善的追求中，理智的辨析、情感的认同、意志的选择与直觉体悟总是交织在一起的。

贺麟的这一思想贯穿于对本体的认识中，他说：“心外无物，理外无物。不合理性，不合理想，未经思考，未经观念化的无意义无价值之物，均非真实可靠之物或实在。”②这就是说，作为本体之“心”并不是某种纯客观的“物在”，它同时体现人的理想和追求，因为人类总是“应用其精神的或理想的观点以解释人生和自然”。③这鲜明地体现了传统儒学天人合一思想的影响。正是基于此，贺麟主张哲学上可以说有仁的宇宙观，仁的本体论；离仁而言本体，离仁而言宇宙，非陷于死气沉沉的机械论，即流于漆黑一团的虚无论。显然，贺麟所谓“本体”已经人格化、伦理化了，蕴含了其对人自身存在价值的理解，寄托着人在世的理想。对于这种本体的认识，理智力所不能及，只有通过直觉，直觉所得不是一般的认识或知识，而是体悟到一种人生境界；达到此种境界，个体的生命与宇宙的大生命融合为一，其言行能自然而然地合乎天地之正、宇宙之

---

① 贺麟：《哲学与哲学史论文集》，北京：商务印书馆 1990 年版，第 151 页。
② 同上，第 129 页。
③ 同上，第 136 页。

常。这也就是儒家所追求的物我一如、天人合一、知行合一、真善统一的境界。由此可见，贺麟的“新心学”，以理性的直觉为纲，将西方哲学中斯宾诺莎和黑格尔的方法融会为一，把庄子的“忘”、程子的“静”等中国儒道方法特征会归一处，形成了融会贯通中西哲学的直觉方法。

二、直觉理论的形成过程

贺麟积极倡导并系统论述了直觉这一哲学方法，把直觉作为其方法论的组成部分，并对之作出了周详的哲学论证。事实上，贺麟对直觉有一个从反对到犹豫，再到接受并着力阐发的过程，这个过程也是其哲学方法论形成过程的缩影。留学期间，贺麟曾明确反对直觉方法，受黑格尔、皮尔士和鲁一士等人的影响，他认为自我意识是一种推理的结果，是一种间接的知识，而不是直接的直观，①人们无论认识外物，还是认识自己，都不能依靠直觉，凭借“舒适的直观方法或自我的直接认识，所得到的只能是含糊、空洞和一个纯粹的‘那个’”。② 据此可知，此时的贺麟反对直觉作为方法的态度很明确。在德国期间，贺麟还听过柏林大学亨利·迈尔教授的哲学史课程，知道迈尔对直觉的态度是将“心理学上对直觉在经验中的可贵性与直觉主义的荒诞性”③区分开来，迈尔批评了直觉作为方法的不足，第一是认直觉太方便省事非谨严的逻辑的哲学方法；第二是认直觉是反理性的、反理智的主观想象的产物，不足以达到哲学的真理。贺麟认为迈尔的批评“足以警告我们对直觉应谨慎，不可误入歧途”，对直觉方法的不足的揭示，尤其严重有力，值得反省。这种情况下，贺麟对直觉作为方法的态度“异常

---

① 贺麟：《哲学与哲学史论文集》，北京：商务印书馆1990年版，第90页。
② 同上，第92页。
③ 贺麟：《现代西方哲学讲演集》，上海：上海人民出版社1984年版，第434页“附释一”。

徘徊迟疑”就很自然了。①

对直觉态度的转变，是在他回国之后。梁漱溟在当时学界有较大影响，被称为现代第一代新儒家，直觉学说在梁漱溟的思想中占有显著位置。贺麟直言由于梁漱溟的影响使其思想发生变化，“中国思想界近一二十年来，第一个倡导直觉说最有力量的人，当然要推梁漱溟先生。……漱溟先生最早即引起我注意直觉问题”。② 事实上，梁漱溟依靠“锐敏的直觉”所提出的问题，在某种意义上决定了现代新儒家方法论的基本取向。梁漱溟认为“锐敏的直觉”就是孔子的“仁”，孔子的生活态度是纯任直觉的态度，这是中国文化优于西方计较功利的文化的特征所在。这种说法当然不能不引起以复兴中国文化为己任的贺麟的注意。贺麟早年反对直觉，其实是反对作为方法的直觉，直觉若单独使用，效果欠佳，或者根本不能使用，此时表现出的是强烈的反直觉主义倾向。当时的贺麟将直觉拆分为两部分：一是作为生活态度、精神境界的直觉，可以接受；二是作为认识实在的方法，则不能赞成；两部分不协调地杂处在一起，使贺麟对直觉问题表现得犹豫不决。后来，贺麟花了很大精力专门研究直觉问题，从梁漱溟的直觉说，进而追溯到宋明儒的直觉说，并且更深入广泛地研究西洋哲学家对于直觉的说法，古今中外各家各派，无所遗漏，“经过很久的考虑”，终于在《宋儒的思想方法》一文中审慎地得出结论，“直觉是一种经验，复是一种方法”。③

经过对直觉问题深入系统地研究之后，贺麟对梁漱溟的直觉说提出了两个问题：第一，梁漱溟认为直觉是一种生活态度，这种态度是反功利的、不算账的、不计较利害得失的，但他却没有讲清楚直觉究竟是否计较苦乐、计较善恶。第二，直觉既然是一种生活

---

① 参见张茂泽：《贺麟学术思想述论》，西安：陕西人民出版社 2001 年版，第 144 页。

② 贺麟：《哲学与哲学史论文集》，北京：商务印书馆 1990 年版，第 175 页。

③ 同上，第 179 页。

的态度，一种精神修养达到的最高境界，那么，直觉是不是一种思想的方法呢？贺麟认为，梁漱溟虽然有承认直觉为方法之意，但并不认为直觉是求真实的方法。对此，贺麟提出了自己的看法，“梁先生所讲的直觉是一种道德敏感或道德的直觉，而我进而把它发展为超道德的、艺术的、宗教的直觉……梁先生认直觉与理智相对立，我打破了这种对立，提出有所谓‘前理智的直觉’和‘后理智的直觉’的区别，认为在后理智直觉中一切对立得到了辩证的统一。于是我一方面把直觉辩证法化，一方面又把辩证法直觉化”①。这就是贺麟的直觉与理智辩证统一的方法。

三、作为经验的直觉

如何理解直觉作为一种经验性的存在？贺麟解释说：“所谓直觉是一种经验，广义言之，生活的态度，精神的境界，神契的经验，灵感的启示，知识方面突然的当下的顿悟或触机，均包括在内。”②也就是说直觉在人的日常生活、意识活动中都广泛存在，具有普遍性，是不可否认的事实。作为事实性的存在，直觉经验是主体对客体的直接洞察，并由这种洞察体验到自己与客体合而为一。作为经验性存在的直觉或称直观，贺麟认为有三个不同的阶段：其一，前理智直觉，也称为先理智直觉、感性直观或感性直觉。梁漱溟划分出的“附于感觉的直觉”是人们对真伪、善恶、美丑的判断，依赖于内心的本能的直觉决定，尚来不及进行逻辑的整理、分析和推论。在贺麟看来，前理智直觉是人类认识事物、把握实在的第一步，是认识事物的感性途径，其特征是“全黑”，只是混沌的经验而非知识。它只是直觉经验的低层次表现，尚不是一种精神境界，更不能称为方法，贺麟说：“先理智的直觉，只是经验而绝不是方

① 贺麟：《哲学与哲学史论文集》，北京：商务印书馆 1990 年版，第 466 页。
② 同上，第 179 页。

法。……盖方法据界说必是后理智的，任何方法均起于理智之使用。……无真观念（理智）以作指导，绝不能有方法。”[①]显然，没有理智作指导就不能成为方法。同理，无理智的指导，也不能说有生活态度或精神境界，只有在理智的指引下，人才有生活态度的好坏和精神境界的高低。冯契先生也不把前理智的直觉作为方法来看，作为方法的直觉只能是感性与理性统一的理性直觉。[②] 其二，理智直觉，是人们运用理智的直觉方法的结果，即康德所谓知性阶段的直观，有文化精神的体验、科学认识的直观、道德审美直观。贺麟认为，在梁漱溟那里，直觉只是道德的人生态度，是道德的精神境界，“漱溟先生所谓直觉，不是超苦乐善恶的境界，而是计虑苦乐善恶最醇熟最锐敏的境界；是分辨善恶的敏感或道德的直觉，而不是超道德的，艺术的，科学的，宗教的直觉”。贺麟认为梁漱溟将直觉分为“附于感觉的直觉与附于理智的直觉二种甚好，约略相当于柏格森所谓‘机体的同情’即‘理智的同情’”。[③] 但他又认为单纯的理智分析得到的是科学知识，而后理智直觉得到的是哲学知识，贺麟强调分析要与直觉结合，即分析感性直观获得的整体印象，以及对部分的分析达到面面俱到的程度，又借助直觉之助，对整体有更新更深的认识，所以，“全”是分之全，“分”是全之分，直觉中不能无分析，分析中不能无直觉。其三，后理智直觉，贺麟有时也称之为没理智之直觉或理性直觉。是指主体在知行活动中对真、善、美以及绝对的直觉，是“对人事的矛盾、宇宙的过程的一种看法或直观”。这种直觉是对辩证矛盾的直接体验，又是辩证法得以产生的前提，是辩证法之运用于观察事物、人生、文化所获得的直接认识，所以称为辩证观。辩证观与理智的直觉相比处于更高阶段，它是对形而上学知识，对真理、神、大全的洞观，而不像理智

---

① 贺麟：《哲学与哲学史论文集》，北京：商务印书馆 1990 年版，第 200 页附释。
② 冯契：《认识世界和认识自己》，上海：华东师范大学出版社 1997 年版，第 422 页。
③ 贺麟：《哲学与哲学史论文集》，北京：商务印书馆 1990 年版，第 177 页。

的直觉只是对相对真理、对具体的认识对象的直觉。

这三阶段之间的关系是怎样的,又是如何运作的? 对此,贺麟认为,只有第一阶段而无第二、第三后两个阶段,那是狭义的神秘主义和感觉主义,就像梁漱溟的生命直觉那样,非常混沌。但是离开第一阶段也不行,因为第一阶段的先理智直觉在整个认识过程中的重要作用就在于它为第二阶段的理智分析提供了前提或对象,如他所说,"盖就推论言,推论必先有自明的通则以作基本,但此自明的通则,则系一种直观知识"。① 在经过第一阶段再过渡到第二阶段后,贺麟认为还应该继续,如不继续就只能成为理智主义,也得不到直觉的最后综合。这也就是说,逻辑分析就是分析用先理智直觉所得到的对于实在、理念的整体印象,到了一定程度的时候又借助于后理智直觉的方法,最后得到对整体真实更新更深的认识,获得智慧。要而言之,贺麟所遵循的路线其实就是: 先理智直觉(相当于康德的感性阶段)到逻辑分析、矛盾思辨(相当于康德的知性阶段),最后到达后理智直觉(相当于康德的理性阶段)的思想路线。总之,贺麟认为直觉与理智乃代表同一思想历程之不同的阶段,不但不相冲突,而是相互印证发明、融通过渡,而且近代哲学以及现代哲学的趋势是直觉方法与理智方法的综贯,"我相信这条路实在是治哲学的康庄大道"。②

显而易见,贺麟对直觉方法与直觉经验进行区分,对于我们揭开直觉的神秘面纱有积极意义。由上述可知,我们发现贺麟事实上揭示出了直觉的层次性和阶段性特征。此外,贺麟还暗示了直觉具有偶然性,直觉"可有可无,时有时无",直觉的产生不可控制,但它一旦出现,又是人们不能拒绝的。即使素来反对直觉的人,如果忽然有了直觉,他也无法加以反抗,驱之使去。所以,直觉的经

① 贺麟:《哲学与哲学史论文集》,北京:商务印书馆 1990 年版,第 181 页。
② 同上,第 183 页。

验性存在无法否认、无法反抗。另外，就直觉对人类知行活动的影响来说，或者有意义，甚至意义重大，或者只有很少的意义，甚至无意义，这一点是人难以控制的，“就直觉之为经验事实言，可以‘有甚高的价值’，可以‘产生最好的工作’，但亦可无甚高价值，不能产生最好的工作，盖直觉经验亦有好坏高下真妄的等差，不可一概认为很好，有价值而是真实”。[①] 质言之，贺麟所谓偶然性是说直觉在何时何地出现，具有不确定性，其所得可能正确也可能错误，又由于直觉受到某种因素的启发以顿悟的方式瞬间完成，而不是在严密的逻辑程序下通过推理逐步获得的，诱导因素往往是不期然无法预料的，这就使直觉呈现出不定时空的随机性。这种偶然性还表现在直觉过程的突发性和跳跃性，直觉的过程非常短暂和迅速，它不像逻辑思维那样是借助于语言概念等认识工具进行思维，直觉的思维单位是尚未概念化的“意象”和“认知图式”，借助这些无法言说但又具有深刻内涵的综合性意象或认知图式作超概念的体验、超语言的领悟，常常是心中明白结果却无法用语言概念明晰表达。然而，直觉的过程虽未经严密的逻辑推理和论证，但在直觉者那里却认为有充分的根据，因而在主观上有一种坚信感，这是情感、意志、信仰等因素在直觉过程中起作用的结果。所以，直觉不仅仅是一种经验，还表现为一种信仰。应该说，贺麟对直觉经验性存在意蕴的揭示包含了真理颗粒的深刻洞见。

四、作为方法的直觉

直觉作为一种哲学的致思方法是否可能？这是现代新儒家不能回避的问题。由于理智和直觉概念本身的复杂性，这个问题存在很大的讨论空间。对于这个问题贺麟经过深思熟虑后得出结论，所谓直觉是一种方法，意思是说直觉是一种帮助我们认识真

① 贺麟：《哲学与哲学史论文集》，北京：商务印书馆1990年版，第179页。

理、把握实在的功能或技术。在贺麟看来,直觉普遍地运用在人们的知行活动中,人们实际上在运用这种方法认识真理、把握实在。无论赞成直觉方法与否,都不得不接受直觉能当作方法来使用这一事实。就作为方法而言直觉是一种功夫,可用可不用,时有用时无用,但是,不能因为不采用直觉方法,便根本否认它。反对直觉方法的人大多以为直觉方法偶然性很大,缺乏作为方法所必备的普遍性、稳定性和重复性,不能作为方法使用,甚至还认为直觉无理性或反理性。我们可以发现,持这种论断者显然是以知性逻辑为标准,把知性逻辑无法解释的活动都判定为"非逻辑"乃至"非理性",以为自然科学的方法在整个宇宙均普适,包括处理人性与人的自由这样幽深难明的问题。这种用科学覆盖人文的路数招致了人文主义者的反驳。①

贺麟认为,运用直觉方法能否认识真理、把握实在,不是方法本身的问题,而是与运用此方法的人的"学养如何及善于应用与否"有关,善用且学养高者可以使直觉法"紧严而合于理性";不善用者、学养低者,即使使用科学的逻辑方法,同样也"可以陷于支离诡辩而不合理性"。② 所以,如果使用直觉方法者的水平和境界较高,运用直觉方法"利巧精深",直觉方法将发挥出固有的优势,使主体向更高层次飞跃。

那么,应当如何使用直觉方法呢?此时,贺麟借用了斯宾诺莎的观念:认识真观念越多,则我们求知的方法越完善;积理越多,学识越增进,涵养越醇熟,则方法也随之越完善,进而可以"达到'众物之表里精粗无不到',而'吾心之全体大用无不明'的最高境界"。③ 换言之,直觉方法的使用是在不断变动中的。由此,贺麟认为直觉是"一种基于天才的艺术",这里所谓天才不是指天生具

① 高瑞泉:《作为时代的自我理解的哲学史研究》,《哲学研究》2007年第5期。
② 贺麟:《哲学与哲学史论文集》,北京:商务印书馆1990年版,第179页。
③ 同上,第191页。

备的能力，而是运用直觉进行的后天的创造性活动，其间有利钝、巧拙、精粗、深浅的差别。

关于直觉方法有效性问题是贺麟直觉方法论中思考的主要问题。反对直觉方法的人，大多以为直觉方法所把握的关于形上认识，其真理性无从验证。这就是一个关系直觉方法效准认定的问题。贺麟自言也曾“异常徘徊”，他援引西方一些哲学家的说法佐证自己的看法，譬如英国功利主义者西季威克认为直觉为伦理学方法之一；美国新实在论者孟大格认为直觉是神契主义者所采取的认知方式；法国的巴斯卡尔称直觉为“心情的逻辑”；实证主义者孔德认为“心情的逻辑先于理智的逻辑”；斯宾格勒称直觉为“时间的逻辑”；克罗齐认为直觉是“美学的方法”；等等。根据这一学术史的回顾和思考，贺麟得出结论说：“我们也无暇去辨别以上各家对于直觉的意义是否有不同的认识，亦无暇去评他们的说法是否有过火的地方，但他们尽皆承认是不违反理性的一种方法则相同。所以不论我们赞成直觉方法与否，我们不能不承认直觉可以被人采作方法。我们谓直觉方法与抽象的理智方法不同则可，谓直觉方法为无理性或反理性则不可。”①就方法而言，并不是所有的直觉都是方法，先理智直觉与后理智直觉中，只有后者才是方法，“先理智的直觉，只是经验而绝不是方法。后理智的直觉，亦经验亦方法”。为什么只有后理智直觉才当得起是一种思想方法，贺麟解释道：“盖方法据界说必是后理智的，任何方法均起于理智之使用。据斯宾诺莎的说法，‘方法起始于真观念的获得’，无真观念（理智）以作指导，绝不能有方法。直觉方法的本质为理智的同情，亦即后理智的同情。”②在贺麟而言，标准的直觉方法应只限于利者、巧者、精者、深者，但因为滥用或误用直觉方法而陷于主观、空洞、混

---

① 贺麟：《哲学与哲学史论文集》，北京：商务印书馆 1990 年版，第 180 页。
② 同上，第 200 页附释。

淆、武断，也不能完全否认其采用了直觉方法，只能说其用得不得当，故不能因噎废食；犹如一个人因分析陷于支离繁琐，我们也无法否认其所用系分析方法，只能说其分析得不得当。

贺麟研究直觉的动因在于证成宋儒的思想方法与汉学家不同，不是严格的科学方法，汉学家的考证方法可以认作是一种科学方法，而宋儒的思想方法是直觉法。贺麟对宋儒的思想方法作了阐释，指出它就是这种作为更高的认识方法的直觉方法。他将直觉方法分为两类：一类是向内反省体察，其任务是认识自己的本心；一类是向外透视观照的直觉，任务是认识外物之理。陆九渊的方法和朱熹的方法恰好是这两种方法的代表。陆象山的直觉法注重向内反省以回复自己的本心，发现自己的真我；朱熹的直觉法则注重向外体认物性，读书穷理。从形式上看，两人的方法似乎有差异，但是，贺麟认为直觉方法可以向外观认，也可以向内省察，陆象山与朱熹的方法恰好各自代表了直觉法的一面，二者并无实质差异。根据宋儒"物我一理，才明彼即晓此，合内外之道"①的原则，用理智的同情向外穷究钻研可以了解自己的本性；同样，向内反省，回复本心，亦正所以了解物理，其结果亦归于达到心与理一、个人与宇宙合一的神契境界，可谓殊途同归。在贺麟看来，朱陆的差异大体上只是对于直觉方法之着重点与得力处不同而已，向内反省和向外观认的两方面直觉都可以达到心与理一的本体境界。贺麟运用直觉方法向内反省和向外观认的两面消弭了朱陆思想方法上的矛盾，将二者包容在他的直觉方法之内，使他的内外结合的直觉方法把陆王的"反求本心"与朱熹的"格物致知"贯穿统一起来。于此，贺麟不仅把宋儒作为道德修养方法的直觉作了一种认知方法的解读，而且还把它与新黑格尔主义的认识过程理论融而为一，将直觉视为人们对实在认识的一个特定阶段，这显然是在将宋儒

① 《二程遗书》卷十八。

的道德哲学认识论化。

有人认为直觉只是一种感性和思维的经验，即便是直觉主义者也不能不依赖形式逻辑或科学方法发表言论、表达思想，因此，直觉不成其为严谨的哲学方法。对此，贺麟的论述可以概述为：直觉不是方便省事的捷径，而是精密谨严，须兼有先天的天才与后天的训练，须积理多、学识富、涵养醇，方可逐渐使成完善的方法或艺术；直觉也不是反理智、反理性的方法，不是盲目的感觉，而是后理智的认识全体的方法；直觉方法有向内反省和向外观认两种类型。并且，贺麟进一步指出唯有直觉方法才"可达到'众物之表里精粗无不到'，而'吾心之全体大用无不明'的最高境界。盖只有直觉方法方能深入其里，探究其精，而纵观其全体大用。而科学方法则只求认识其表面的、粗的、部分的方面，并没有认识形而上的、里面的、精的、全体大用之职志也"。[①] 由上述可见，贺麟的直觉方法虽然主要也是为认识形而上的全体大用而建，但与直觉主义和传统直觉方法不同的是，他的直觉方法不是某种先天的感觉，也没有"天启"式的直觉那种浓厚的神秘色彩。作为方法的直觉，贺麟强调的是直觉与理智辩证统一的后理智的直觉。在贺麟而言，后理智直觉超出了狭义认识论而通达智慧之境，符合体悟本体的要求是把握本体的最佳方法。经过这种直觉所得到的不是科学意义上的知识，其所得达到了形上本体。

第二节　直觉与理智的辩证统一

在中国现代哲学中，贺麟对直觉方法的研究最为细致系统，他自觉地将理智与直觉辩证地统一起来，明确地规定感性直觉为先理智直觉，理性直觉为后理智直觉，提出了感性直觉、形式逻辑、矛

---

① 贺麟：《哲学与哲学史论文集》，北京：商务印书馆1990年版，第191页。

盾思辨、后理智直觉这四种形式相互为用的方法论体系。对于理智的关注缘于贺麟充分注意到了人之易错性、道德上的武断论，所以，要在实践理性中充分阐发分析理性、工具理性——理智的价值，为确保理想人格的普遍客观性奠定方法论前提。如此，就避免了批评者所谓直觉方法缺失必然性、稳定性之谬。这都是对中国现代哲学理论的贡献，其中不乏创见。但是，贺麟并没有清楚地说明如何由理智的分析、推论、矛盾的思辨过渡到后理智直觉，也没有讲明何以理性直觉要高于理智。而且，只有直觉方法才能深入其里、探究其精，而纵观其全体大用这样的思想也是需要深入讨论、说明的哲学难题。[①]

一、纠过于倚重直觉之偏

在西方世界轰轰烈烈地进行工业革命时，当时的中国还沉浸在“天朝大国”的独白中。在资本逐利本能的驱使下，西方社会生产力快速发展，资本不择手段地追求其利润最大化并借助暴力迅速扩展，任何有可能带来利润的地方都难以幸免。在享受了上千年中央之国的文明优越感之后，中国遭受了西方世界的强力冲击，面临生死存亡的危机。生存的焦虑使得人们对传统的价值产生了怀疑、批评乃至否定。救亡图存的危机感导致传统的价值中一切与富强进步无关的价值都遭到了排斥，反之，与富强进步有关的价值得到了追捧。在“科玄论战”中的科学派把工具理性的充分发展当作了西方文明的主要特质，排斥价值理性在其中的作用，由此，也不自觉地形成了文化上狭隘的功利主义。

与特定的文化趋向与思维方式相联系，儒学过于偏重德性或价值理性，而对于理智或工具理性重视不足。而西方文明的“两

---

① 参见张文儒、郭建宁主编：《中国现代哲学》，北京：北京大学出版社 2001 年版，第 418 页。

希”传统，求真的科学理性与对超越现实的神性的追求不仅无碍反而并肩地共在，工具理性的发达成为其与中华文明不同的典型特征。儒学对德性的偏重与现代社会中追求利益、崇尚力量相悖，成为儒学主导下的社会与以科技为主要特征的现代文明不睦的基本原因。生存的焦虑使得中国思想界逐渐形成了一股对科学的信仰的思潮，即唯科学主义，科学方法的效用被无分析地夸大，成为判断一切思想是非对错的唯一标准。

在这个背景下，现代新儒家力主遮拨唯科学主义，彰显价值理性，坚持现代社会中价值理性的不可或缺性。主张工具理性的充分使用并不能带来人类的和谐，还需要价值理性的指引；没有价值理性，单凭工具理性的片面发展，精神家园将无处安放，最终将会伤害人类自己。现代新儒家承续先秦儒家与宋明儒家，期望通过对儒家思想的现代开显，使其价值理性在当下得以彰显，从而以儒家的价值体系来消解国人的意义迷失问题，并谋求成为现代社会中的主导价值。在贺麟而言，儒学将来能否成为主导价值，就要看其能否充分阐发儒学固有的认知传统，在儒学范围内对于价值理性与工具理性的关系进行调适，而不是无批判地拒斥工具理性。

贺麟沿着思孟学派—陆王心学一路的学脉，与重逻辑认知、工具理性的西方哲学展开对话和融通，形成了具有鲜明时代哲学特征的“新心学”。在贺麟之前，现代新儒家视直觉为达至道德形上本体的唯一进路，对理智大多采取贬抑的立场，而贺麟既重视直觉又重视理智的作用，还强调二者之间的互动融合。贺麟的“新心学”之“新”与陆王心学的区别就在于已经融摄了康德所谓纯粹理性的功能。贺麟尝试要为儒学确立现代认识论基础，并且明确指出要“使儒学的哲学内容更为丰富，体系更为严谨，条理更为清楚，不仅可作为道德可能的理论基础，且可奠定科学可能的理论基础”。① 大体

① 贺麟：《文化与人生》，北京：商务印书馆 1988 年版，第 8 页。

上，现代新儒家思潮演变的历程展现的是螺旋式的发展脉络，在贺麟哲学那里实现了否定之否定的过程。在讨论贺麟的方法论之前，有必要先简略考察一下现代新儒家思潮，了解新儒家方法论的逻辑进程，我们也就容易理解贺麟的方法论体系及其理论特色了。

作为现代新儒家的开山者，梁漱溟认为东西方文化的对立就是直觉与理智的对立，知性思维、工具理性的片面发展是造成西方文化危机的根源，因此需要直觉来救治。生命与理智思辨相互排斥，讲形上学时静的、呆板的、固定的知性概念“绝对不能适用”。与其说梁漱溟首先提出直觉是理性分析的结论，不如说是一种信仰和情感的偏执，带有浓厚的非理性主义色彩。贺麟认为梁漱溟比较东西方文化基于纵观世界文化演变的事实所得到的知识和态度，并不是逻辑的公式，也不是基于文化哲学的普遍原理，因此缺乏文化哲学的坚实基础和哲学的说明。其理论体系不够圆融贯通，缺乏对西方文化的精神背景特别是超功利的道德艺术玄学宗教方面的了解，阐发陆王心学一派，重在人生态度，较少涉及本体论及宇宙论。①

在现代新儒家中，哲学体系的最初建构者当推熊十力。熊十力坚守儒家的“德性优先”，强调“吾学贵在见体”，唯有儒学阐发的直觉——“本心”最适宜于“见体”，不能离心向外求索宇宙本体。他也注意到了理智的不可或缺，相对于体认本体的性智，称理智为量智，还明确认可量智的价值，借用“一心开二门”的佛学理路尝试沟通性智与量智。但是，为理智确立独立地位的问题依然没有得到解决，熊十力视“量智”为“性智的发用”，最终仍然要为“性智所涵摄”，属“第二义”，并无独立地位。贺麟对于熊十力的新唯识论赞赏有加，“得朱、陆精意融会儒释……为陆、王心学之精微化系统

---

① 贺麟：《五十年来的中国哲学》，北京：商务印书馆 2002 年版，第 11—12 页。

化最独创之集大成者”。[①] 但其心物合一的思想，不能不走入泛心论，“量论”未作，对于“本心即理，心者理也”也缺少明白的阐发。

与“尊德性”的心学路径不同，冯友兰则采取了“道问学”的理路，断言哲学是“自纯思之观点，对于经验作理智底分析、总结及解释，而又以名言说出之者”。其方法论体系是以逻辑分析为首要方法，而“负的方法”——觉解，是在逻辑的方法发挥到极致之后才得以反显。贺麟认为冯友兰没有把“真际”与“实际”统一起来，没有为新理学奠立本体论基础，既然“理”没有得以合理安放，它是否存在就大可怀疑。哲学家是不肯定实际的，所讲之理是形式的，只思此形式的一片空灵之理，而肯定“有理”、“有气”、“有大全”等，则不肯定实际的哲学，便自武断的肯定开始。[②] 因此，新理学光有分析还不够，尚须在分析的基础上进行综合，即实现从程朱推进到陆王，进而实现对话互补。

应该说，重视直觉的方法论意义是现代新儒家谱系学维度上的家族相似，他们对唯科学主义遮蔽人的本真的批评也确有所见。显然，贺麟对其之前的现代新儒家过于倚重直觉、贬抑理智的这种方法论不足有清醒的把握，对方法论变革的必要与方向有一种基于自我反省的理论自觉。经过西方智慧之路尤其是新黑格尔主义和康德哲学的浸润，贺麟一方面对唯科学主义把理性窄化为工具理性的倾向有了合理定位，不认同单独使用理智；另一方面，又逸出了新儒家对唯科学主义的过度批评而走向泛化直觉的偏误，也不赞成单独使用直觉。在贺麟看来，体悟形上本体达到至善的智慧境界，不是纯理智、纯粹逻辑的分析过程，也不是纯任直觉、随感而应即能实现，而是一个兼具理智辨析、直觉体悟、情感认同和意志选择的整体综合的过程。

---

① 贺麟：《五十年来的中国哲学》，北京：商务印书馆 2002 年版，第 14 页。
② 同上，第 32 页。

二、直觉方法与逻辑方法

哲学家之所以是哲学家，就在于对各种哲学方法有自己明确的选择倾向性、充足的理据，并且对其利弊得失的判断自觉而明晰。贺麟亦然。贺麟主张，从事哲学思考不可能离开直觉方法（指后理智直觉，前理智直觉只是经验）、理智的逻辑分析、辩证法，可能有所偏倚，但不会仅用一种方法，“无一用直觉方法的哲学家而不兼采形式逻辑及矛盾思辨的，同时亦无一理智的哲学家而不兼用直觉方法及矛盾思辨的”。[①] 此言不虚，作为方法的直觉和理智不仅不冲突，而且在从无知到有知，再到智慧的历程中各有自己的用途，缺一不可；直觉不但不是反理性、非理性，也不是神秘主义，而是富于理性，并且以理智为基础。就发生学角度而言，理智的逻辑分析方法在先，提供的是具体知识；直觉方法在后，目标所指为智慧，追求的是对宇宙人生真谛的彻悟和精神意境。

依照贺麟，“我们谓直觉方法与抽象的理智方法不同则可，谓直觉方法为无理性或反理性则不可”。[②] 直觉不仅不是非理性、反理性或神秘主义的，而且是富于理性，以理智为前提的。直觉根本上是和逻辑相辅相成、相互渗透的，是人类理性的又一种表现形式。从认知程序看，逻辑方法在先，它所提供的是具体知识；直觉方法在后，它获得的是最高智慧，追求的是对宇宙人生真谛的彻悟和精神意境。逻辑方法是对具体知识的把握，但它不能体悟大道，唯有直觉才有如此的功能。就此而言，前者只是为后者提供知识上的准备，而后者则可以视为前者的认知活动的结果。从认知形式看，逻辑思维阶段表现为渐进性、程序性，而直觉阶段则表现为突然性、整体性、直接性，因而，整个认知过程表现为由逻辑到非逻

---

① 贺麟：《哲学与哲学史论文集》，北京：商务印书馆 1990 年版，第 181 页。
② 同上，第 180 页。

辑的中断与飞跃，即由“渐修”到“顿悟”的过程。

虽然从思维过程看，直觉的突发性、跳跃性本身说明直觉没有经过严密的逻辑分析和推理过程，但是，这并不意味着这种思维方式是非逻辑的或反逻辑的。迄今为止，人们以科学为标准，普遍承认认识真理、把握实在的方法是逻辑方法，不过，在现实生活中人们并不都是遵循严格的逻辑程序去思考。人们的思维往往不循常规运作，而是借助意识的瞬间综合进行直接的确认。从表面上看，其中缺乏常规的逻辑分析、论证过程，实际上，在直觉背后，往往隐藏着众多的中间环节和逻辑链条，这些中间环节和逻辑链条常常是主体平时所苦苦思索的关键问题，当它们被一一揭示出来之后，直觉的过程就可以以逻辑的方式展现，从而使个体直觉的过程及结果被公众所认可。

贺麟同意斯宾诺莎和康德的分析，认为逻辑的方法是获得具有普遍性、必然性知识的必由之路。由身体的感性经验得来的知识，在未为理智所决定之前，用康德的话说，即是未经意识的自我法度、未经先天的原则规范之前，只是片断的、混乱的印象。严格说来，这种偶然的被动的感性知识，只是混沌的经验，算不上真正的知识，只有经过逻辑的加工，才能上升到知性阶段，形成科学知识。对于逻辑方法的局限性，贺麟对此已有所察觉，在谈到一和多的关系时说，“我认为，一和多的问题不能用纯逻辑和经验的论辩来解决，因为它主要是一个道德识见或情感的问题，是一个对人的关系和责任进行承认的问题”。① 这也就是说，人们对一个问题的看法，除了逻辑方法外，还受他的立场、兴趣、性情的影响。不过，贺麟没有从方法论的层面深究逻辑的局限性，经过较长时间的思考研究后，他明确地肯定形式的分析与推论、矛盾思辨法和直觉三

① 贺麟：《哲学与哲学史论文集》，北京：商务印书馆 1990 年版，第 85 页。

者,“实为任何哲学家所不可缺一,但各人偏重略有不同罢了”。①显然,他要将逻辑主义和直觉主义调和起来,消除各自的偏蔽,归于中正平和。

事实上,直觉与逻辑相互联系、互涵互摄,各有其用而不相背。在科学领域中,直觉是一种直接的觉悟,即跨越逻辑途径而直接发现、领悟到问题的结论。但这并不意味着可以将直觉与逻辑完全分离开来,直觉不是无本之木,其发生往往需要一定的条件,这种条件固然不具有充分的意义(有之不一定发生),却常常呈现为必要的前提(无之则难以发生)。直觉的结论具有偶然性,是一种猜测性的论断,其正确性还需要通过逻辑论证来确定。逻辑也依赖直觉,逻辑是从前提、条件一步一步连贯地推导出结论和解,然而,由于自身的局限性,逻辑无法单靠自己获得具有普遍性原理的大前提。而直觉适合于捕捉那些具有普遍性的假设和公理,并在意识中多次反复后以逻辑的格固定下来,为逻辑推理提供支点。科学研究过程中的直觉如此,道德领域的直觉也不例外。道德认识中直觉的形成,也总是以相当时期内逻辑思维成果的积累为其所以可能的条件。在直觉的形态下,道德认识表现为个体的领悟,还没有取得超越个体的普遍形式,无法在主体之间加以传递,唯有经过逻辑的论证,才能转换为严格意义上的知识。

三、对理智的合理定位

贺麟着力通过对儒学的现代转化,在儒学传统中诠释出理论理性、显发认知传统,为已成为现代文明价值共识的民主与科学寻找内在根据。希望借此能克服现代新儒家对理智重视不足的缺陷,也能避免一些责难。的确在学术界对新儒家的批评比较严厉,例如余英时,“新儒家所表现的那种有趣的‘君临’姿态似乎主要是

---

① 贺麟:《哲学与哲学史论文集》,北京:商务印书馆1990年版,第181页。

来自对西方所谓的‘知性的傲慢’的直接反应”。[①] 余英时认为新儒家为了对抗科学主义，有意无意之间走上了反模仿的途径。相对于科学主义以独占“真理”自负而有“知性的傲慢”，新儒家则以独得“道体”自负而有“良知的傲慢”。他们都把自己置于各自建造的世界的巅峰。不同于科学主义自视占领真理而具有最高的“认知的身份”，新儒家自认高居于本体界，视知识为低一层次的活动，可以随时为之，但要上窥本体，则非常之艰难，因为“证悟”、“良知呈现”不是人人都能达到的境界。

显然，作为历史学家的余英时对于本体的理解，更多的是从存在本身来理解，缺少了新儒家的伦理维度及其切身感悟。由于立场的不同，对本体的理解进路自然不同。当然，这并不是说不同的理解角度所获的内容都天然地具有合理性。在现代新儒家那里，就存在着理论上的不自洽，例如断言良知本体高于科学认知，就带来了即便在其内部也难以圆融的理论困难。良知本体在一些人那里体悟到了，其他人则没有，或者领悟到的本体的内涵也不同，那么，良知本体是否具有普遍性和客观性的问题就难以解答。关于德性高于并“坎陷”知性的理论说明也一直没有停止，但依然只是在新儒家内部达成了部分共识，而其外则应者寥寥，而批评者却不在少数。

如何应对这些对新儒家的批评？现代新儒家们是这么做的，首先要确立一个稳固的本体论和方法论基础成为必须要解决的问题，如此才能保证良知本体、道德理性的客观性和普遍性。寻求这种客观性和普遍性要从理智与直觉互动融通中奠定方法论性基础，在于人们通过不偏私的、合理的反思达到一致。贺麟追求的就是一种超越个人的客观性良知本体和道德理性，这种客观性和普遍性不再是一种主观的独断，也不是自认高居于本体界，视知识为

① 余英时：《现代儒学论》，上海：上海人民出版社 2010 年版，第 179 页。

低层次的活动，而是通过人类共有的理智的作用来实现。儒家传统中德性之完成亦非单纯的主观内在性领域之事，必然要在“成己成物”、“开物成务”的客观性活动中才能实现。在这里，贺麟所要达成的恰恰是人的自我中心主义立场的降格，克服所谓“良知的傲慢”，实现人物平等之共在。可见，贺麟为了实现这种客观性和普遍性，解决方法是既依赖直觉又寄厚望于前人关注不够充分的理智。

贺麟之前的现代新儒家过于强化了理智在通达本体方面的不足，认为人的本真状态是活生生的有机体，而理智僵化了生动活泼的人。作为理智对象的自我只是分析推理的客体，而非本真的自我，在理智中的人只能显现为支离破碎，而只有通过直觉体验才能避免人被抽象化、被割裂。理智的对象化思维方式是对生命完整统一性的割裂，要揭橥人的本真就必须破除向外的、对象化的表象思维，人只有通过消解这种分离才能达到自我的澄明。这种见解确有所见，揭示了理智对人的本真的遮蔽。这种遮蔽是理智向外的对象化活动所致的必然结果，但是，也应该看到人的整体和本真状态只有通过理智的中介作用才能得以彰显。

因此，贺麟之前的现代新儒家视理智为人之所以被分离的根源，进而对象化的活动导致人之本真被遮蔽。但新儒家必须要面对的问题是直觉是否可以脱离理智而独立存在。理智进行认识活动时产生的主客二分的确带来割裂人的整体性之忧，但人恰好是在理智认知的过程中部分地展现自身，呈现自我。当然，固执于理智，产生的只是关于人的各种规定性，难以对自身有整体的把握，这就需要通过直觉体悟来扬弃理智的各种规定性。在贺麟看来，扬弃不意味着全盘抛弃，而是超拔出理智僵硬的规定性，复归于人的本真。在这个意义上，直觉是对理智的扬弃和消解而复归统一的过程，即消解理智和显扬人的本真是一体之两面，这也说明了直觉与理智处于一种统一的张力关系之中，都不可或缺。如果抛弃理智，单纯强调直觉体悟，就破坏了这种张力，成为独断论的变相；反之，亦然。

消解理智之异化，表现为直觉对于理智的扬弃和超越，这并不是刻意为之，而是不得不通过这种扬弃和超越才能使我们走近人的本真。理智与直觉的分裂则是我们对人的精神实存反思之不成熟的表现，理智与直觉的统一是人类的精神实存，二者的分离则是对这实存的歪曲表现。贺麟之前的现代新儒家过多注重了直觉的个人体验，对逻辑方面重视不够，所以没有建立起集各种方法有机统一的严密的方法论体系。而在科学主义那里则过度强调逻辑的把握，往往忽视体验整体境界，把握到的东西往往失之片面，遮蔽了人的情感、意志等非理性层面，与人之本真相去甚远。在贺麟而言，合理的方法论体系只能是直觉和逻辑的结合，既有对整体切近的领悟，又包括对整体中各有机部分的深刻把握。贺麟对理智的突显正与现代社会的理性主义特质相契合，对理智与价值的整合也直接关涉现代文明的症结与焦点，因此将有可能体现更具深度与广度的理论涵括力乃至现实影响力。[①] 我们有理由相信，一个以儒家学说为背景而又充分展示了西方理性主义特质的方法论体系，将会具有长久的理论生命力。

一个不能回避的问题是，理智能否直接拥有人本身？如果能，那么反省体察的直觉便是多余的。应当说，理智是人的一种生存方式，人不能不合乎理智地言说或思考，也不能完全如此。因为完全被理智所得的知识所左右，人存在的真正价值和意义就会被遮蔽。这些知识能揭示人之各种规定性，但人恰恰不是僵硬不变地是其所是，而天然具备一种超越性和流变性。因此，理智既借助逻辑规定站在人的对立面揭示自己，又是对自身的遮蔽。要达到真正的澄明，不仅要借助理智建构的知识彰显自

---

① 李翔海：《现代新儒学论要》，天津：南开大学出版社 2010 年版，第 61 页。

己，又要转变立场，由对对象的认知转为内省的体悟，消解理智对人自身的束缚，超越理智而回归于内在统一。扬弃理智，目的是扬弃其对象化倾向以及由此产生的人的自我分裂，达到一种非对象化的直觉。如果把理智看作通过知识的构造展示人的过程，那么直觉则是通过对知识或对象化的扬弃向内回归人之本真状态的过程。易言之，在对对象性的消解中实现了内在澄明，在去蔽中达到了人的敞开。

四、理智与直觉的分与合

现代新儒家承继传统儒学而不同于西学之处主要体现于它仍挺立作为价值、道德本源的伦理本体，强调本体与作为道德主体的人之本心的合而为一。这当然是就总体而言。事实上，现代新儒家对本体、本心认知功用的肯认有一个较长的曲折过程。梁漱溟认为本体是无计虑的，生命与理智思辨相互排斥；熊十力认为本体本身是一种性智，能自我认识，又发用为量智，去揭示现象界的种种法则，性智与量智是一种体用关系，但量智容易迷于逐物，到达本心需要超乎量智的反省自求，在梁漱溟、熊十力那里理智的地位还很有限。在贺麟哲学中，对理智认知的容纳显然更进了一步。对于主体，他也是从知识的组织者与价值的评判者两个方面的结合中加以说明，并且在具体论述中更强调主体作为知识的先天条件的逻辑建构作用。贺麟的哲学明显地反映出一种试图将传统儒学转换成现代认识哲学的努力，重在挺立一个认知主体，致思方向与着重挺立伦理本体的梁漱溟、熊十力二人不同。贺麟的这一努力后来在牟宗三那里得到了进一步展开，成为现代新儒家力图从传统儒学中转出一个知性主体的特定发展方向。贺麟用重视逻辑认知的西方哲学对重视道德评价和直觉体悟的中国哲学的发挥，把一个带有现代认识哲学特征的“新心学”展现在人们面前。这反映出贺麟对传统儒家哲学的根本缺陷有着清醒的认识，对中国哲学变革的必要与方向有一种基于自我反省的自觉。当然，这并不是说在贺麟那里理论已完满无缺，关于贺麟理论的问题所在，后文详述。

现在需要解决的问题是，理智与直觉如何融通？二者之间的相互作用如何呈现？贺麟努力寻绎二者内在统一的辩证逻辑，证成直觉与理智之间的彼此贯通而非相互扞格。在之前的现代新儒家较多凭借直觉来达到形上本体，贺麟则尝试一条融通直觉与理智的新的方法论进路。就方法论维度而言，贺麟超越了宋儒把“物”解读为切己之事，突破了儒家“重人生轻自然”学脉倾向，扩展了理智的适用范围，批判地引进吸收理智的意图十分清晰。可以说，贺麟解开了锁在理智身上的桎梏，主张理智不仅能把握经验范畴内客观物的规律性知识，而且能认知人自身。人能够借助理智获知有限，借助直觉认识无限，在相对中揭示绝对，由自然天性发展为与道合一的德性，从而达到理想人格。

关于理智与直觉的关系，贺麟首先明确地表明了反对将它们割裂的态度，认为二者各有其用而不相背。他这样论述了自己的创见：“直觉方法一方面是先理智的，一方面又是后理智的。先用直觉方法洞见其全，深入其微，然后以理智分析此全体，以阐明此隐微，此先理智之直觉也。先从事于局部的研究，琐屑的剖析，积久而渐能凭直觉的助力，以窥其全体，洞见其内蕴的意义，此是后理智的直觉。”①他把理智同直觉联系在一起，理智的一头连着前理智直觉，另一头连着后理智直觉，这就意味着理智是其中不可缺少的中间环节。并且，理智分析以抽象思维为特征，消除感性直观时的混沌黑暗，是对感性直观的超越。从某种意义上说，贺麟之前的梁漱溟、冯友兰、熊十力为反对唯科学主义对理智认识作用的夸大，均撇开认识过程的逻辑分析而直言本体和道德，强调道德行为

① 贺麟：《哲学与哲学史论文集》，北京：商务印书馆1990年版，第181页。

准则源于知识所达不到的至善的本体领域。① 对于此，贺麟并不认同，他说，“因为道德学研究行为的准则，善的概念，若不研究与行为相关的知识，与善相关的真，当然会陷于无本的独断。……而那不审问他人行为背后的知识基础，只知从表面去判断别人行为的是非善恶的人，则他们所下的道德判断也就是武断的道德判断”。② 贺麟的见识令人钦佩。贺麟虽然同样反对唯科学主义，但却不赞成离真而言善，舍弃知识基础而空谈所谓道德命令，撇开认识论的研究讨论所谓超越的本体。只知道从表面去判断别人行为的是非善恶，其道德判断难免武断。

贺麟认为理智分析的阶段是从先理智直觉到达后理智直觉的一个必要过渡。理智的分析相当于康德的知性阶段，此阶段获得的是科学知识。从逻辑发展阶段来看，理智分析是形式逻辑阶段，以抽象思维为特征，消除先理智直觉（即感性直觉或感性直观）的混沌黑暗，而且坚持认识对象的“固定规定性和各规定性之间彼此的差别，以与对方相对立”。③ 所以，理智分析是对先理智直觉的超越，因此后理智直觉避免了狭隘的直觉主义、神秘主义的危险。贺麟意识到了直觉具有直接性、跳跃性和整体性等特点，直觉的这些特点的存在使直觉表现出了自身无法克服的局限性，即直觉的模糊性和偶然性。直觉的局限性不仅是思维本身无规则的跃迁所致，也与主体的前见、知识经验、兴趣爱好等非智力因素有关。有鉴于此，贺麟自称要把直觉从狂诞的简捷的反理性主义中救治过来，恢复其正当的地位，发挥其应有的效能。④ 即便是推崇直觉的柏格森也承认直觉的短处，试图借知性来支持直觉，这与贺麟达成了某种默契，“虽然直觉超越了理智，但使得直觉上升到达这一点

---

① 参见赵德志：《现代新儒家与西方哲学》，沈阳：辽宁大学出版社 1992 年版，第 150 页。
② 贺麟：《五十年来的中国哲学》，北京：商务印书馆 2002 年版，第 131 页。
③ ［德］黑格尔：《小逻辑》，北京：商务印书馆 1980 年版，第 172 页。
④ 贺麟：《哲学与哲学史论文集》，北京：商务印书馆 1990 年版，第 183 页。

的动力仍然来自理智。没有理智,直觉将仍滞留在本能的形式上,固着于它的实用旨趣的特定对象,并由这对象向外转变成位移运动”。①

从理智与直觉的联系来说,二者共同构成了直觉的进程,即以感性直观为起点,以形式逻辑为中介,以理智直觉为延续,进而进入后理智直觉。在此进程中,逻辑实际上担任着分析和推论两方面的工作,“就推论言,推论必先有自明的通则,以作基本,但此自明的通则,则系一种直观知识。就分析言,分析即系剖析全体之意,即黑格尔所谓‘判断即特殊化总念’之意,亦即布拉德雷所谓‘判断的主体即系实在’之意,盖分析即分析此用直觉方法所得的对于实在、对于理念的整个印象”。② 从“心即理”的本体论出发,贺麟认为实在、全体、理念就体现在万事万物中,从万事万物中认识真理、把握实在的第一步,是对具体的事物进行感性直观,留下印象,积累丰富的材料,所以,“分析即分析直觉方法所获得之丰富材料,及至部分的分析到了面面俱到的程度,于是又借直觉之助,对于整体有更新更深的认识”。③ 由此可知,从直觉经验到直觉方法,理智是作为一个必要的环节而存在的。

五、理智直觉与理性直觉

贺麟认为能用理智直觉方法把握实在,是置身于实在之中,与之“相契合”,而不是站在外面去分析、对待地认识实在。他说,所谓理智的直觉就是“必须深入物内,即是主体要向对象表同情,置身对象之中,和对象合而为一;要从里面体验而不能徒作外在的观察,要从事物本身的观点观察事物,而且不能永远站在同一观点上

① [法]柏格森:《创造进化论》,北京:商务印书馆 2004 年版,第 149 页。
② 贺麟:《哲学与哲学史论文集》,北京:商务印书馆 1990 年版,第 181 页。
③ 同上,第 181—182 页。

面，要随不同的事物，而采取各种不同的角度去理会它们”。[①] 可见，深入物内，变换不同角度去体验事物，以物观物，是理智的直觉的显著特征。因此，我们大致可以把理智的直觉方法称为物观法。理智的直觉方法在科学领域大行其道，科学研究中的直觉方法大都是理智直觉，正如爱因斯坦所说：“一般地可以这样说：从特殊到一般的道路是直觉性的，而从一般到特殊的道路则是逻辑性的。”[②]爱因斯坦认为物理学家的使命就是要得到普遍的基本定律，要得到这些定律，并没有逻辑的道路，只有通过那种以对经验的共鸣的理解为依据的直觉，才能得到这些定律。然而，爱因斯坦又提醒人们，“根据直接观察所得出的直觉的结论不常常是可靠的，因为它们有时会引到错误的线索上去”。[③] 直觉思维中由于省略了许多逻辑环节，因而其结论是不确定的，只有经过逻辑论证和实践检验之后，才能明确理智直觉产生的结果是否再现了对象。由此可见，爱因斯坦对直觉的态度是慎之又慎。

理智直觉不仅在自然科学领域有十分重要的作用，在社会科学领域亦然。贺麟说，柏格森的理智的同情方法，当然与科学方法大相径庭，但却是了解人格、了解历史、了解生命、了解艺术的最好甚至最重要的方法。知识有两类：一类是范畴化的知识，以逻辑方法认识把握之；另一类是未经范畴化的知识，则唯有依赖直觉。这种未经范畴化的知识也有两种：“一种是不虑而知的知识，就是感人而不诲人，要靠体验才能获到的；一种是微言妙道的知识，就是得言外之意，在字句的阴影中去触机探微得来的知识”。[④] 这种“体验”和“触机探微”都是理智直觉的方法。贺麟认为，理智直觉的方法和形式逻辑方法相比，虽然似乎不大堂堂正正，但却是十分

① 贺麟：《现代西方哲学讲演集》，上海：上海人民出版社 1984 年版，第 15 页。
② [美] 爱因斯坦：《爱因斯坦文集》第一卷，北京：商务印书馆 1976 年版，第 102 页。
③ [美] 爱因斯坦、[英] 费尔德：《物理学的进化》，周肇威译，长沙：湖南教育出版社 1999 年版。
④ 贺麟：《现代西方哲学讲演集》，上海：上海人民出版社 1984 年版，第 15 页。

有效的方法，我们可以假想求知有走大门和走后门两条路径，走大门是堂堂正正地进去，过庭升阶，要经历重重门户，而从小门偷偷溜进去，却不旋踵就可以立窥堂奥。这种“从后门而入”就是理智直觉的求知方法。

在贺麟看来，柏格森的直觉方法是理智直觉，因为柏格森的整个哲学是“从科学出发的”，所以，其直觉方法具有近代以来的科学素养，有近代知识论、逻辑学作基础，较之中国传统哲学中的直觉方法形式上自然精密完善些。柏格森的直觉是“诟病科学的站在外面，站在同一立脚点的观察方法，他要投身事物之中，和事物一同经历变化的途程。他得到了丰富的精神生活，他进入了神秘的精神境界。到此为止，他不想再跳出来了”。① 贺麟对柏格森不满的是，柏格森的直觉方法也没有吸收黑格尔开创的辩证法的成果，没有上升到理性直觉。

关于后理智直觉，贺麟说：“后理智的直觉，亦经验亦方法。方法与经验，一而二，二而一，锐敏的思想与亲切的经验合一，明觉精察之知与真切笃实之行合一，为直觉法或体验法之特色。”②从理智直觉看，理性直觉是自己的继续和完成；从理性直觉看，理智直觉是自己的前哨和基础，理性直觉是对理智直觉的扬弃，又包含了理智直觉在内，理智直觉发展到理性直觉时，直觉的性质已发生了质的变化，所以贺麟又称理性直觉为“后理智直觉”、“没理智之直觉”。这两种方法相互作用比较复杂，二者的连接不是边界清晰的逻辑的进程。

归纳起来，贺麟的理智直觉和后理智直觉的区别：理智直觉方法和形式逻辑联系在一起，后理智直觉方法则和辩证逻辑联系在一起。理智直觉方法只是对认识对象的有限规定性的直觉，而

---

① 贺麟：《现代西方哲学讲演集》，上海：上海人民出版社 1984 年版，第 21 页。
② 贺麟：《哲学与哲学史论文集》，北京：商务印书馆 1990 年版，第 200 页附释。

理性直觉方法则是对包括了认识对象的本质、认识主体的本质、认识的本质、形上本体和形下万事万物理则的洞观，是对大全、绝对的直觉。所以，贺麟说，理性直觉是求形而上学的方法，"以形而上的真理为对象，以生活之超脱高洁，以心与理一。心与道俱为目的"。① 从操作的层面看，可以概括为，"以直觉为超功利超时间超意欲的认识主体，竭全力以认取当下，使整体意识为呈现在眼前的对象的静穆的凝想所占据，忘怀自身与当前的对象中，而静观其本质"。可见，理性直觉是主体的自我直觉，有当下性、直接性，忘怀自身，静观的特点。

贺麟还将西方哲学的直觉与朱熹的直觉加以比较。他指出，西洋哲学有三种直觉方法：第一种是以价值为对象，以文化生活之充实丰富为目的，"认直觉为一种由精神的生活或文化的体验，以认识真善美的价值，"丹麦哲学家克尔恺郭尔和德国的倡导精神科学的哲学家狄尔泰属之。第二种是以生命为对象，以生命之自由活泼健进为目的，"认直觉为时间的动的透视以把握自由活泼，变动不居的生命的理智的同情，"此即柏格森的直觉法的大旨。第三种是以形而上的真理为对象，以生活之超脱高洁，以心与理一、心与道俱为目的，"以直觉为超功利超时间超意欲的认识主体，忘怀自身于当前的对象中而静观其本质"。这就是斯宾诺莎所谓从永恒的范型下以观认事物的直觉法。② 与上述直觉方法相比，贺麟认为朱子的直觉法虽就平实处立论，从读书穷理处着力，但似三方面兼而有之。朱子是以书中的义理去浇灌心灵、洗涤胸襟，亦可谓以价值来充实生活，又有从生活中体味书册中所昭示的文化价值之意。朱子最喜欢用"理会"二字，如果直接理解为"用理智去心领神会"，则意思实与柏格森所谓"理智同情"最为接近。朱子虚心

① 贺麟：《哲学与哲学史论文集》，北京：商务印书馆 1990 年版，第 197 页。
② 同上。

无成见，从客观、普遍的“天下之理”的立脚点为格物穷理最好的注脚，可以说与斯宾诺莎从永恒的范型下以观认事物而达到高级的直观知识，实具同一精神。贺麟认为这些比拟虽有些牵强附会，过分注重朱子的直觉法与西洋的直觉法的相同之处。但试从朱子整个生活全部思想去看，谁也不能不承认：第一，朱子对过去的文化精华曾用过一番深切体验的功夫以取精用宏；第二，朱子于格物穷理，曾专心致志，而求达到“心与理会，自然浃洽”之境；第三，朱子由“一生辛苦读书，细微揣摩，零碎括剔”而达到“本心以穷理而顺理以应物”的境界。如此，经过中西比较，贺麟认为朱熹格物穷理上升到豁然贯通的直觉方法就包含了西方哲学的价值直觉、生命直觉和形上真理直觉的三种方法，说明向外观认的直觉也可以逐步上升为本体的认识方法。而朱熹的穷理之最高境界，至于“用力之久，而豁然贯通焉，则众物之表里精粗无不到，而吾心之全体大用无不明”。贺麟认为这是“最后的直觉境界”，是“心与理一的后理智的理性的直觉境界”。[①] 贺麟在这里已明确表述了理性直觉是理智直觉的飞跃，是“后理智”直觉的观点。理智直觉和理性直觉的分裂，也由此开始。

由上可见，贺麟通过对直觉的诠释突显了宋明理学的理性主义精神，消解了程朱派与陆王派的分歧，为宋明理学找到了方法论方面的支持。当然，贺麟也希望借助对直觉的研究，为现代新儒学寻求方法论上的支持。因此，贺麟注重从认识与修养、人生境界的统一的角度推进直觉方法，“直觉法可以使人得到宋儒所谓‘德性之知’或今人所谓‘价值的知识’或‘规范的知识’的方法。而且只有直觉方法可达到‘众物之表里精粗无不到’，而‘吾心之全体大用无不明’的最高境界”。[②]

---

① 贺麟：《哲学与哲学史论文集》，北京：商务印书馆1990年版，第197页。
② 同上，第191页。

贺麟在评价宋儒的方法时指出：直觉“可以使人得到一种精神的真理，足以感动人的情志的真理，换言之，直觉法是可以使人得到宋儒所谓‘德性之知’或今人所谓‘价值的知识’或‘规范的知识’的方法。而且只有直觉方法可达到‘众物之表里精粗无不到’，而‘吾心之全体大用无不明’的最高境界”。又说，朱熹的方法“是体验‘经训史册’或文化的结晶的直觉方法，而非用实验观察、数学公式以驾驭自然的科学方法”。[①] 这些说法是针对直觉方法与科学方法的区别而言的。贺麟与熊十力相似之处是都认为科学的理智方法与直觉方法具有不同的性质和功能，只能适用于不同的领域；不同的是贺麟认为可以通过直觉为人们提供某种科学知识得以成立的依据或第一原理。在贺麟而言，直觉不仅能使人获得某种德性之知，而且还能为人们指出一条达到宇宙真实的进路。

需要说明的是，我们讨论贺麟的直觉方法如果仅限于他 1935 年的《宋儒的思想方法》一文所提供的材料，并据此批评之，应该说是不全面的。1947 年到 1948 年间，贺麟在北京大学讲授现代西方哲学课程，这时，他的思想更加细密，对直觉方法的论述也更加清晰。[②] 贺麟建立直觉方法论的过程，也是融贯中西直觉说的过程。中国传统哲学中，孔子的“仁”、老庄的“道”、朱熹的“虚心涵泳，切己体察”、陆九渊的内省方法，和西方哲学中康德、斯宾诺莎、黑格尔、狄尔泰、柏格森的直觉理论一起，到了贺麟那里，构成了中西双源，合流并行之势。

六、关于理智与直觉对立的成因考察

由于直觉的这种不能言传、不可重复、不可再现的特点，许多学者认为直觉是非理性的，当然，这并不是说，现代的直觉理

① 贺麟：《哲学与哲学史论文集》，北京：商务印书馆 1990 年版，第 191 页。
② 参见张茂泽：《贺麟学术思想述论》，西安：陕西人民出版社 2001 年版，第 160 页。

论都属于非理性主义；也有学者认为直觉是理性的最高能力。我们在断定直觉是不是非理性之前，有必要厘清非逻辑（指抽象的形式运算）和非理性的区别。直觉是非逻辑的，不是一种线性思维方式，但并不等于说它是非理性的。人遵循形式逻辑运动形成的线性思维，虽然是理性的一部分，但它毕竟不是理性的本质，机器思维、动物也会有这种能力。恩格斯曾说："整个悟性活动，即归纳、演绎，以及抽象，对未知对象的分析、综合，以及作为二者的综合的实验，是我们和动物共有的。就其种类来讲，这一切方法——从而普通逻辑（指形式逻辑）所承认的一切科学研究手段——对人和高等动物都是完全一样的。它们只是在程度上（即每一有关方法的发展上）不同而已。只要人和高等动物都运用或满足于这些初等的方法，那么方法的基本特点对于他们是相同的，并导致相同的结果。"①因此，按照形式逻辑进行推论并不等于就属于理性，把形式逻辑和思维规律等同起来，认为形式逻辑的运演就是唯一理性活动的观点，是片面的，它引起的严重后果就是误认为直觉的非逻辑性就等于直觉的非理性。可见，它是直觉的非理性化的一个重要根源。非理性主义直觉论产生的另一个根源就是对直觉规定性的不自觉，直觉的本质特征是辩证法，但一些人认识不到这一点，因而他们在寻找直觉的规定性时，就一无所获。这样，直觉在他们那里就会脱离理性的根本规律——辩证法，错误地被规定为某种神秘的、一闪即逝的东西。这就不自觉地陷入了非理性主义直觉观的泥潭。贺麟对此立场鲜明，他要说明直觉不是盲目的感觉，同时又不是支离的理智，是后理智的，认识全体的方法，而不是反理智、反理性的方法。他自信地宣称要把直觉从狂诞的简捷的反理性主义救治过来，恢复其正当的地位，发挥其应有的效能。在谈到《宋儒的思想方法》一文时说，"我们本篇研究

---

① ［德］恩格斯：《自然辩证法》，北京：人民出版社1995年版，第184页。

讲心即理也或心与理一的心学或理学的宋儒的思想方法,更可以作直觉法不是反理性的见证,特别是研究提倡艰苦着力的朱子的格物穷理的直觉法或体认,更足以昭示我们不但不反理性,而且也不是简便省事的捷径,而乃是紧严细密,丝毫不苟且不放松的笃实工夫”。①

应该说,传统的理性主义与非理性主义的对立是西方特有的思维方式造成的必然结果。而在造成这种对立的诸因素中,逻辑与直觉的分裂又是最直接的因素。可以说,造成理性主义与非理性主义对立的认识论根源在于:西方人对逻辑与直觉作了分离的理解,在这种理解中设定了直觉与逻辑的绝对对立,把人的精神分为理性和非理性并进而把它们对立起来形成理性主义和非理性主义的对立。② 随着西方在崇尚理性的前提下对理性“本性”的日益深入认识并把这种认识上升为知识,人们不再从理性和本能相区别的意义上判定理性和非理性了,而是以对理性本性的知识来判定一种精神现象是否符合理性。在整个对理性的判定史中,不同时期的人们虽然对“理性”有不同的理解,但有一点是共同的,就是他们的理解都是以“合理性”或“可理解性”为原则的,合理性由此也成为理性的判定标准。这种判定随着这种知识逐步被逻辑化而演变成了以逻辑为标准的判定,西方对于合理性之“理”的理解是知识论意义上的,而长期崇尚的向外的视觉模式使他们过于看重实践活动所服从的或者在思维中显现出来的必然联系,而遗忘了活生生的事物本身。在这个成见中,理性的本性被替换成了逻辑本性。随着对这种逻辑本性的系统探讨,西方人成就了一系列逻辑体系,这些逻辑体系被认为正确地表达了上述“合理性”之“理”。

① 贺麟:《哲学与哲学史论文集》,北京:商务印书馆1990年版,第183—184页。
② 在冯契看来,理性与非理性的分裂另有原因,“科学知识是理论理性的成就,它作为工具当然有其功利性,但是人们为了功利而求知,知识对人是外在的,就会导致理性与情意的脱节、科学与人文的脱节,甚至会造成理性与非理性的对立”。参见冯契:《人的自由与真善美》,上海:华东师范大学出版社1996年版,第161页。

关于理性的合理性标准由此变成了逻辑的标准，理性随之也被理解为逻辑性，这就造成了这种"规律（逻各斯或理）就是事物本身"的理解，不合乎逻辑自然就被判定为非理性。直觉就遭受了这样的命运。

因为判定理性的标准是逻辑，理性主义便顺理成章地演变成了逻辑主义。其基本内涵就是坚持以它所认定的逻辑标准、所裁定的理性，才是人类精神的根本，而拒斥不能纳入其逻辑体系的东西，甚至贬为"非理性"。由此就产生了这样一种误区：理性就是知性逻辑，不合知性逻辑者即为非理性。细观非理性主义者的态度，其之所以自称非理性而反对理性，恰恰在于他们也坚持了以知性逻辑为判定标准。在非理性主义者而言，既然此种"理性"不能显现人之本真存在，那就只能在哲学上反对理性而崇尚非理性。非理性主义的方法是与逻辑对立的各种方法，直觉体悟的"体知"和"体证"就是其中之一，而理性主义的方法则是知性逻辑的论证。按通行的看法，自然科学可以用逻辑论证的方法，因为自然物在我们之外，我们必须通过逻辑必然性晓其本质，而人文社会科学则不必用此方法，因为人文社会科学研究的是我们自己，我们天然地拥有自己，而不必去论证自己，我们的内在体验就是我们拥有自己的方式。如何将这种内在的体验在主体间传达？不能通过知性逻辑（因为它是一种分析的逻辑），那么，就只能用描述或象征的方法。因此，对体验的直接描述便成为昭示人的本真状态的最好形式，它们既能避免陷入以知性逻辑开显人的本真存在，亦可补救单纯体验之内在性的不足。非理性主义者一般自觉避免逻辑的建构，崇尚非体系的格言式的自由文体，崇尚艺术和诗，其意即在于此。①

如上所述，理性主义与非理性主义的对立实质上是逻辑把握

① 参见王天成：《逻辑与直觉的分裂和理性主义与非理性主义的对立》，《长春市委党校学报》1999 年第 1 期。

和直觉之间的对立。在这种对立中，逻辑和直觉是相互对峙、互不相容的。理性主义作为对人的逻辑把握将人的活生生的整体对象化为不同的逻辑规定及其这些规定之间的知性联系，不仅忽视了在直觉体悟中存在的、不能诉诸知性逻辑的人的活生生的生命内容，而且使人禁锢于已形成的人性概念逻辑体系的框架之中。正如黑格尔所揭示的，“像骨架之没有血肉和香料店的罐子所盛的东西之没有生命那样，把事情的活生生的本质抛弃掉或掩藏了起来”。① 这种对于知性或理智的僵化理解容易导致思想的简单化，把内容的必然性和概念都掩藏了起来，把构成具体事物、构成现实、构成它所安排处理的事物的活生生的运动的那种东西掩藏起来，或者毋宁说，理性主义并不是把这种东西掩藏起来，而是根本不知道有这种东西。逻辑与直觉被理解为分裂的，这是西方所特有的崇尚知性前提下而发生的逻辑异化的表现，是人对自身精神反思不成熟的一种表现。此时，就需要通过直觉体悟的方法消解僵化的概念体系以回归到人的整体性和人的本真状态。人的精神的真实状态并不是直觉与理性对立的状态。直觉是非逻辑的，不是一种纯粹线性思维方式，但并不等于说它是非理性的。

理解“理性”概念还必须与理性主义区别开来。理性主义可以说是理性精神的异化，常常表现为泛逻辑化和理性独断论，把理性推至极端，认为只有从理性引申出来的必然的和自明的真理才是真实的、实在的和确定的，理性的方法可以运用于任何事物而得到恰当的说明；真理也不需要经验的证实，而是由逻辑确定性的标准来检验。人的情感、意志的地位在理性主义那里长期没有给予应有的重视，而成为理性的附属，使人在理性的幌子下丧失人的整体性和现实性。当然，理性主义的危机并不影响我们对“理性”这一

① [德]黑格尔：《精神现象学》，北京：商务印书馆 1979 年版，第 34 页。

概念的合理解读。

非理性主义在反驳理性主义的“理性”方面确有所见，但仍然囿于逻辑与直觉绝对对立的判断标准，将直觉置于理性的对立面。事实上，如此操作等于认可了理性主义的逻辑即为理性，非逻辑即为非理性的标准。而恰恰是这个判断标准首先应接受我们的质疑。其中的关键问题在于，是不是理性活动的全部都是逻辑思维，理性是不是等于逻辑？我们发现直觉的表现形式的确是非逻辑性的思维活动，但这种活动却不是非理性的，即是说直觉的非逻辑性不等于非理性。换言之，我们认可直觉与逻辑的对立，却不认可直觉与理性的对立，不能由直觉与逻辑的对立推论出直觉与理性的对立。

随着西方哲学的发展，随着对片面逻辑理性的克服，也随着人们对直觉与理性相统一的本质的逐步觉解，传统意义上的理性主义与非理性主义的对立的内容将被消融于统一的精神视域中。黑格尔所说的“思辨理性”，实质上便是一种直觉与理性统一基础上的新的理性，它和近代知性主义的理性虽然同样被称为理性，但却扬弃了其片面性，并且含有以后所谓非理性主义所探讨的问题的合理解释。海德格尔曾经对西方近代的理性主义进行了尖锐的批评，认为它是“思想”的顽固敌手，应该终结而代之以“思想”，这种“思想”提出了全面把握人的一条新的理路，在对人的把握上是比传统的理性主义和非理性主义更高的视域。因此，我们似乎可以说，由直觉与逻辑截然对立延伸出直觉与理性对立的评价模式已经趋向结束。在这里，我们也可以用贺麟的话对直觉与理智的关系作一个小结，贺麟说：“直觉与理智乃代表同一思想历程之不同的阶段或不同的方面，并无根本的冲突，而且近代哲学以及现代哲学的趋势，乃在于直觉方法与理智方法的综贯。”①

---

① 贺麟：《哲学与哲学史论文集》，北京：商务印书馆 1990 年版，第 183 页。

第三节　直觉与辩证法

贺麟对直觉与辩证法的关系颇有见地，认为辩证法与后理智的直觉有共同之处：都是天才的艺术，而不是可以呆板模仿的死方法；都不是实证科学或形式演绎科学中所用的方法；都是把握整体的方法；都不是外在于内容的方法。直觉所得通过辩证法表达。这些是贺麟的理论贡献。然而，贺麟的直觉方法限于方法论视域，没有深入道德、情感等领域，这不能不说是过于注重直觉作为思维方法的严谨而带来的一种缺失，遮蔽了中国哲学的特色和诸多意蕴。

一、直觉的辩证法化与辩证法的直觉化

不消说，贺麟在构筑其“新心学”体系的时候，有着清醒的方法论鉴别，为哲学方法论探索了理论预设、厘定了方向；更不消说，他清晰地把握了理智在忽视人自身存在方面的不足，理智是分析的方法，但仅仅凭借分析，即便面面俱到亦绝不能达到人的安身立命之本，因为作为价值的善是不能分析的。

黑格尔认为知性有自身的优点和权利，它坚持规定性，使它成为知识的起点，对感性直观的超越。知性认识的特点是孤立性，“概念、真理被认作彼此孤立”，而且坚持这种“固定的规定性和各规定性之间的彼此差别，以与对方相对立”。这种孤立性同时也揭示了知性认识的静止性，“知性的活动，一般可以说是在于赋予它的内容以普遍性的形式”。不过，这是“一种抽象的普遍性”。[①] 所以知性认识又有抽象性的特点。由于知性的这些特点，贺麟认为，

① ［德］黑格尔：《小逻辑》，北京：商务印书馆 1980 年版，第 172 页。

仅用形式逻辑不可能说明活生生的矛盾发展的思维过程的全部复杂性，不可能认识具体的真理，就好像“仅仅把肉分解为彼此孤立的氢、氧、碳等元素而失去肉的真相一样”，并认为“只有辩证思维才能如实反映”具体的真理。[①]

关于逻辑方法的有限性，贺麟指出，逻辑方法是一种分析的方法，然而，“单是分析，即使面面俱到，亦绝不能达到整体。况分析只是愈分愈细，绝不能面面俱到，故必借直觉的助力，方可把握全体”。[②] 这里的直觉是指后理智直觉，实际上是指辩证的综合或辩证法。直觉不同于对当下情景的分析，它总是超越既成的事实或存在境域，指向当前没有或尚未直接呈现的形态。直觉所及，可以包括个别的事物或规定，但在更多的情况下，它所涉及的是不同规定、事物之间的联系。贺麟认为处于知性阶段的逻辑方法只能获得科学知识，不能获得关于整体的哲学知识。易言之，处于知性阶段的逻辑方法只能充任哲学思考的辅助方法，要想获得哲学知识还应当由知性阶段提升到理性阶段，更多地依靠辩证法。所以，他认为，当一个哲学家在从事哲学思考的时候，应该超越分析的方法，而采用辩证的方法。贺麟把辩证法称为“矛盾思辨法”，他很赞成杜威的意见，认为没有绝对不用矛盾思辨法而能作哲学思考的人。在他看来，理智分析的方法是辩证法的前提，由理智分析的方法必须引导到辩证法，而在求得形上的总体认识上，辩证法与后理智直觉是一致的。辩证法自身就是矛盾的统一：一方面是方法，是思想的方法，是把握实在的方法；一方面又不是方法，而是一种直观，对于人事的矛盾、宇宙的过程的一种看法或直观。借助辩证法可以从形而下的杂多的部分中推演出形而上的“整体”或“一元本体”即宇宙万有的究极本体，也即形而上的“心”或“理”。“辩证

---

① 贺麟：《黑格尔哲学讲演集》，上海：上海人民出版社 1986 年版，第 442 页。
② 贺麟：《哲学与哲学史论文集》，北京：商务印书馆 1990 年版，第 182 页。

法是观认万殊归于一理，一理统贯万殊的方法。”[①]在贺麟看来，借助辩证法可以通过有限通达无限，从充满矛盾的现象界推出没有矛盾的理想界，这个理想界就是本体界。辩证法足以破执显真，使心眼开明，向着理想界、本体界、无限理则、根本源泉或全体大局仰望，以超出形下事物之矛盾。因此，“在后理智直觉中一切对立得到了辩证的统一。于是我一方面把直觉辩证法化，一方面又把辩证法直觉化”。[②]

关于辩证法与后理智的直觉的关系，贺麟认为：第一，辩证法需要辩证观的引导，而辩证观与直觉的运用有关。辩证法和直觉都不是实证科学或形式演绎科学中所用的方法。二者的差别在于直觉有助于体悟主客相生的本体境界，辩证法则是直觉的展现节奏。第二，这两种方法都是天才的艺术，而不是可以呆板模仿的死方法，也不是外在于内容的方法，都以“主客合一”的本体论立场为原则。所不同者，直觉方法的拥护者认此“主客合一”为一原初自在的本体境域，而黑格尔的辩证法思想主张“主客合一”是经过辩证发展历程而最后达到的“绝对”境界。所以，黑格尔是力求从抽象的概念达到具体的统一，因而未脱尽概念方法的路子。而中国哲学则自一起手处就认定依靠概念方法无从得到真知，只有通过“格物致知”这样的(解释学式的)道路或其他使人“回复本心”的直观方法方能入于化境。[③] 第三，都是把握整体的方法，直觉所得通过辩证的方式加以表达，例如《道德经》中的“无状之状，无物之象”，“有无相生，难易相成”，“为无为，事无事，味无味”，《中庸》中的“致广大而尽精微，极高明而道中庸”，等等。基于这种认识，贺麟沟通了辩证法与直觉，“辩证法自身就是一个矛盾的统一。辩证法一方面是方法，是思想方法，是把握实在的方法。辩证法一方面

---

① 贺麟：《哲学与哲学史论文集》，北京：商务印书馆 1990 年版，第 225 页。
② 同上，第 466 页。
③ 参见张祥龙：《贺麟的治学之道》，《哲学研究》1992 年第 11 期。

又不是方法,而是一种直观,对人事的矛盾,宇宙的过程的一种看法或直观”。① 在贺麟看来,辩证法一方面是求形而上学知识的思辨方法或理性方法,但一方面是忠于客观事实的经验方法或体验方法,它是理性方法与精神生活的统一。至此,贺麟就把现代西方辩证法的概念引入到他的直觉方法论中了,从而把宋明心性学的直觉方法与西方近代哲学的辩证方法贯通起来,且在吸收西方理智分析方法的基础上把从前理智的直觉、形式逻辑、矛盾思辨到后理智直觉组成了一个逐步上升的认识发展过程,使传统的直觉思维提升到了一个辩证的思维阶段。

从贺麟关于直觉的论述来看,他确实贯穿了理性主义救治直觉的原则,他没有像柏格森、梁漱溟那样把直觉同理智对立起来,没有把直觉理解为沟通主客的“唯一窗户”,而是从理性主义的立场出发,赋予直觉以新的含义。在他看来,所谓前理智直觉相当于感性,后理智直觉相当于理性。这样的理解并无新意,同德国古典哲学家的理性主义精神并无二致。但贺麟的理论贡献在于提出了直觉法、逻辑方法、辩证法缺一不可、相互补助的观点,立足于谋求把中国哲学的直觉方法、康德的知性分析和黑格尔的理性思辨融为一体。与贺麟同时代的我国哲学家,讲直觉的颇不少,然而明确地从认识阶段和过程上讲前理智直觉→形式逻辑→辩证思维→后理智直觉,从认识方法上讲这四种方式之相互渗透与补充的,似不多见。②

二、辩证法与直觉的互补

辩证法有一个发展过程,在古希腊哲学中,辩证法最原始的意义是以子之矛攻子之盾的辩难法,双方辩论时,用以盘诘对方,使

① 贺麟:《哲学与哲学史论文集》,北京:商务印书馆 1990 年版,第 220 页。
② 参见郭齐勇:《贺麟前期的中西文化观与理想唯心论初探》,《会通集》,三联书店 1993 年版,第 126 页。

对方自相矛盾因而推翻对方论点的辩论法。这时，它还是外表的、抽象理智的、消极的辩难法，如果滥用，则流变为诡辩、怀疑。在贺麟看来，真正的辩证法是“有具体内容的理性方法，而非抽象外表的智巧辩驳”，[①]是推究事理之内在的矛盾思辨方法，也是积极探求真理的方法。在苏格拉底那里，辩证法是训练道德的方法，积极唤醒对方的自知，自知其无知，廓清成见，恢复本心，使人自觉寻求德性之知。较之苏格拉底的“精神接生术”，柏拉图的辩证法有了极大的丰富和发展，可以说是质的飞跃。柏拉图的辩证法的特点是：完全撇开感性事物，运用理性通过推理进行逻辑论证；从理念出发，完全依据理念，分析和论证各种理念之间的联系和关系，上升到善的理念。柏拉图注重由破执进而显真，显示矛盾的统一，绝对的真如。着重以矛攻盾的方法，不是用以与人辩难，而是用以破除有限事物的对立，片面思想的偏执。它要求从本体、无限、全体大局着眼，以超出形下事物的矛盾，达到形上真理的统一，应该说，柏拉图奠定了辩证法的规模与基础。辩证法到了黑格尔，可说是充实、发展到了一个高峰，黑格尔可谓集辩证法之大成，尽辩证法之妙用。黑格尔认为，辩证法从认识方面看是对知性思维的扬弃，“自由的思想，就是不接受未经考察过的前提的思想。康德之重心，即在于考察在什么限度内，思想的形式能够得到关于真理的知识。特别要求在求知以前先考验知识的能力，即思维的形式本身也必须当作知识的对象加以考察。……必须在认识过程中将思维形式的活动和对其批评，结合在一起，必须对于思维形式的本质及其整个的发展加以考察。……这乃是思维形式考察其自身，故必须由其自身去规定其自身的限度，并揭示其自身的缺陷。这种思想活动，便叫做思想的矛盾进展（即辩证法）”。[②] 贺麟对黑格尔辩

---

① 贺麟：《哲学与哲学史论文集》，北京：商务印书馆 1990 年版，第 222 页。
② ［德］黑格尔：《小逻辑》，北京：商务印书馆 1980 年版，第 118 页。

证法的特点进行了梳理：首先，黑格尔确立了正反合的辩证法格式，并使之成为逻辑体系的骨骼脉络，故其系统严密而“更显得机械”；其次，确立自己否定自己的辩证法原则，矛盾乃客观地存在于事物本身，事物在不断地陷于自身矛盾而又不断解除矛盾的过程中前进；最后，以辩证法为文化历史发展的命脉。柏拉图的辩证法是超越的、纯理性的，而黑格尔的辩证法既超越，又内在，亦理性，亦经验。①

那么，究竟在哪个环节需要辩证法？这就需要根据明证性的原则来分析。我们先讨论在感性之知和知性之知中是否需要辩证法。感性之知的自明性在直观中被提供，按照思维的经济原则，辩证法是根本不需要的。不仅如此，对于感性世界，即使诉诸辩证法的语言也并不增加任何明证性。比如，感性直观完全可以明证地把握河流中水的运动，但我们把它把握为这水既在又不在，或既在此又不在此，等等，这虽然没有什么错，但恰恰把感性的确定性打乱了，而其自身又没有带来任何比感性直观更强的明证性。由此看来，感性世界的辩证法相对于感性知识来说是消极的，它对感性之知无所增益。同样，知性之知的明证性在于按照思维的不矛盾性原则将反思的共相回归为直观，因此，矛盾律和经验证实便是知性之知的明证性的承当者，在这里辩证法也是根本不必要的。不仅如此，它不但不会增加知性之知的明证性，反而动摇了知性明证性的承载者——矛盾律，因此它对于知性之知来说也是消极的。那么，从内容上来说，哪个领域既无法从感性直观中获得明证性，又无法从知性逻辑中获得明证性，而只能在辩证的话语中获得明证性？这就是理性世界或自由世界的领域。只有在这个世界中，辩证法才获得积极的意义。这就是辩证法的合法操作平台。

当然，这并不意味着辩证法完全与经验无关。值得注意的是，

---

① 贺麟：《哲学与哲学史论文集》，北京：商务印书馆 1990 年版，第 228 页。

辩证法不仅仅是一种理性的方法，同时也包含了经验方法在内，如果没有经验作为基础，所谓理性将只是抽象的空洞物。正如休谟所说，在现实的世界里，“我们的测海线太短了，并不能测量那样深广的一个深渊”。[①] 诚然，不经过经验这座桥梁，不运用经验这个工具，不包含经验的具体内容在内，不包括经验的知性方法，理性将不可测量、不能验证，从而也不能完成自己的使命，发挥出自己的功能，结果是只能陷入神秘主义的“深渊”。

理性直觉正是对认识对象的矛盾对立和统一的普遍性、必然性内发的直觉，所以辩证法自身即是矛盾的统一。一方面是求形而上学知识的思辨方法或理性方法，一方面是忠于客观事实的经验方法或体验方法，它是理性方法和精神生活的统一。形而上学的理念不是抽象缥缈的幻影，乃是实际事物的核心、命脉、本性，越能忠于经验，把握住实际事物的命脉，就越能把握住形而上学的真理。在贺麟看来，在理性阶段，逻辑和直觉的运动历程是不断循环往复、螺旋式前进的。同理，在知性阶段，知性逻辑和理智的运动历程也是不断循环往复、螺旋式前进的，只不过，知性前进的目标是理性，而理性前进的目标是事物本身的回归和实现而已。

贺麟认为，辩证法作为方法，一是指理性直觉，它是对纯粹辩证形式的补充；二是指纯粹的辩证形式，纯粹的逻辑推演，纯粹概念的发展过程。从纯粹概念的“有”推出“无”，又从有无对立推出“变”作为其对立之合。但辩证法作为形式，反映的正是辩证历程，它和内容有机统一；它就是在变动不居的全体内容中，去发现其本身所特有的理则规范或纯形式。抽象的理智方法，只从外表直观事物，而不从当前实物之本然内容去寻求途径，所以它不能把握实在。必须放弃主观的或外部的观点，沉潜浸润，忘怀自身，深入当前的材料中，投入对象的生命里，把握住对象的内在必然性，使内

① ［英］休谟：《人类理解研究》，北京：商务印书馆 1981 年版，第 66 页。

容与形式合一,关于对象的丰富、活泼的全体知识自然就能揭示出来。因为真实事物必然是健动不息的过程,而且在这一过程中,必有动静、剥复、正反的节奏,此即事物的内在必然性。理性的方法正是通过此过程,把握其内在必然的节奏的方法。所以,黑格尔认为,哲学方法的性质有二:一是方法和内容不可分,指体验方面,即方法的体验,辩证的直觉也是实际的生活;二是内容决定方法,这是理性方面,亦即矛盾进展的逻辑。由此,贺麟得出关于辩证法的结论说:"我们可以说,辩证法本身就是一个对立的统一,是形式与内容的统一,是生活体验与逻辑法则的统一,是理性方法与经验方法的统一。"①这种矛盾统一的真理又叫思辨真理,与抽象形式的真理不同。它有些类似于宗教经验中的神契主义,因为大全、本体非知性形式范畴所能把握;但它作为直观,又是理性直觉方法即辩证法的结果,不是反理性非理性的,所以毕竟不是神契主义或直觉主义。还因为辩证法是直觉的内容,由物之正面而穷究到反面,由物之对立而洞观到其统一,是现实的人们常常具有的经验,只是理智作用不能了解而已。

就总体而言,贺麟的哲学中充满着辩证思维,他从思想史角度论述辩证法的进展,立足于黑格尔的辩证法,上溯到苏格拉底,下及新黑格尔主义者,努力把他们熔于一炉,所以他的辩证法思想既有黑格尔的特点,又没有黑格尔的"三一公式"的机械性;既有新黑格尔主义运用辩证法精神讲精神生活、直觉体验的一面,又着力将直觉与逻辑统一起来,使逻辑成为直觉的必经过程,避免了狭义的神秘主义和粗疏的感觉主义。

三、对于贺麟直觉理论的评价

贺麟与梁漱溟、熊十力、冯友兰有所不同,其直觉方法实际上

① 贺麟:《哲学与哲学史论文集》,北京:商务印书馆1990年版,第234页。

已经超越了道德、艺术和宗教直觉的界限,更为接近逻辑和直觉辩证统一的现代意义上的思维方法。当然,贺麟的直觉理论既对中国现代哲学发展有所贡献,也包含这自身的理论缺陷。

其一,贺麟把直觉划分为两种形式,这是他的独到之处。在中国传统哲学中,无论是儒家的道德直觉,还是道家的“修道”的直觉,抑或是佛家“明心见性”的直觉,都没有严格区分感性直观和后理智直觉。贺麟不仅作了明确区分,而且指出感性直观低于逻辑理智,这就打破了中国哲学中那种所有直觉高于理智的看法,提出只有后理智直觉才高于理智的创见。从新儒家的发展脉络来看,这种对感性直观和后理智直觉的区分也避免了梁漱溟的“附于感觉的直觉和附于理智的直觉”、熊十力的“冥合证会”等模糊的概念。贺麟关于直觉的方法论建构,显然已克服了梁漱溟、熊十力的缺陷,达到了新的理论高度。

其二,贺麟融合了中西哲学中的各种直觉方法和理智分析方法,明确了感性直观、形式逻辑、矛盾思辨、后理智直觉四种形式相互为用,这在中国哲学史上是一大创见,有助于我们进一步研究各种思维形式的相互关系及其转化。但是,他并没有跳出现代新儒家的直觉高于理智的窠臼,仍然像梁漱溟、熊十力那样宣扬直觉高于理智的意义,还列举了爱因斯坦“在研究相对论的过程中,曾有资于不少的直觉的启示或触机”,①来说明直觉的重要性。但是,爱因斯坦的相对论恰恰说明了理智与直觉处于同等的地位。从长程的意义来看,这是一个超越旧有的理智定律,经过后理智直觉达到新的理智定律的过程,证明了逻辑理智与后理智直觉在科学研究中具有同等意义。而贺麟以爱因斯坦的相对论说明后理智直觉高于理智只是看到了其中的一部分,忽略了全过程。

其三,就现代新儒家直觉理论发展的内在逻辑来看,贺麟的直

① 贺麟:《哲学与哲学史论文集》,北京:商务印书馆1990年版,第181页。

觉理论明显超越了梁、熊二位先生。梁、熊二位先生的共同做法是利用佛家“唯识无境”沟通理智与直觉，说明直觉为体、理智为用，但对于直觉与理智的沟通缺乏理论的说明。贺麟把直觉辩证法化从认识论层面沟通了理智与直觉，以外观的直觉法涵盖了梁漱溟的生命直觉，又以内省的直觉法融摄了熊十力的“反求本心”，同时，认为直觉并不排斥理智，而是包含着理智的同情的直觉，思维的过程是理智与直觉的辩证综合。这种说法很有见地。

其四，贺麟的直觉方法论理论相比梁、熊二位先生，理论更加精致，逻辑性更强，论证也更为严谨有力。但在贺麟那里，梁漱溟直觉理论的情感维度被忽视，熊十力的切己体察的实践意味也被消解，贺麟的直觉限于一种思维的方法与过程，而没有深入道德、情感等领域，这不能不说是过于注重直觉作为思维方法的严谨而带来的一种缺失，结果是失去了中国哲学的很多意味和特色。当然我们不能要求贺麟一定要用中国哲学的方式思考而不允许他借鉴西方哲学，问题在于，排除了情感、道德的直觉还是“整个的人”“见体”的方法吗？

其五，贺麟以后理智直觉为终点，而没有看到后理智直觉是前一个周期的结果，也是其后思考的基石，将会有新的后理智直觉出现。虽然贺麟也认为直觉方法是一个进展的过程，处于不断的发展改进中，但其所谓进展过程是指“积善愈多，学说愈增进，涵养愈醇熟”，而导致运用直觉方法更为完善，这个看法也确有所见。然而，这种后理智直觉的产生是否应该仅仅归结于理智活动的结果，也许还有体认后的直觉，修养提高后的直觉，这些“后”直觉又是继续思考、体认、涵养的提升和下一个直觉的基础，应该说，自身就是自身发展、改进的基础。

结语：

贺麟的直觉理论在今天看来，依然有较强的理论说服力。一般说来，人对自身的认识和理解越深入，对人生的直觉体悟就越深刻，所达到的人生境界也越完满。对人生境界的体悟是与对人生的认知联系在一起的，因为人的生命之流从来都不是抽象虚空的，人在各种境遇中与外物的互动而引发内心的不同感悟，正是在这些活动中生命得到充实与提升。完满的人格和境界是把德性之知所蕴含的真理性内容融于生命之中而形成的，通过直觉的扬弃又回归于生命的结果。如果把对外物的规定去掉，仅仅体验纯粹的生命之流，其所得不能不是纯粹的虚无或独白。

出于对德性客观普遍性的追求，在现代新儒家中贺麟第一次真正尝试赋予认知理性、工具理性以本体地位，将认知理性与直觉视为其方法论的“鸟之两翼”。贺麟的直觉理论为现代新儒家构建了一个方法系统：由感性直觉上升到形式逻辑和矛盾思辨，再达到后理智的直觉。后理智直觉又有反求本心的内省方法和向外观认的直觉方法，外观的直觉又有价值直觉、生命直觉和形式真理的直觉三种方法。贺麟尝试把宋明理学的直觉方法和西方近代哲学的直觉方法贯通起来，努力实现中西融合。但是他还没有以严谨的系统化形态来阐述，也没有明确地揭示德性与理性之间的本质性关联。不可否认的是，贺麟哲学方法论的理论贡献是提出了直觉法、逻辑方法、辩证法缺一不可并相互补助，谋求把中国哲学的直觉方法、康德的知性分析和黑格尔的理性思辨融为一体。如此，接近了逻辑和直觉辩证统一的现代意义上的思维方法。从中国哲学史的视角看，关于理智的定位贺麟的方法论有突破性推进。但贺麟关于直觉的思考更多地囿于思维进程内在理路的揭示，而没有深入意志、情感、生活实践等领域，这不能不说是过于注重直觉作为思维方法的严谨而带来的缺失。同时，中国哲学的诸多特色和意味也被淡化，直觉方法的情感和意志维度没有敞开、切己体察的实践意味也被淡化。当然我们不能要求他一定要用中国哲学的传统方式思考而不允许借鉴西方哲学，但问题在于，遮蔽了情感、意志等非理性因素的直觉还是"整个的人""见体"的进路吗?

就其方法论本身而言,贺麟也没有交待清楚从理智到直觉如何"得",后理智直觉是否等同于超理智,超理智的东西与非理性有何差异,直觉所得如何"达"的问题以及直觉所得如何证明其真理性等问题,因此,贺麟的直觉理论还有待于进一步深入。总之,不可否认的是,贺麟的这种先行探索——提出直觉与理智的融通,是对中国哲学方法论的贡献,虽不甚完美,却足以令吾辈后学沿着这条路继续前行。

四、余论

通过对早期现代新儒家四位先生直觉理论的考察,我们发现,早期现代新儒家的直觉不是与科学联系在一起的,而是与道德实践联系在一起,是与如何实现对"道"的体悟、如何达到天人合一和"道心合一"的境界联系在一起。现代新儒家承袭了中国传统哲学的思维方式和观念,同时也吸收了西方哲学的方法和观念进行了新的探索和推进。这是他们的贡献,本书中已有阐述,此不赘述。同时,新儒家的偏失恰恰也在于此,他们囿于彰显传统儒学的当代价值和对治科学实证主义的意图,过度显扬了人的主观性,这是一种纯主观性的能动性。新儒家强调良知的当下呈现,完全地向内修身以达到良知,其直觉不是从知识到直觉,而是无知识到直觉,其中只有人的存在而没有客观的存在,不是认识世界,而是认识自己。新儒家的直觉是一种非对象性思维,其直觉与知识无关,与认识客观世界无关,主张由认识心性而通达天道。在新儒家那里,心性论代替了本体论,内省置换了向外认识客观世界,也不构成主客能所相对的外在关系,主客对立被心与心的关系所替代,全部认识都成了主观精神的自我观照。新儒家延续的是传统儒学将人与天视为一事的理路,没有看到人的规定性与自然的规定性并非一事,所以,理智在新儒家那里的地位十分有限。应该说,冯契先生的

“化理论为方法、化理论为德性”，认识世界和认识自己并进，沟通知识与玄学的理路，更具合理性。

目前，如何准确地定位、评判新儒家的直觉还是一个比较困难的问题，因为，直觉本身依然是哲学史上一个引人注目而未能得到完满解决的难题。虽然直觉的存在已被广泛认可，但在它上面依然笼罩着一层神秘的面纱，人们对何为直觉、直觉何为、直觉的运行机制、直觉与理智的关系等问题尚不十分清楚，因而，对它的解释也就不可避免地存在着各种分歧。但有一点可以说已经初步达成共识：就直觉的形式而言，不具有清晰的严密的推理形式，是与逻辑思维相对的一种特殊的思维形式。所以，本书所做的只是初步的思考，不敢轻言批评和匡正。

撇开早期现代新儒家的视域，让我们重新审视直觉。我们发现，直觉由于受到某种因素的启发以顿悟的方式瞬间完成，而不是在严密的逻辑程序下通过推理逐步获得。由于诱导因素是偶然的，无法预料，这就使直觉呈现出不定时空的随机性。直觉往往根据一个人的经验、所掌握的知识、修养、敏捷的洞察力、迅速的判断力越过逻辑程序，突然间的获得，各不相同的心（是“心物之辩”意义上的“心”，而非“心之官则思”意义上）、各不相同的物、各不相同的心物交感条件叠加起来就产生了直觉的独特性，同时也引起了人们对其作为方法的普遍有效性的质疑。当然，这种质疑的存在并不意味着对直觉本身的否定，而是表征着直觉问题的复杂性，以及获得智慧的艰难。

理智与直觉的这种张力关系决定了不能以理智代替直觉，也不能以直觉代替理智。那种认定在理智中就能厘清、解决问题，不需要对直觉的创造性活动就能对人本身进行描述性分析，实在是一种逻辑主义的狂妄之想。作为达到形上智慧通路的直觉与理智既对立又统一。与理智注重形式逻辑不同，直觉在表现形式上虽然不具有逻辑性，但也不是与逻辑截然对立，直觉是浓缩了的逻辑过程，是对逻辑分析的超越。与逻辑背离或者没有理智基础的直觉只是一种错觉、幻觉，仅仅作为一种心理现象而存在，并不具有作为达到形上智慧的“梯子”的意义。易言之，作为方法论意义的直觉是经过理智又回归为直觉的统一体。这种回归并不是回到出发点，是经过否定之否定，在更高层次上的回归。人在认知世界或哲学思辨前不是白板一块，因为生活在一定的意义世界中，对于指向的对象总有一定的倾向性，是一个整体性的直觉。这个整体性的直觉的展开过程表现为由一个命题到另一个命题的逻辑推理，同时，在推理的每一环节中都渗透着整体的直觉之知和形成新的直觉，直觉与逻辑始终是相互渗透的。

诚然，理智的对象性活动确有割裂人的整体性之嫌，但这恰好是德性进步的必经一环，经由这个环节使人的存在状态由混沌转为清晰，人正是在这个环节中逐渐使自己得以无蔽地呈现。当然，如果固执于理智，人难免被静止化甚至被割裂为种种僵硬的知性规定，此时，就需要向内的直觉体悟来扬弃，使僵硬的静止规定灵动起来，辩证地融通为一个活的整体。因此，直觉的方法论意义不容否定。当然，直觉对理智的扬弃并不意味着全盘舍弃而是消解知性的绝对化倾向，破除将理智理解为人的活生生的精神实存，以复归于人的活泼灵动本真。这个过程中，对理智的消解和人自身的澄明是一体之两面。这也就决定了向内的直觉体悟和向外的逻辑认知处于一个张力关系之中，缺一不可。易言之，要达到对人的澄明必须要对理智和直觉进行双重扬弃和超越。

在现代新儒家那里，直觉与人的生活实践是融为一体的，是一种“知”与“行”合一的“体知”。“知”与“行”是对立统一的关系，虽然二者各自都有确定的质的规定性，表现为相互的否定与排斥，但又相互依存和贯通，“知”是“行”之始，“行”是“知”之成；“知”是“行”的精觉明察，“行”是“知”的真切笃实。直觉中的“知”是一种知情意合一的状态。直觉中的情感是有别于感官的快乐和愉悦，具有一种情感导向和情感动力，意志在直觉中表现为一种具体的定向作用。由于情感的选择性和意志的定向性的存在，而导致了直觉的多样性与复杂性，也正因为如此，才使直觉充满了生命的活力，具有了无限的开放性与创造性。作为达到形上智慧的桥梁的直觉是“知”与“行”的统一。这里并不是说，直觉是一个颇为巨大的箩筐，把上述这些东西都罗列进去就可以了；而是说，直觉是如此复杂的统一体，其中渗透着理智、积淀着情感、融入了意志、包含了实践经验的成分，通过动态有机结构使各因素的相互作用处于一种不确定的协调状态中，所以，直觉是一种自由的、有生命力的活动，不能用公式来事先规范，也无法用逻辑来事后一一剖析。至于这些材料如何搭配、它们之间的关系如何、直觉如何产生及其真理性如何确证等问题的解决，还有待于人们去探索。

概而言之，直觉是思维领域中的经验性事件，它是个体的经验而不是从师授亲传的活动中习得。因此，从这个意义上说，对于那些有过直觉经验的人来说并非神秘莫测，而对于试图从外面理解直觉的人来说，则必定是匪夷所思的。直觉在智慧的获得方面发挥如此重要的作用，以至于我们不得不说：与其将之置于哲学分析或理论证明之外，不如承认它是实在地发生于思考、践履之中。直觉是一种在广阔的历史时空下突然以思接千载的方式，联结两个或多个不同事件和思维形式的过程，使主体获得关于世界、人生的非对象性体悟。没有直觉，我们难以超越当下有限经验的局限。无论从何种意义上说，它都不是非理性的过程。虽然，直觉的现实存在形式看似非理性的，但这种非理性的存在形式却是理性的特殊展现方式，是理性的自我超越和充实。所以，直觉是我们现在需要作更多的研究和关注的问题，不能简单地将之标注为“神秘主义”或“思维禁区”，而使我们陷入非理性主义陷阱。简言之，笔者认为，现在到了质疑我们习以为常的“理性”和给予直觉以适当地位的时候了。

研 究 综 述

首先需要说明的是，由于现代新儒学的研究兴起于20世纪80年代末，加之受条件所限（台港与海外资料比较缺乏），因此，本篇综述大体上以20世纪80年代以后中国大陆学术界的研究状况为主。

一、关于“直觉”的研究综述

近年来，关于直觉问题的探讨已成为国内哲学、心理学、思维科学、科学方法论等研究领域中一个引人注目的课题，尤其是20世纪80年代以来，众多研究者为揭示其奥秘而笔耕不辍，论著大量涌现。但目前的研究成果距清晰准确地揭示直觉的本质尚有相当的距离，这种状况固然与直觉问题本身极为复杂、难以把握等客观原因相关，但就主观方面来说，与我们至今还未能系统地提出直觉中所包含的问题，确定相应的研究领域，运用适当的方法渐次深入地对直觉进行剖析是分不开的。从一定意义上说，这是导致目前对直觉还没有形成普遍共识，各执一己之见的原因所在。目前，学术界有代表性的关于直觉的定义大体可以分为：直觉是认识过程的一个环节；是人类一种基本的思维方式；是一种中介思维形式；是一种认识能力。方立天认为，直觉指人类的一种普遍心理现象，一种不需经过分析、推理，而对客体直接洞察、完整把握的认识能力和思维方式。① 有学者

---

① 方立天：《中国佛教哲学要义》，北京：中国人民大学出版社2002年版，第1032页。

认为，就作为把握对象的手段而言，直觉不是唯一的，可以与逻辑思维共在。直觉是一种突发性的人们对出现在面前的新事物或现象极为敏锐的、准确的判断和对其内在本质的理解。①

关于直觉的特点一般相对于逻辑思维而言，其中有些特征是研究者们普遍提到的，有些特征则关涉研究者们对于直觉的本质、功能、发生机制等方面的不同理解。主要观点可以概括为：其一，直觉不是凭空产生的，它以感性经验和已有的知识为基础；其二，直觉是一种不自觉的思维，但它却是长期自觉思维的结果；其三，直觉具有偶然性和突发性；其四，直觉是非逻辑的，不像归纳和演绎那样遵循一定的规则和程序。② 篇幅所限，其他研究者的观点不再一一引述。我们可以发现，研究者们主要是从思维科学、认识论维度对直觉进行了探讨，但从达到形上智慧的途径这个意义上对直觉作为哲学方法的探讨明显不足，笔者尝试从方法论意义上进行一些思考。

二、关于梁漱溟直觉观的研究综述

目前对于早期现代新儒家直觉理论的系统研究在国内还为数不多，散见于对新儒家的总体思考和对其他问题的研究中。关于直觉的相关问题，如直觉与理性的辩证关系如何、直觉的非逻辑性是否等同于非理性、通过直觉获得的形上认识的真理性如何担保等问题都还需要继续深入思考。作为现代新儒学的开山者，又首先强调了直觉作为通达形上本体的方法的重要性，自然，梁漱溟的直觉理论引起了研究者的关注。高瑞泉对于梁漱溟的直觉范畴有一个宏观的、准确的把握，认为梁漱溟所持的是一种心理主义的泛直觉论，"'直觉'在梁漱溟那里曾经是一个范围极其广泛的概念，

① 刘元亮：《科学知识与方法论》，北京：清华大学出版社 1987 年版，第 216 页。
② 毛建儒：《简论直觉》，《理论探索》1991 年第 1 期，第 44 页。

不但是形上学的方法、获得认识的重要途径，而且是伦理学上的最基本的原则；梁漱溟用直觉来解释多方面的心理现象，它既是统觉、先天的情感、本能，又是精神的动力”。① 从梁漱溟关于人心的思想来看，陈来认为其目的是要为儒家的道德伦理思想提供一个心理学的基础。“其基本线索是从西方近代哲学中有关心理的一些思考而来，如本能、理智、理性都是近代西方哲学、心理学的概念。由此形成了他的哲学心理学的基本概念和理论结构。”②

有论者从直觉作为方法的角度进行了阐发，认为梁漱溟的直觉有别于理智和感觉，“梁漱溟所强调直觉只能是一种原发性的认识，认为直觉认识在本质上是必须排斥理智分析的，掺杂进理智的分析、推度、计较，得到的就不再是本来意义上的直觉认识了，因而也就失去了直觉认识所具有的特点和价值”。③ “与理智不同，直觉所用的方法是综合，是对生命本身的直接体悟，它可以不依靠感觉经验和理性思维而直接把握宇宙的‘实在’……梁漱溟对科学主义的反对依循的正是柏格森‘直觉主义’的进路，只不过在有的地方比后者走得更远罢了。”④也有论者认为在梁漱溟的思想中，直觉是一种对价值真理的认识，“这种价值真理具体体现为人的道德生命主体。这种价值真理获得的方法为传统的体验功夫，其性质是主观自生的”。⑤ 关于梁漱溟对西方哲学的吸收借鉴，赵德志指出梁漱溟以柏格森哲学的生命观念规定本体、以本能释仁，但对这些观念之间的异同却很少进行理论上的疏解。“柏格森所说的生命、直觉，均包含有物质感性欲望的意义，其与儒家所

---

① 高瑞泉：《直觉与智慧——略论第一代现代新儒家对直觉范畴的探讨》，方克立主编《中西会通与中国哲学的近现代转换》，北京：商务印书馆 2003 年版，第 473—488 页。
② 陈来：《现代中国哲学的追寻》，北京：人民出版社 2001 年版，第 273—274 页。
③ 郑家栋：《现代新儒学概论》，南宁：广西人民出版社 1990 年版，第 92 页。
④ 郑大华：《梁漱溟学术思想评传》，北京：北京图书馆出版社 1999 年版，第 146 页。
⑤ 曹跃明：《梁漱溟思想研究》，天津：天津人民出版社 1995 年版，第 232 页。

谓的仁、中、真情和良能，究竟在哪一个层次上可以互释，梁漱溟并没有作出详细的说明交待。这一切，都表明梁漱溟理论上的不成熟性。”①

对于梁漱溟“直觉”概念的分析，郭齐勇把梁漱溟对“直觉”的规定概括为三层意思：第一，是儒家的道德本体——“仁”或“良知”。作为本体，它是价值之源，是生命自身；第二，是“不虑而知”、“不学而能”的，天然“不加造作的”，是本能；第三，是情感的、一种“意味精神”，完全“依自不依他”。② 关于梁漱溟直觉理论中的不足，李泽厚一针见血地指出：“毋宁讳言，梁漱溟的观点、论证和概念、范畴不但都极不清楚，经不起认真的分析推敲……所谓的‘直觉’、‘理知’、‘情感’、‘欲望’、‘意欲’以及‘向前’、‘向后’等，也如此。把这些心理学的现象和词汇与哲学形上学以及社会学文化学混在一起讲，就更加浑沌一团，难以真正解释说明问题。”③郁振华对其中的非理性色彩也予以了关注，“梁漱溟清楚地看到了感觉、理智对于把握生命本体的局限性，故而力倡直觉说，并对直觉作了多方面的阐述。由于他较多地强调直觉的本能、情感的方面，他的直觉说带有一种明显的非理性主义色彩”。④

三、关于冯友兰直觉观的研究综述

学术界对于冯友兰的研究热情显然超过了其他三位早期现代新儒家。关于冯友兰逻辑分析的正面价值，冯契先生指出：“我以为‘新理学’的真正贡献在于它将逻辑分析方法运用于中国哲学，使得蕴藏在中国传统哲学中的理性精神得到了发扬。……运用逻辑分析方法来研究中国哲学，给人以耳目一新之感，并克服了严复

① 赵德志：《现代新儒家与西方哲学》，沈阳：辽宁大学出版社 1994 年版，第 48 页。
② 郭齐勇：《梁漱溟哲学思想》，武汉：湖北人民出版社 1996 年版，第 179 页。
③ 李泽厚：《中国现代思想史论》，合肥：安徽文艺出版社 1994 年版，第 289 页。
④ 郁振华：《形上的智慧如何可能？——中国现代哲学的沉思》，上海：华东师范大学出版社 2000 年版，第 180 页。

所说的中国传统哲学的术语意义歧混的毛病。"[①]李泽厚也表达了类似的意见,"冯友兰的主知特色在中国现代哲学以强调主观作用的主流中,是比较罕见和孤立的。同时在理论上也显得单薄,但它之优越于前人处在于它把现代性的严格的逻辑力量和科学方法带进了这个领域"。[②]

陈来认为冯友兰的方法论值得参考,"哲学必须开始于理智的活动,用理性的方法认识共相和大全,用理性的方法说明界线彼岸东西的不可知,最后以负的方法超越理性的限制,以达到那不知之境的顶点。作为哲学顶点的不知之境,就是那'自同于大全'的境界"。[③] 相比较而言,冯友兰在运用逻辑分析方法研究中国哲学、建立新的中国哲学上是较为成功的哲学家,而且逻辑分析方法的运用已成为时代的精神特征。所以以逻辑分析方法为研究哲学、创新哲学的主导方法,仍然是当代中国哲学界学人所应掌握并加以充分运用的首要方法。[④] 有论者认为冯友兰"负的方法"应是中国哲学对未来世界哲学的重要贡献,"如果说中国哲学的现代化必须自觉与未来世界哲学的发展相关联的话,那么,新理学对正负方法的整合就是在此方面的积极的自觉的尝试"。[⑤] 冯友兰新理学的"接着讲"范式,在哲学创造层面上,表现为运用新的哲学观念和方法,对中国传统的哲学概念和范畴重新加以解释和阐发,这使得他的新理学体系成为"接着"中国哲学史讲的新的民族哲学。[⑥]

关于冯友兰的"直觉"概念,研究者之间存在着不同意见。根据陈战国的研究,冯友兰没有直接用"直觉"这个概念而使用"觉

① 冯契:《"新理学"的理性精神》,《学术月刊》1991 年第 2 期,第 1—5 页。
② 李泽厚:《中国现代思想史论》,合肥:安徽文艺出版社 1994 年版,第 300 页。
③ 陈来:《现代中国哲学的追寻——新理学与新心学》,北京:人民出版社 2001 年版,第 294 页。
④ 高秀昌:《论冯友兰"正的方法"与"负的方法"》,《孔子研究》2005 年第 4 期。
⑤ 陈鹏:《超越理性的理性——也论冯友兰新理学"负的方法"》,《北京社会科学》1997 年第 3 期。
⑥ 许宁:《冯友兰与儒学研究范式的现代转型》,《天府新论》2008 年第 4 期。

解”,可能是出于如下考虑：其一,“直觉”是个西方哲学概念,而当时的中国学界对于西方哲学还不甚了解。在此之前,曾有梁漱溟开始使用这个概念,但真正从哲学上理解这个概念的人并不多。其二,“觉解”中虽蕴涵着“直觉”之意,但这两个概念并不完全相同。① 而高瑞泉则认为,觉解与那个达到“第一义”的直觉并非一事,甚至并不相关。“‘觉解’概念几乎是理性的特指,‘解’是了解,要运用概念,自不必多说;‘觉’本是自觉,是对自身认识活动的反观,知道自己在从事认识活动,所以大约同于自我意识,唯识家所谓‘自证分’。”②

有论者指出,“正的方法”是构成新理学体系的基础,是深得冯友兰偏爱的主导方法,“负的方法”只是补充性方法,“是为提高新理学‘极高明’程度而引入的,在《新理学》(1939)一书出版后才认识到重要性,直到最后一部书《新知言》(1946)才予以正式讨论。‘负的方法’给人印象是中途匆匆搭车者,对其探讨不够充分”。③ 冯友兰引入了西方现代哲学的逻辑分析方法建构自己的哲学体系,但他同时认为其有局限性,所以必须以中国传统哲学所倡导的“负的方法”补充修正之。④ 在新理学体系中,不但承认直觉可以使人得到一种经验,而且进而承认直觉也是一种重要的不可缺少的哲学方法,并把它明确定义为“负的方法”,予以系统的说明和应用。这是对《人生哲学》中轻视直觉方法的修正。⑤

关于冯友兰对维也纳学派的吸收与辩论,蒙培元认为,冯友兰虽然大量运用了正的方法即分析方法,讲了“分析命题”,但他的目的是建立新的形上学,而分析不过是一种工具或手段,并不是目的

① 陈战国:《冯友兰哲学思想研究》,北京：北京大学出版社 1999 年版,第 154 页。
② 高瑞泉:《论“新理学”的方法论探寻与实验》,《杭州师范学院学报》2001 年第 3 期。
③ 刘仲林:《冯友兰“负的方法”反思与重估》,《河北师范大学学报》1997 年第 3 期。
④ 郑家栋:《现代新儒学概论》,南宁：广西人民出版社 1990 年版,第 101 页。
⑤ 郁有学:《哲学与哲学史之间——冯友兰的哲学道路》,上海：华东师范大学出版社 2004 年版,第 57 页。

本身。他认为维也纳学派的“分析命题”只是“语言命题”、“语法语句”,而未进到哲学本身。[①] 由于受理性主义影响,冯友兰力图把宋明理学的修养方法完全理性化,以理性思维活动作为达到圣域的手段,从而把传统的超凡入圣的直觉的修养过程,明确为一种理性认识活动过程。由于冯友兰认为圣人境界本质上是对逻辑世界的把握,那么,他便不同意传统理学关于圣人只能靠直觉、证悟去达到的主张,而力主以理性思维作为达到圣人境界的手段。[②]

关于冯友兰直觉理论的局限和不足所在,高瑞泉认为,“冯友兰的直觉主要是消极的方法,——他用‘负的方法’的方法来指称多少表示了其特点——而不是建设性的形上学。冯友兰的‘负的方法’以佛道两家的思想为中心,使得其直觉带上了静观的色彩,缺少实践的品格。‘直觉’作为形上学的方法与‘成圣’的道德理想之间的桥梁尚未真正建立起来”。[③] 杨国荣认为,冯友兰试图重建形而上学以超越旧形而上学,但在知行过程之外规定存在的本体论路向,则使他并未能真正摆脱传统形而上学。他把世界划分为真际与实际,以理、气、道体、大全等范畴勾画了一幅世界的逻辑图景,但这幅图景提供的似乎主要是一种玄学的构架,而并没有对真实的存在作出理论的说明。[④] 实际上,冯友兰超越的乃是从传统儒学到宋明理性的传统形而上学和他自己前期主张的逻辑分析。简言之,冯友兰体现的是与传统形而上学不同的新的形而上学之思。张汝伦对冯友兰的批评尖锐犀利,“是否持新理学主张的形而上学立场的人都必然能达到或具有上述的‘天地境界’,更是大成

---

① 蒙培元:《冯友兰的哲学之思》,《南阳师范学院学报》2002 年第 1 期。

② 赵德志:《现代新儒家与西方哲学》,沈阳:辽宁大学出版社 1992 年版,第 110—112 页。

③ 高瑞泉:《直觉与智慧——略论第一代现代新儒家对直觉范畴的探讨》,方克立主编《中西会通与中国哲学的近现代转换》,北京:商务印书馆 2003 年版,第 488—498 页。

④ 杨国荣:《存在与境界——冯友兰新理学本体论的内在向度》,《中国社会科学》1996 年第 5 期。

问题。这种既不提供实际知识,又不能使我们对自身及历史生存有新的理解,也不思考人的实践原则的形而上学体系,其意义究竟何在?”[①]“负的方法虽然使其天地境界理论在形上学的方法上获得了‘合法性’,但却同时加剧了这一人生哲学理论的内敛性和虚无性,——在负的方法之后,天地境界已经彻底变成了一种‘玄之又玄’的个人内心体验。”[②]郁振华认为,使冯友兰的哲学变得空洞无比的原因是,冯友兰除了指明哲学的进步不能和科学的进步相比拟之外,实质上还蕴含了一个更强的主张,即哲学的进步和科学的进步了无牵涉。以至于在他那里,哲学因摆脱了实际的内容而一片空灵。[③]

四、关于熊十力直觉观的研究综述

通过阅读现有研究成果,我们发现熊十力的直觉观相对于梁漱溟、冯友兰和贺麟而言,其被认可程度较高。因为,熊十力较好地克服了梁漱溟直觉说的非理性主义倾向。在哲学方法论上用性智来代替梁氏的本能化、情感化的直觉,这番努力,和其在本体论上用明觉的本心来替代后者的意志化的生命本体,在精神上是一致的。而且,由于熊十力对理智作了形式逻辑和辩证法两个层次的分疏,因此,在他那里,直觉和理智之辩比在梁漱溟那里具有更为丰富的内涵。[④] 高瑞泉认为,熊十力以心本论为前提,从批判主客二分的思维方式和过分依赖分析技术的缺陷出发,强调要把握真实的存在,必须注重具有整体性、能达到能所合一的直觉方法。与深层心理学把直觉理解为本能、冲动的路数不同,熊十力的直觉

---

① 张汝伦:《思考与批判》,上海:上海三联书店 1999 年版,第 84 页。

② 邓联合、张艳华:《形上学沉思的终极进路——论冯友兰之“负的方法”何以晚出》,《中国矿业大学学报》2005 年第 2 期。

③ 郁振华:《科学和玄学:几种典型进路的考察》,《学术月刊》1999 年第 5 期。

④ 郁振华:《形上的智慧如何可能?——中国现代哲学的沉思》,上海:华东师范大学出版社 2000 年版,第 188 页。

是超越理智的高级精神现象；与传统“顿悟”论强调瞬时性、天启式直觉不同，熊十力反对割断直觉与经验及逻辑思维的关联，注意到了“思辨后的直觉”。①

关于熊十力重视直觉的原因，丁为祥认为，当熊十力自造《新唯识论》时，他主要是以宇宙论的规模挺立本体论，又以本体论来统摄宇宙论，其间无论是宇宙的开显还是人生的挺立，都要鞭辟入里地直显本体，即所谓于生化大流而直悟万有之根。在这一指向上，科学、认识乃至逻辑都无从致力，只有反求实证的体认，才可直指本心，才能直见本体。② 在张庆熊看来，熊十力主张哲学家不应该去定义本体是什么，因为这只能引起误解，引起人们把本体当作某种物质的或精神的东西，而应该引导人们摆脱各种有关本体的误解，帮助人们返观自识，自己去体认本体。③ 郭齐勇认为，由于中国特有的认识论和方法学进路，不是或不完全是主体对于客体的知觉理解、推理思考，而是在本心性体的具体呈现中“证会”、“体悟”其普遍性和超越性，是在感性具体的艺术实践，特别是在道德实践中，对于天道和性体的“会悟”或“冥契”，因此，熊十力的“量论”自然包括了“穷神知化”、“知性知天”、“性修不二”、“思修交尽”的内容。④

就熊十力所强调的哲学方法来看，陈来认为，熊十力的洞然旷观的思维术是指一种“外向的直观”，返己体认的默识法是“内向的直观”，由此可见，熊十力哲学在总体上是强调直觉主义的。⑤ 从把直觉认识当作道德理性的高度自觉来看，熊十力主张达到了这

① 高瑞泉：《直觉与智慧——略论第一代现代新儒家对直觉范畴的探讨》，方克立主编《中西会通与中国哲学的近现代转换》，北京：商务印书馆 2003 年版，第 498—515 页。

② 丁为祥：《熊十力学术思想评传》，北京：北京图书馆出版社 1999 年版，第 120 页。

③ 张庆熊：《熊十力的新唯识论与胡塞尔的现象学》，上海：上海人民出版社 1995 年版，第 242 页。

④ 郭齐勇：《熊十力思想研究》，天津：天津人民出版社 1994 年版，第 104 页。

⑤ 陈来：《现代中国哲学的追寻——新理学与新心学》，北京：人民出版社 2001 年版，第 211 页。

种自觉，则道德理性不仅克服了自己与感性情欲的对立，而且也克服了情感与理智的对立。它不仅能够统辖人的行为，而且能够为人们的认知活动提供价值观上的指导。① 赵德志认为，从一定意义上讲，熊十力所描绘的这种直达本体的证量乃是一种以逻辑、概念为基础而最终又破除了逻辑、概念的思维活动的飞跃与升华，是长期紧张的苦思冥索之余而发生的当下触机式的、对事物最深刻本质或本体的洞悉。② 熊十力之所以对性智与量智、体认与思辨加以严格的区别，其主要目的是要人从妄执物欲的习心中摆脱出来，反识自家本心，体认、冥会宇宙的大本大源、人生的真谛；扫除一切名相、概念、判断、推理的蔽锢，消除主客、能所、内外、物我的界限，在内心的静观默照之下，实现自身浑然与天道合一的大彻大悟，从而达到天人合一的境界。③

在李泽厚看来，中国传统和熊十力讲的这种非逻辑、非思辨的个体“体认”，又绝不只是认识论而已。远为重要的是通过这种直觉体认所能达到的哲学形而上学的本体存在，即宋明理学标榜的“孔颜乐处”，亦即熊所讲的“浑然与天地万物同体”的人生境界。这个人生境界，照熊看来，也就是宇宙本体。④ 张汝伦的观点与李泽厚相契，认为从表面上看，熊十力讲的自明之默识与西方哲学中的直觉概念相似。而熊十力的自识、自得、亲证等表示“智”的概念，一看就知道是反躬内向、反己体认的。熊十力对尚自觉的西方哲学家的批评也是“未能反诸德性上之内照”。⑤ 成中英指出，熊十力一方面肯定“性智”体证本体的必要，另一方面他也看重“量智”发展知识、推度事物的重要。体证本体是体，辨解知识则当是用。但辨解的“量智”如何自体证的“性智”发展开来则是一根本未

① 郑家栋：《现代新儒学概论》，南宁：广西人民出版社 1990 年版，第 96 页。
② 赵德志：《现代新儒家与西方哲学》，沈阳：辽宁大学出版社 1992 年版，第 76 页。
③ 张文儒、郭建宁主编：《中国现代哲学》，北京：北京大学出版社 2001 年版，第 325 页。
④ 李泽厚：《中国现代思想史论》，合肥：安徽文艺出版社 1994 年版，第 277 页。
⑤ 张汝伦：《思考与批判》，上海：上海三联书店 1999 年版，第 75 页。

决的问题。[①] 楼宇烈显然有不同意见，认为熊十力所以未能完成“量论”，是与其对于哲学的看法和关于本体论的基本理论有关。熊十力十分强调哲学的根本宗旨是要探究宇宙和人生的根本，哲学家是为了识得本体，才去研究认识论的。他反复强调哲学与科学的根本区别，认为从哲学上来讲，离开对于本体的证悟，去孤立地研究认识论，是毫无用处的。[②]

五、关于贺麟直觉观的研究综述

大陆学术界对于贺麟直觉观的研究热情显然不比其他三位，研究成果自然有限。郭齐勇有对贺麟哲学方法论的准确定位。贺麟对于中西哲学的生命层面、价值层面的体悟能力很强，他强调天才的直观与谨严的系统的统一，生活体验与逻辑法则的统一，整体的、当下的、瞬时的直接把握与理性方法的统一。[③] 关于贺麟直觉理论的贡献，郁振华认为，在贺麟那里，直觉是后理智的，它综合了理智的成果。在融通直觉和理智的基本取向下，贺麟探讨了理性直觉、矛盾思辨法和形式分析法之间的关系，他能够深刻地认识到理性直觉和辩证法之间的统一性，从而大大地超越了梁漱溟和熊十力在这个问题上的见解。[④] 张茂泽指出，贺麟的成绩在于，在主体性和辩证法有机结合的基础上，在本体论方面，将理性（逻辑心即理）和经验（观念、经验心）统一起来，建立了主体学说；又在直觉说方面，将直觉经验和直觉方法统一起来，建立起他的主体哲学的直觉方法论。[⑤] 对于贺麟直觉理论的局限，张文儒认为，贺麟并没

① 成中英：《综论现代中国新儒学哲学的界定与评价问题》，《玄圃论学集》，北京：三联书店1990年版，第181页。

② 楼宇烈：《熊十力“量论”杂谈》，《玄圃论学集》，北京：三联书店1990年版，第151页。

③ 郭齐勇：《中国哲学智慧的探索》，北京：中华书局2008年版，第269页。

④ 郁振华：《形上的智慧如何可能？——中国现代哲学的沉思》，上海：华东师范大学出版社2000年版，第195页。

⑤ 张茂泽：《贺麟学术思想述论》，西安：陕西人民出版社2001年版，第146页。

有清楚地说明如何可以由理智的分析、推理、矛盾的思辨过渡到后理智的直觉，也没有讲明何以理性直觉高于理智。而且，只有直觉方法才能深入其里，探究其精，而纵观其全体大用这样的思想也是更待深入论证、说明的哲学难题。①

从目前学术界关于早期现代新儒家直觉理论的研究状况来看，我们可以发现几点目前学术界对这一问题研究的不足，这也是我们所谋求突破的关键所在：其一，学术界对于早期现代新儒家直觉理论的研究系统性不强。研究大多局限于单个人物，而没有将他们作为一个学术团体，结合早期现代新儒家这一学派自身的特点来探讨整个学派对直觉的态度。其二，现有的对梁漱溟、冯友兰、熊十力、贺麟直觉理论所作的研究中，多数研究顺着新儒家的思路，将新儒家的直觉与理智的关系作了割裂的理解或者充其量只是表面上认可二者可以贯通，缺乏对新儒家直觉与理智辩证关系的深入探讨。这是本书着墨较多的地方，希望借助现代哲学、思维科学、心理学的研究成果厘清直觉与理智对立统一的关系，以此为准确地评价新儒家关于二者关系的论断提供理据。其三，现有的研究成果并没有对作为方法的直觉进行定性，至今学术界对直觉还没有形成一致的说法，有人说直觉是非理性的，有人说直觉是神秘的经验，有人说直觉是达到智慧的“梯子”。本书主张人的理性活动并非如同计算机般的机器思维，理性活动渗透着理智、沉积了情感、融入了意志，因此在形式上就具有非逻辑性。然而，作为方法的直觉仍是理性的运用，只不过表现的形式不同而已；表面上看来与理性相反、相背离的直觉方法，实际上是理性的自我超越和充实。同时，直觉也是一种践履，一种有生命力的活动，而非纯认知。所以，作为方法的直觉是“知”与“行”的合一。

---

① 张文儒、郭建宁主编：《中国现代哲学》，北京：北京大学出版社 2001 年版，第 418 页。

参 考 文 献

一、专著类

1. 梁漱溟:《梁漱溟全集》,济南: 山东人民出版社,2005 年。

2. 冯友兰:《三松堂全集》,郑州: 河南人民出版社,2000 年。

3. 熊十力:《熊十力全集》,武汉: 湖北教育出版社,2001 年。

4. 贺麟:《文化与人生》,北京: 商务印书馆,1996 年。

5. 贺麟:《哲学和哲学史论文集》,北京: 商务印书馆,1990 年。

6. 贺麟:《现代西方哲学讲演集》,上海: 上海人民出版社,1984 年。

7. 贺麟:《当代中国哲学》,南京: 胜利出版公司,1945 年。

8. 贺麟:《近代唯心论简释》,重庆: 独立出版社,1944 年。

9. 牟宗三:《智的直觉和中国哲学》,台北: 台湾商务印书馆,1971 年。

10. 冯契:《中国近代哲学的革命进程》,上海: 华东师范大学出版社,1997 年。

11. 方克立:《现代新儒学与中国现代化》,天津: 天津人民出版社,1997 年。

12. 张君劢:《新儒家思想史》,北京: 中国人民大学出版社,2006 年。

13. 余英时:《现代儒学的回顾与展望》,北京:生活·读书·新知三联书店,2004 年。

14. 李泽厚:《中国现代思想史论》,北京:生活·读书·新知三联书店,2010 年。

15. 高瑞泉:《中国现代精神传统》,上海:上海古籍出版社,2005 年。

16. 高瑞泉:《从历史中发现价值》,北京:中国大百科全书出版社,2006 年。

17. 杨国荣:《存在之维——后形而上学时代的形上学》,北京:人民出版社,2005 年。

18. 杨国荣:《善的历程》,上海:上海人民出版社,2006 年。

19. 郭齐勇:《熊十力及其哲学》,北京:中国展望出版社,1985 年。

20. 陆沉:《唯识学"转识成智"说研究》,成都:四川人民出版社,2005 年。

21. 胡伟希:《转识成智》,上海:华东师范大学出版社,2005 年。

22. 杨国荣主编:《知识与智慧:冯契哲学研究论文集》,上海:华东师范大学出版社,2005 年。

23. 陈来:《现代中国哲学的追寻》,北京:人民出版社,2001 年。

24. 李明辉:《当代儒学的自我转化》,北京:中国社会科学出版社,2001 年。

25. 杜维明:《现代精神与儒家传统》,北京:生活·读书·新知三联书店,2013 年。

26. 杜维明:《仁与修身》,北京:生活·读书·新知三联书店,2013 年。

27. 丁为祥:《熊十力学术思想评传》,北京:北京图书馆出版社，1999年。

28. 张立文、周桂钿：《中国唯心论史》，郑州：河南人民出版社，2004年。

29. 张文儒、郭建宁：《中国现代哲学》，北京：北京大学出版社，2001年。

30. 张庆熊：《熊十力的新唯识论与胡塞尔的现象学》，上海：上海人民出版社，1995年。

31. 高秀昌：《旧邦新命——冯友兰研究》，郑州：大象出版社，1999年。

32. 陈战国：《冯友兰哲学思想研究》，北京：北京大学出版社，1999年。

33. 单纯：《旧学新统——冯友兰哲学思想通论》，成都：四川大学出版社，2005年。

34. 牟钟鉴：《儒学价值的新探索》，济南：齐鲁书社，2001年。

35. 宋志明：《贺麟新儒学思想研究》，天津：天津人民出版社，1998年。

36. 景海峰主编：《当代新儒家》，北京：三联书店，1989年。

37. 郁振华：《形上的智慧如何可能》，上海：华东师范大学出版社，2000年。

38. 郭齐勇：《熊十力思想研究》，天津：天津人民出版社，1993年。

39. 郭齐勇、龚建平：《梁漱溟哲学思想》，北京：北京大学出版社，2011年。

40. 郭齐勇：《中国哲学智慧的探索》，北京：中华书局，2008年。

41. 李翔海：《民族性与时代性》，北京：人民出版社，2005年。

42. 蒙绍荣：《直觉思维论》，南宁：广西人民出版社，2002年。

43. 俞宣孟：《本体论研究》，上海：上海人民出版社，2005年。

44. 张汝伦:《思考与批判》,上海:上海三联书店,1999年。

45. 王天成:《创造思维理论》,长春:吉林教育出版社,1989年。

46. 郑家栋:《现代新儒学概论》,南宁:广西人民出版社,1990年。

47. 封祖盛编:《当代新儒家》,北京:三联书店,1989年。

48. 罗义俊编:《评新儒家》,上海:上海人民出版社,1989年。

49. 张君劢:《新儒家思想史》,北京:中国人民大学出版社,2006年。

50. 李维武:《中国哲学的现代转型》,北京:中华书局,2008年。

51. 景海峰:《中国哲学的现代诠释》,北京:人民出版社,2004年。

52. 景海峰:《熊十力哲学研究》,北京:北京大学出版社,2010年。

53. 韩强:《现代新儒学心性理论评述》,沈阳:辽宁大学出版社,1992年。

54. 陈少明:《儒学的现代转折》,沈阳:辽宁大学出版社,1992年。

55. 赵卫东:《分判与融通》,济南:齐鲁书社,2006年。

56. 颜炳罡:《当代新儒学引论》,北京:北京图书馆出版社,1998年。

57. 高兆明:《伦理学理论与方法》,北京:人民出版社,2005年。

58. 宋祖良、范进编:《会通集》,北京:三联书店,1993年。

59. 蔡元培等:《玄圃论学集:熊十力生平与学术》,北京:三联书店,1990年。

60. 张学智:《心学论集》,北京:中国社会科学出版社,

2006年。

61. 宋志明:《现代新儒家研究》,北京:中国人民大学出版社,1991年。

62. 曹跃明:《梁漱溟思想研究》,天津:天津人民出版社,1995年。

63. 郁有学:《哲学与哲学史之间——冯友兰的哲学道路》,上海:华东师范大学出版社,2004年。

64. 郑家栋:《当代新儒学史论》,南宁:广西教育出版社,1997年。

65. 高晨阳:《中国传统思维方式研究》,济南:山东大学出版社,1994年。

66. 黄富峰:《道德思维论》,北京:中国社会科学出版社,2003年。

67. 尚新建:《重新发现直觉主义》,北京:北京大学出版社,2000年。

68. 陈来:《仁学本体论》,北京:三联书店,2014年。

69. 胡军:《中国儒学史(现代卷)》,北京:北京大学出版社,2011年。

70. 张岱年、成中英:《中国思维偏向》,北京:中国社会科学出版社,1991年。

71. 张茂泽:《贺麟学术思想述论》,西安:陕西人民出版社,2001年。

72. 郑家栋:《断裂中的传统》,北京:中国社会科学出版社,2001年。

73. 香港浸会大学宗教及哲学系编:《当代儒学与精神性》,桂林:广西师范大学出版社,2009年。

74. 赵德志:《现代新儒家与西方哲学》,沈阳:辽宁大学出版社,1994年。

75. 胡军:《中国现代直觉论研究》,北京:北京大学出版社,2014年。

76. 杨儒宾:《儒家身体观》,台北:"中央研究院"中国文哲研究所,2008年。

77. 高秀昌:《冯友兰中国哲学史方法论研究》,北京:北京大学出版社,2010年。

78. 蒙培元:《中国哲学主体思维》,北京:东方出版社,1993年。

79. 周春生:《直觉与东西方文化》,上海:上海人民出版社,2001年。

80. [英]亨利·西季威克:《伦理学方法》,廖申白译,北京:中国社会科学出版社,1993年。

81. [美]法朗西斯·沃恩:《唤醒直觉——超越理性的认知方式》,罗爽译,北京:新华出版社,2000年。

82. [法]亨利·柏格森:《创造进化论》,姜志辉译,北京:商务印书馆,2000年。

二、论文类

1. 冯契:《"新理学"的理性精神》,《学术月刊》1991年第2期。

2. 张祥龙:《贺麟的治学之道》,《哲学研究》1992年第11期。

3. 高晨阳:《论中国传统哲学直觉性思维倾向》,《齐鲁学刊》1992年第1期。

4. 胡军:《冯友兰重建形上学之方法》,《求是学刊》1993年第4期。

5. 赵德志:《梁漱溟与生命哲学》,《社会科学辑刊》1993年第3期。

6. 高力克:《梁漱溟:在历史理性与价值理念之间》,《浙江大学学报》1994年第1期。

7. 柴文华:《超越的直觉与直觉的超越——梁、熊、贺三先生直觉说研究》,《孔子研究》1994年第2期。

8. 杨国荣:《存在与境界——冯友兰新理学本体论的内在向度》,《中国社会科学》1996年第5期。

9. 陈鹏:《超越理性的理性——也论冯友兰新理学"负的方法"》,《北京社会科学》1997年第3期。

10. 刘仲林:《冯友兰"负的方法"反思与重估》,《河北师范大学学报》1997年第7期。

11. 邓联合:《论新理学中的"觉解"思想》,《中州学刊》1998年第5期。

12. 王天成:《逻辑与直觉的分裂和理性主义与非理性主义的对立》,《长春市委党校学报》1999年第1期。

13. 陈晓龙:《转识成智——冯契对时代问题的哲学沉思》,《哲学研究》1999年第2期。

14. 樊浩:《论"新儒学理性"与"新儒学情结"》,《中国社会科学》1999年第2期。

15. 杨国荣:《人生之境与意义世界》,《孔子研究》1999年第3期。

16. 王天成:《知识形态的形而上学及其可能性》,《长白学刊》1999年第4期。

17. 郁振华:《科学和玄学:几种典型进路的考察》,《学术月刊》1999年第5期。

18. 楚明锟:《冯友兰类逻辑概念哲学论说的透视》,《西南师范大学学报》1999年第5期。

19. 张周志:《直觉智慧与经验分析——论中西哲学思维方法之差异》,《人文杂志》1999年第4期。

20. 汪子嵩:《贺麟先生的新儒家思想》,《学术月刊》2000年第 4 期。

21. 肖永明:《超越与僭越——熊十力新儒学:保守主义与激进主义的双重变奏》,《中华文化论坛》2000 年第 4 期。

22. 童世骏:《感觉经验能否给予客观实在——从洛克到金岳霖和冯契》,《江海学刊》2000 年第 4 期。

23. 余洁平:《儒家道德形而上学的建立——论贺麟的道德观》,《安徽师范大学学报》2000 年第 2 期。

24. 李维武:《儒学生存形态的历史形成与未来转化》,《中国哲学史》2000 年第 4 期。

25. 许苏民:《论哲学形上学的"理性"》,《福建论坛》2001 年第 5 期。

26. 高瑞泉:《论"新理学"的方法论探寻与实验》,《杭州师范学院学报》2001 年第 5 期。

27. 高瑞泉:《默识与体认——熊十力的直觉理论述评》,《华东师范大学学报》2001 年第 9 期。

28. 高瑞泉:《直觉与工具理性批判——梁漱溟对儒佛经典的文化诠释》,《思想与文化》第 1 辑。

29. 胡伟希:《"转识成智"与"由智化境"——中西哲学形而上学之比较》,《学术月刊》2001 年第 10 期。

30. 贡华南:《智的直觉何以可能——试论牟宗三对形上方法论的重建》,《学海》2002 年第 2 期。

31. 蒙培元:《冯友兰的哲学之思》,《南阳师范学院学报》2002 年第 2 期。

32. 张春林:《直觉与理智的辩证统一——贺麟哲学思维方法简析》,《四川师范学院学报》2003 年第 3 期。

33. 胡军:《贺麟"新心学"的基督情怀》,《人文杂志》2003 年第 4 期。

34. 李景林:《彻底的儒家——梁漱溟形上学思想论衡》,《天津社会科学》2003 年第 6 期。

35. 胡军:《中国现代哲学中的知识论研究》,《哲学研究》2004 年第 2 期。

36. 杨国荣:《儒家的形上之思》,《浙江学刊》2004 年第 4 期。

37. 颜炳罡:《仁·直觉·生活态度——梁漱溟对孔子哲学的创造性诠释》,《东岳论丛》2004 年第 5 期。

38. 崔大华:《梁漱溟:一种文化自觉》,《孔子研究》2004 年第 5 期。

39. 韩强:《直觉的辩证法——中国哲学思维的特征》,《南开学报》2004 年第 5 期。

40. 郭美华:《熊十力体用哲学的展开及其取向》,《上海师范大学学报》2004 年第 4 期。

41. 郑飞:《"负的方法"与"不可言说"——冯友兰新理学与前期维特根斯坦哲学方法比较申论》,《中州学刊》2004 年第 6 期。

42. 闵仕君:《智慧何以可能——冯契"理性直觉"初论》,《长江大学学报》2004 年第 6 期。

43. 杨谦:《如何理解中国传统哲学的思维直觉性特征》,《南开学报》2004 年第 4 期。

44. 廖建平:《冯友兰的觉解与人生关系论》,《江西社会科学》2004 年第 4 期。

45. 李翔海:《重写中国哲学史的问题向度与方法意识》,《中国社会科学》2004 年第 6 期。

46. 宋志明:《贺麟对新儒者的定位》,《中国矿业大学学报》2005 年第 1 期。

47. 景海峰:《论柏格森对现代新儒学思潮的影响》,《现代哲学》2005 年第 3 期。

48. 高秀昌:《论冯友兰"正的方法"与"负的方法"》,《孔子研究》2005 年第 4 期。

49. 蒋国保:《再论现代新儒家的理想、困境与迷失》,《齐鲁学刊》2005 年第 2 期。

50. 李景林:《直觉与理性——梁漱溟对儒家理性概念的新诠》,《人文杂志》2005 年第 2 期。

51. 高瑞泉:《柏格森与中国现代哲学》,《杭州师范学院学报》2005 年第 4 期。

52. 郭淑新:《神秘主义:一种哲学的"境界"和"方法"——论冯友兰对神秘主义的诠解》,《安徽大学学报》2005 年第 2 期。

53. 周晓亮:《直觉与演绎:笛卡儿的方法论选择及其困境》,《云南大学学报》2005 年第 1 期。

54. 刘林:《冯友兰论哲学方法》,《理论探讨》2005 年第 6 期。

55. 周治金等:《直觉研究述评》,《心理科学进展》2005 年第 13 期。

56. 文洁华:《中国传统儒家知识论之当代意蕴》,《清华大学学报》2006 年第 1 期。

57. 顾红亮:《"理性"与现代性的价值依托》,《人文杂志》2006 年第 6 期。

58. 李维武:《政治儒学的兴起及其对中国思想世界的影响》,《学术月刊》2006 年第 6 期。

59. 于晓宁:《在科学与哲学之间——冯友兰〈新理学〉的定位困境》,《云南师范大学学报》2006 年第 5 期。

60. 高瑞泉:《现代性:中国哲学现代转型的内在向度》,《学术月刊》2007 年第 4 期。

61. 许宁:《儒学现代转型的三个向度——以梁漱溟、熊十力、马一浮为例》,《安徽大学学报》2007 年第 4 期。

62. 赵卫东:《现代化与后现代化的两难抉择——当代新儒家的理论困境及其出路》,《现代哲学》2007 年第 4 期。

63. 李翔海:《论儒学现代转型的两条基本路向》,《齐鲁月刊》

2007年第6期。

64. 杨国荣：《理性与非理性》，《学术月刊》2007年第11期。

65. 陈少明：《心安，还是理得——从〈论语〉的一则对话解读儒家对道德的理解》，《哲学研究》2007年第10期。

66. 唐涛、张之沧：《"思"辨——身体思维的内在机制分析》，《学术论坛》2008年第1期。

67. 徐福来：《伦理人生的义理与实践——梁漱溟在现代新儒家阵营中的特色与贡献》，《安徽大学学报》2008年第2期。

68. 许全兴：《中国哲学直觉论思想的形成与发展》，《河北学刊》2008年第4期。

69. 杜维明、衣俊卿：《儒家精神资源与现代性的相关性——关于启蒙反思的学术对话》，《求是学刊》2009年第1期。

70. 李祥俊：《儒学道德涵养论阐微》，《社会科学战线》2009年第2期。

71. 廖申白：《知"道"的良知——对孟子良知论的实践理智的阐释》，《中国人民大学学报》2009年第3期。

72. 胡维希：《原象：形而上学思维如何可能》，《社会科学》2009年第8期。

73. 孙云龙：《康德哲学直觉知性概念辨正》，《江苏社会科学》2010年第1期。

74. 陈天庆：《试议智性直观、智的直觉及"本觉"的存在格义问题》，《江苏社会科学》2010年第1期。

75. 黄玉顺：《孔子的正义论》，《中国社会科学院研究生院学报》2010年第2期。

76. 王向清、张梦飞：《冯契的"转识成智"学说及其理论意义》，《湘潭大学学报》2010年第2期。

77. 陆云：《解读胡塞尔的直觉明证性》，《社会科学战线》2011年第1期。

78. 韩立坤:《论现代新儒家对“科学”的本体论安置》,《江淮论坛》2011 年第 2 期。

79. 林合华:《现代新儒学沟通直觉与实践的两种进路——以冯友兰与牟宗三为例》,《中南民族大学学报》2011 年第 1 期。

80. 常新:《儒家道德哲学及其审美境界》,《伦理学研究》2011 年第 4 期。

81. 张德广:《柏格森直觉认识和理智认识关系的基础》,《社会科学家》2011 年第 10 期。

82. 刘学智:《善心、本心、善性的本体同一与直觉体悟——兼谈宋明诸儒解读孟子“性善论”的方法论启示》,《哲学研究》2011 年第 5 期。

83. 谢崛:《形而上学的迷惑——与邓晓芒教授对话》,《学术月刊》2011 年第 11 期。

84. 刘述先:《当代新儒家对西方哲学的回应》,《深圳大学学报》2012 年第 1 期。

85. 张祥龙:《逻辑之心和直觉方法——〈近代唯心论简释〉打通中西哲理的连环套?》,《吉林大学学报》2012 年第 2 期。

86. 方用:《科学与良知之争——以“科玄”论战为中心》,《杭州师范大学学报》2012 年第 4 期。

87. 高瑞泉:《儒学复兴与人类文明的新图景》,《孔子研究》2012 年第 6 期。

88. 蒋国保:《从现代新儒家哲学重在架构形上本体看中国哲学的未来走向》,《华东师范大学学报》2013 年第 2 期。

89. 李翔海:《儒学的当代发展应当积极面对的三个问题》,《孔子研究》2013 年第 2 期。

90. 杨泽波:《康德意义的智的直觉与牟宗三理解的智的直觉》,《文史哲》2013 年第 4 期。

91. 陈雷:《梁漱溟诠释孔子伦理思想的方法及其向度》,《伦理学研究》2013 年第 5 期。

92. 李昕:《梁漱溟对“无私的感情”的来源追寻》,《社会科学战线》2013 年第 10 期。

93. 杨泽波:《智的直觉抑或意向性的直接性? ——对牟宗三“觉他”学说的重新定位》,《复旦学报》2013 年第 6 期。

94. 王羽、刘爱军:《知识与生命:直觉的双重类型及其意义》,《求是学刊》2013 年第 6 期。

95. 郑伟平:《知识与信念关系的哲学论证和实验研究》,《世界哲学》2014 年第 1 期。

96. 康中乾、罗高强:《中国古代致知思想的特色》,《陕西师范大学学报》2014 年第 1 期。

97. 李洪卫:《境界与觉解——冯友兰境界与觉悟理论述略》,《杭州师范大学学报》2014 年第 3 期。

98. 景海峰:《当代儒学研究》,《深圳大学学报》2014 年第 3 期。

99. 陈来:《百年来儒学发展的回顾与前瞻》,《深圳大学学报》2014 年第 3 期。

图书在版编目(CIP)数据

现代新儒家直觉观考察：以梁漱溟、冯友兰、熊十力、贺麟为中心/陈永杰著. —上海：东方出版中心，2015.6

ISBN 978-7-5473-0794-6

Ⅰ.①现… Ⅱ.①陈… Ⅲ.①新儒家-研究-中国-现代 Ⅳ.①B244.05

中国版本图书馆 CIP 数据核字(2015)第 087351 号

现代新儒家直觉观考察

出版发行：东方出版中心
地　　址：上海市仙霞路 345 号
电　　话：(021)62417400
邮政编码：200336
经　　销：全国新华书店
印　　刷：昆山亭林印刷有限责任公司
开　　本：890×1240 毫米　1/32
字　　数：205 千字
印　　张：8.375
版　　次：2015 年 6 月第 1 版第 1 次印刷
ISBN 978-7-5473-0794-6
定　　价：38.00 元

东方出版中心邮购部　电话：(021)52069798